#홈스쿨링
#혼자공부하기

우등생
사회

Chunjae
Makes
Chunjae

▼

우등생 사회 3-2

기획총괄	박상남
편집개발	윤순란, 박진영, 김운용
디자인총괄	김희정
표지디자인	윤순미, 김효민
내지디자인	박희춘
본문 사진 제공	게티이미지, 국립경주박물관, 국립민속박물관, 뉴스뱅크, 셔터스톡, 연합뉴스
제작	황성진, 조규영

발행일	2023년 6월 1일 2판 2023년 6월 1일 1쇄
발행인	㈜천재교육
주소	서울시 금천구 가산로9길 54
신고번호	제2001-000018호
고객센터	1577-0902

스마트폰으로 QR코드를 스캔해 주세요

우등생 온라인 학습 활용법

01 학년, 학기 선택

home.chunjae.co.kr

우등생 홀스쿨링   초등3   2학기

국어 스케줄

수학 스케줄

02 과목 선택

사회 스케줄

과학 스케줄

나의 시간표
SCROLL DOWN

마이페이지

사회

스케줄표

온라인 학습북
개념 강의
서술형 논술형 강의
단원평가

학습 자료실
정답
핵심 정리 + 묻고 답하기
개념 웹툰
교과 연계 사회 추천 도서 목록

검정 교과서 자료

· 학년별, 과목별로 제공되는 서비스 내용에는 차이가 있습니다.

home.chunjae.co.kr

스케줄표

꼼꼼

꼼꼼
우등생 사회를 한 학기 동안 차근차근 공부하기 위한 스케줄표

1회~10회

1회

사회
1. ① 우리가 생각…
교과서 진도북 8~15쪽

2회

사회
1. ① 우리가 생각…
교과서 진도북 16~19쪽

마이페이지에서 첫 화면에 보일
스케줄표의 종류를 선택할 수 있어요.

통합 스케줄표
우등생 국어, 수학, 사회, 과학 과목이 함께 있는 12주 스케줄표

꼼꼼 스케줄표
과목별 진도를 회차에 따라 나눈 스케줄표

스피드 스케줄표
온라인 학습북 전용 스케줄표

과목 클릭

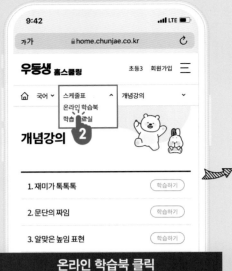

온라인 학습북 클릭

개념강의 / 서술형 논술형 강의 / 단원평가

❶ 개념 강의

*온라인 학습북 단원별 주요 개념 강의

❷ 서술형 논술형 강의

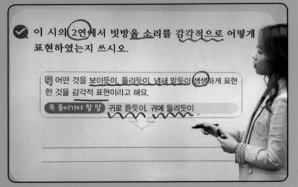

*온라인 학습북 서술형 논술형 강의

❸ 단원평가

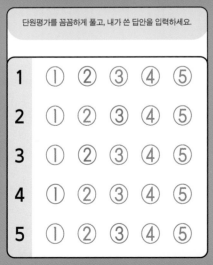

① 내가 푼 답안을 입력하면

② 채점과 분석이 한번에

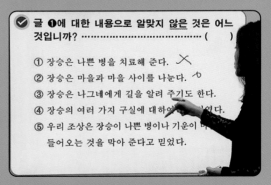

③ 틀린 문제는 동영상으로 꼼꼼히 확인하기!

· 스마트폰의 동영상 구동이 느릴 경우, 기본으로 설정된 비디오 재생 프로그램을 다른 앱으로 교체해 보세요.
· 사용자 사용 환경에 따라 서비스가 원활하지 않을 시에는 컴퓨터를 통한 접속을 권장합니다. 우등생 홈스쿨링 홈페이지(https://home.chunjae.co.kr)로 접속하거나 검색 엔진에서 우등생 홈스쿨링을 입력하여 접속해 주세요.

홈스쿨링 꼼꼼 스케줄표(24회)
우등생 사회 3-2

우등생 홈스쿨링 홈페이지에는
다양한 스케줄표가 있어요!

꼼꼼 스케줄표는 교과서 진도북과 온라인 학습북을
24회로 나누어 꼼꼼하게 공부하는 학습 진도표입니다.

● 교과서 진도북　　● 온라인 학습북

1. 환경에 따라 다른 삶의 모습

1회 교과서 진도북 8~15쪽	**2**회 교과서 진도북 16~19쪽	**3**회 온라인 학습북 4~9쪽
월　　　일	월　　　일	월　　　일

1. 환경에 따라 다른 삶의 모습

4회 교과서 진도북 20~27쪽	**5**회 교과서 진도북 28~31쪽	**6**회 온라인 학습북 10~15쪽
월　　　일	월　　　일	월　　　일

1. 환경에 따라 다른 삶의 모습 / 2. 시대마다 다른 삶의 모습

7회 교과서 진도북 32~35쪽	**8**회 온라인 학습북 16~19쪽	**9**회 교과서 진도북 38~45쪽
월　　　일	월　　　일	월　　　일

2. 시대마다 다른 삶의 모습 / 중간 범위

10회 교과서 진도북 46~49쪽	**11**회 온라인 학습북 20~25쪽	**12**회 온라인 학습북 26~29쪽
월　　　일	월　　　일	월　　　일

어떤 교과서를 쓰더라도 ALWAYS **우등생**

꼼꼼하게 공부하는 24회 **꼼꼼 스케줄표**   # 전과목 시간표인 **통합 스케줄표**
빠르게 공부하는 10회 **스피드 스케줄표**   # 자유롭게 **내가 만드는 스케줄표**

홈스쿨링 24회
꼼꼼 스케줄표

● 교과서 진도북   ● 온라인 학습북

2. 시대마다 다른 삶의 모습

13회 교과서 진도북 50~57쪽	**14**회 교과서 진도북 58~61쪽	**15**회 온라인 학습북 30~35쪽
월 일	월 일	월 일

2. 시대마다 다른 삶의 모습 / 3. 가족의 모습과 역할 변화

16회 교과서 진도북 62~65쪽	**17**회 온라인 학습북 36~39쪽	**18**회 교과서 진도북 68~75쪽
월 일	월 일	월 일

3. 가족의 모습과 역할 변화

19회 교과서 진도북 76~79쪽	**20**회 온라인 학습북 40~45쪽	**21**회 교과서 진도북 80~87쪽
월 일	월 일	월 일

3. 가족의 모습과 역할 변화   기말 범위

22회 교과서 진도북 88~95쪽	**23**회 온라인 학습북 46~50쪽	**24**회 온라인 학습북 51~56쪽
월 일	월 일	월 일

QR로 학습 스케줄을 편하게 관리!

공부하고 나서 날개에 있는 QR 코드를 스캔하면
온라인 스케줄표에 학습 완료 자동 체크!

1 단원

진도 완료 체크

※ 스케줄표에 따라 해당 페이지 날개에
[진도 완료 체크] QR 코드가 있어요!

 동영상 강의
개념 / 서술형 · 논술형 평가 / 단원평가

 온라인 채점과 성적 피드백
정답을 입력하면 채점과 성적 분석이 자동으로

 온라인 학습 스케줄 관리
나에게 맞는 내 스케줄표로 꼼꼼히 체크하기

구성과 특징

교과서 진도북

1 쉽고 재미있게 개념을 익히고 다지기

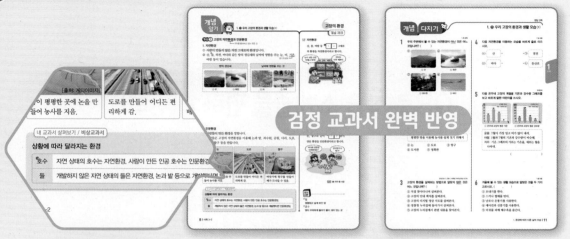

검정 교과서 완벽 반영

2 Step ❶, ❷, ❸단계로 단원 실력 쌓기

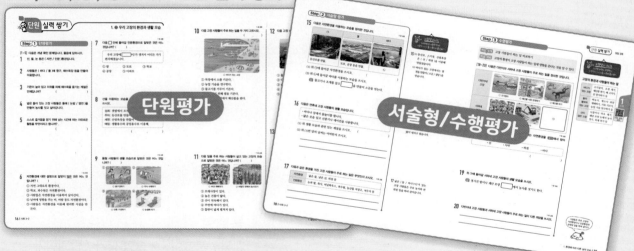

단원평가

서술형/수행평가

3 대단원 평가로 단원 마무리하기

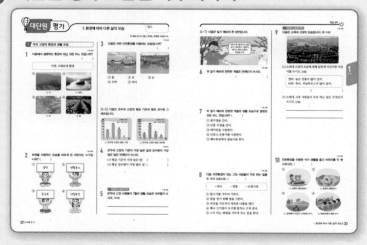

온라인 학습북

1 온라인 개념 강의

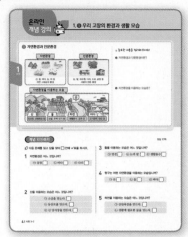

2 실력 평가

3 온라인 서술형·논술형 강의

4 단원평가 온라인 피드백

✓ 채점과 성적 분석이 한번에!

85점
100점

틀린 문제

① 문제 풀고
QR 코드 스캔

② 온라인으로
정답 입력

③ 제출하기
클릭

차례

◀ 너와집

쥐불놀이 ▶

3 가족의 모습과 역할 변화

◀ 전통 혼례

등장인물 소개

꼬망

꼬마망자의 준말로
인간 세계를 가이드
하는 저승 사자이다.
5살 답지 않게 아는 게
많고 냉철하다.

둘둘

10살 도깨비 소년으로
뿔이 없다.
단순하고 우직하다.

소복

10살 소녀 귀신으로
쿨한 성격에 아는 척,
잘난 척하기 좋아한다.

여비

애완 새끼 여우로
꼬망과 함께 다닌다.
별다른 능력은 없다.

🌸 연관 학습 안내

초등 3학년	초등 5학년	중학교
환경	국토의 환경	자연으로 떠나는 여행

환경
자연환경과 인문환경에 따라 사람들의
생활 모습이 달라요.

국토의 환경
국토의 자연환경과 인문환경에 대해
배워요.

자연으로 떠나는 여행
산지, 해양 지형 사람들의 생활 모습을
배울 거예요.

환경에 따라 다른 삶의 모습

1

개념 ① 고장의 자연환경과 인문환경

→ 우리를 둘러싸고 있는 모든 것

1. 자연환경

① 사람이 만들지 않은 자연 그대로의 환경입니다.

② 산, 들, 하천, 바다와 같은 땅의 생김새와 날씨에 영향을 주는 눈, 비, 기온, 바람 등이 있습니다.

→ 공기의 온도

땅의 생김새	
[출처: 게티이미지]	
⚫ 산	⚫ 하천

날씨에 영향을 주는 것	
[출처: 셔터스톡]	[출처: 뉴스뱅크]
⚫ 비	⚫ 우박

눈이 내린 산은 언제나 멋져!

바다도 너무 예뻐.

우리 고장의 자연환경

와~아

2. 인문환경

① 사람들이 만든 환경을 말합니다.

② 사람들은 고장의 자연환경을 이용해 논과 밭, 과수원, 공원, 다리, 도로, 공장, 항구 등을 만듭니다.

논
[출처: 게티이미지]

땅이 평평한 곳에 논을 만들어 농사를 지음.

도로

도로를 만들어 어디든 편리하게 감.

항구
[출처: © tdy/shutterstock]

바닷가에 항구를 만들어 배가 드나들 수 있음.

☑ 인문환경

논, 항구와 같이 ❷ ㅅ ㄹ 들이 만든 환경을 인문환경이라고 합니다.

바다와 관련된 인문환경은?

양식장이나 항구!

딩동댕

정답 ❶ 자연 ❷ 사람

> **내 교과서 살펴보기 / 비상교과서**
>
> **상황에 따라 달라지는 환경**
>
> | 호수 | 자연 상태의 호수는 자연환경, 사람이 만든 인공 호수는 인문환경임. |
> |---|---|
> | 들 | 개발하지 않은 자연 상태의 들은 자연환경, 논과 밭 등으로 개발했다면 인문환경임. |

용어 사전

⚫ 들
평평하고 넓게 트인 땅
⚫ 호수
땅이 우묵하게 들어가 물이 괴어 있는 곳

개념 ② 땅의 생김새에 따른 고장 사람들의 생활 모습

1. 고장의 땅의 생김새 살펴보기 예 디지털 영상 지도

① 인터넷 검색 누리집에 국토정보플랫폼을 검색하고 누리집에 들어감.

② 고장의 이름을 검색해서 위치를 알아봄.

내 교과서 살펴보기 / 천재교육

map.ngii.go.kr
양양군

③ 고장의 디지털 영상 지도를 통해 땅의 생김새를 확인함.

④ +, − 단추를 사용하여 고장 사람들이 땅을 어떻게 이용하고 있는지 살펴봄.

2. 고장 사람들이 땅의 생김새를 이용하는 모습

산

[출처: 연합뉴스]

- 산림욕장, 등산로 등을 만듦.
- 전망대나 케이블카를 설치함.

들

[출처: 게티이미지]

- 도로, 학교, 공장 등을 만듦.
- 논과 밭을 만들어 농사를 지음.

바다

- 해수욕장에서 물놀이를 함.
- 염전을 만들어 소금을 얻음.

→ 소금을 만들기 위해 바닷물을 끌어 들여 논처럼 만든 곳

하천

- 하천 주변에 공원을 만듦.
- 생활용수와 공업용수로 이용함.

☑ 고장의 환경 살펴보기

답사, **③** ⬜⬜⬜ 영상 지도 살펴보기 등을 통해 고장의 환경을 살펴볼 수 있습니다.

고장의 환경에는 어떤 것이 있을까?

디지털 영상 지도로 살펴볼까?

답사는 어때?

내 교과서 살펴보기 / 천재교과서, 김영사, 미래엔, 아이스크림 미디어

고장의 환경을 살펴보는 방법
- 직접 고장을 답사해 봅니다.
- 고장의 누리집을 방문해 고장의 환경에 대한 내용을 찾아봅니다.
- 고장 안내 책자를 살펴봅니다.

→ 고장의 환경, 역사, 볼거리 등을 지도, 사진, 짧은 글로 소개한 책

☑ 땅의 생김새를 이용하는 모습

산에는 **④** ⬜⬜⬜, 들에는 논과 밭, 바다에는 해수욕장, 하천 주변에는 공원을 만듭니다.

등산로를 산책하니 상쾌하다.

하천 주변 공원을 산책하는 게 더 낫겠어.

정답 **③** 디지털 **④** 등산로

개념 3 계절에 따른 우리 고장 사람들의 생활 모습

1. 고장의 계절별 기온과 강수량 살펴보기

→ 일정 기간 동안 일정한 곳에 내린 비, 눈, 우박 등의 물의 총량

막대그래프 읽는 방법

❶ 그래프의 제목을 확인함.

❷ 그래프의 가로와 세로가 무엇을 나타내는지 확인함.

❸ 그래프에서 눈금 한 칸의 양이 얼마인지 확인함.

❹ 각각의 막대가 나타내는 양을 확인함.

은우네 고장의 계절별 기온과 강수량

내 교과서 살펴보기 / 천재교육

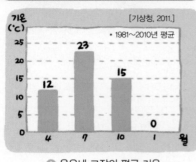

⬆ 은우네 고장의 평균 기온

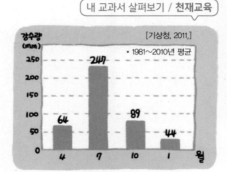

⬆ 은우네 고장의 평균 강수량

① 7월에 기온이 가장 높고, 1월에 기온이 가장 낮습니다.

② 7월에 강수량이 가장 많고, 1월에 강수량이 가장 적습니다.

2. 고장 사람들의 계절별 생활 모습

→ 고장의 기온과 강수량은 계절에 따라 다르고 이에 따라 사람들의 생활 모습도 달라집니다.

봄

모내기를 하거나 꽃구경을 감.

여름

선풍기를 사용하고, 물놀이를 함.

가을

단풍 구경을 가고, 곡식을 수확함.

겨울

난로를 사용하며, 눈썰매를 즐김.

☑ **우리나라의 계절별 기온과 강수량**

우리나라는 ❺ ○ ㄹ 에 기온이 높고 강수량이 많으며, 겨울에 기온이 낮고 강수량이 적습니다.

이번 여름은 정말 덥네.

감기에 걸렸다지만 추운 겨울에나 입는 솜옷을 입다니……

☑ **계절에 따른 생활 모습**

봄에는 꽃구경, 여름에는 물놀이, 가을에는 ❻ ㄷ ㅍ 구경, 겨울에는 썰매 타기 등을 합니다.

여름에는 물놀이가 최고지!

겨울에 타는 눈썰매는 정말 재미있어.

정답 ❺ 여름 ❻ 단풍

용어 사전

●모내기

벼의 싹을 어느 정도 키운 다음 논에 옮겨 심는 일

1 우리 주변에서 볼 수 있는 자연환경이 <u>아닌</u> 것은 어느 것입니까? (   ) _{11종 공통}

①
△ 산

②
△ 하천

③
△ 과수원

④
△ 바다

2 다음 까닭으로 만들어진 인문환경은 무엇입니까? _{11종 공통}
(   )

평평한 땅을 이용해 농사를 쉽게 짓기 위해서

① 논   ② 도로   ③ 항구
④ 도서관   ⑤ 영화관

천재교과서, 김영사, 미래엔, 아이스크림 미디어
3 고장의 환경을 살펴보는 방법으로 알맞지 <u>않은</u> 것은 어느 것입니까? (   )
① 직접 찾아다니며 살펴본다.
② 고장의 안내 책자를 살펴본다.
③ 고장의 디지털 영상 지도를 살펴본다.
④ 경찰청 누리집에 들어가서 살펴본다.
⑤ 고장의 누리집에서 관련 내용을 찾아본다.

4 다음 자연환경을 이용하는 모습을 바르게 줄로 이으시오. _{11종 공통}

(1) 산 ·   · ㉠ 염전

(2) 바다 ·   · ㉡ 등산로

천재교육
5 다음 은우네 고장의 계절별 기온과 강수량 그래프를 보고 바르게 말한 어린이를 쓰시오.

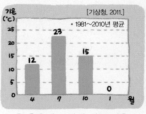
△ 은우네 고장의 평균 기온

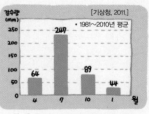
△ 은우네 고장의 평균 강수량

운용: 7월이 가장 덥고 비가 많이 내려.
아람: 1월과 7월의 기온과 강수량이 비슷해.
지우: 기온 그래프의 가로는 기온을, 세로는 월을 나타내.

(   )

6 겨울에 볼 수 있는 생활 모습으로 알맞은 것을 두 가지 고르시오. (,   ) _{11종 공통}
① 모내기를 한다.
② 스키나 썰매를 탄다.
③ 난로나 온풍기를 사용한다.
④ 에어컨과 선풍기를 사용한다.
⑤ 더위를 피해 해수욕을 즐긴다.

개념 알기

요약 개념① 바다가 있는 고장 사람들의 생활 모습

1. 바다가 있는 고장의 환경

자연환경	바다, 갯벌, 모래사장, 낮은 산, 좁은 들 등
인문환경	항구, 등대, 양식장, 해수욕장, 수산물 직판장, 조선소, 식당 등

2. 바다가 있는 고장 사람들이 하는 일 → 물고기 잡는 도구를 팔거나 고치는 일을 하기도 합니다.

- 식당이나 숙박 시설 운영하기
- 직판장에서 해산물 팔기
- 물고기나 미역 기르기
- 바닷속에 들어가 해산물 잡기
- 물고기 잡기

개념② 산이 많은 고장 사람들의 생활 모습

1. 산이 많은 고장의 환경

자연환경	가파른 산비탈, 울창한 숲, 계곡 등
인문환경	경사진 밭, 계단 모양의 논, 목장, 스키장, 식당, 리조트, 자연 휴양림 등

2. 산이 많은 고장 사람들이 하는 일 → 목재를 얻거나 꿀을 얻기 위해 벌을 기르기도 합니다.

- 목장에서 소 키우기
- 스키장 운영하기
- 버섯 기르기, 약초 캐기
- 식당이나 숙박 시설 운영하기
- 산비탈에서 농사짓기

---

6 고장 사람들이 하는 일

☑ **바다를 이용하며 살아가는 곳**

바다가 있는 고장에 사는 사람들은 ❶ [ㅁ][ㄱ][ㄱ] 잡기, 미역 기르기, 해산물 팔기 등의 일을 합니다.

- 와~ 바다 위에 고기잡이 배가 있어.
- 양식장도 있어.
- 해녀도 있네.

☑ **산을 이용하며 살아가는 곳**

산이 많은 고장 사람들은 산비탈에 농사짓기, ❷ [ㅂ][ㅅ] 기르기, 목장에서 가축 키우기 등의 일을 합니다.

- 논이 왜 계단 모양이야?
- 산에는 비탈진 곳이 많아서 농사지을 땅이 부족해.
- 그래서 땅을 평평한 계단 모양으로 만든 거야.

정답 ❶ 물고기 ❷ 버섯

내 교과서 살펴보기 / 아이스크림 미디어

풍력 발전기

산이 많은 고장에서 볼 수 있는 인문환경 중에 풍력 발전기가 있습니다. 바람이 많이 부는 산 위에 설치하고 강한 바람을 이용해 전기를 만듭니다.

개념③ 넓은 들이 있는 고장 사람들의 생활 모습

1. 넓은 들이 있는 고장의 환경

자연환경	넓은 들, 낮은 산, 하천 등
인문환경	논과 밭, 축사, 비닐하우스, 과수원, 농산물 저장고, 저수지 등

└→ 가축을 기르는 건물

2. 넓은 들이 있는 고장 사람들이 하는 일 →농업 기술을 연구하고 알려 주는 일을 하기도 합니다.

- 농기계 고치기
- 농기계 정비소
- 비닐하우스에서 채소 기르기
- 가축 기르기
- 논밭에서 곡식과 채소 기르기

개념④ 도시가 발달한 고장 사람들의 생활 모습

1. 도시의 환경 → 들이 펼쳐진 곳은 높은 건물과 도로를 만들기 유리해 많은 사람이 모여 사는 도시가 발달하기도 합니다.

자연환경	들, 하천, 낮은 산 등
인문환경	높은 건물, 넓은 도로, 아파트, 공장, 마트, 박물관, 백화점 등

2. 도시가 발달한 고장 사람들이 하는 일 → 생활에 필요한 물건을 만들거나, 생활을 편리하고 즐겁게 해 주는 일을 합니다.

- 공장에서 물건 만들기
- 회사에서 일하기
- 백화점에서 물건 팔기
- 버스나 택시 운전하기

☑ 들을 이용하며 살아가는 곳

넓은 들이 펼쳐진 고장에서는 논밭에서 농사짓기, ❸ㄴ○ 기술 연구하기, 가축 기르기 등의 일을 합니다.

- 평평한 들에서는 곡식이 잘 자라지.
- 들 사이로 흐르는 강물도 농사짓는 데 도움이 돼.

내 교과서 살펴보기 / 미래엔

날씨에 따른 고장 사람들이 하는 일
- 겨울에도 따뜻한 고장: 감귤 재배
- 여름철 기온이 낮아 서늘한 고장: 산비탈에 있는 밭에서 배추와 무 재배
- 비가 내리는 날이 적고 햇볕이 잘 드는 고장: 염전에서 소금 생산

☑ 도시 사람들의 생활 모습

도시에서는 자연환경을 이용한 일보다 주로 ❹○ㅁ 환경을 이용하여 다양한 일을 합니다.

- 회사, 백화점, 공장 등등 도시는 너무 복잡해.
- 인문환경이 많은 만큼 사람들이 하는 일도 다양해.

정답 ❸ 농업 ❹ 인문

개념 ⑤ 고장 사람들의 여가 생활

1. 여가 생활

① 스스로 즐거움을 얻고자 남는 시간에 하는 자유로운 활동을 말합니다.

② 사람들은 살고 있는 고장의 환경을 이용해 여가 생활도 하지만 다른 고장에 가서 그 고장의 환경을 이용해 여가 생활을 하기도 합니다.

2. 자연환경을 이용한 여가 생활

산	등산, 캠핑, 패러글라이딩 등
강	낚시, 래프팅, 물놀이 등
바다	낚시, 물놀이, 서핑 등

└→ 보드를 타고 파도 속을 요리조리 빠져나가며 즐기는 놀이

▲ 바다낚시

3. 인문환경을 이용한 여가 생활

도서관 – 책 읽기

영화관 – 영화 보기

박물관 – 유물 관람하기

공원 – 산책하기

실내 수영장 – 수영하기

축구장 – 축구하기

내 교과서 살펴보기 / 비상교과서

고장 사람들의 여가 생활 모습을 면담으로 조사하기

면담	알아보고자 하는 내용을 면담 대상자를 만나 직접 물어보는 방법
조사 방법	면담 내용, 면담 대상자 등 정하기 → 면담할 시간과 장소를 약속하기 → 녹음기, 수첩 등 준비물을 가지고 면담하기 → 면담 결과 정리하기
주의할 점	약속한 방문 시간을 잘 지키고, 예의 바르게 행동함. → 녹음을 할 때 동의를 얻습니다.

☑ **자연환경과 관련 있는 여가 생활**

바다에서 낚시하기, 산에서 등산하기, ❺ⓒ에서 래프팅 하기 등은 자연환경을 이용한 여가 생활입니다.

야호! 강에서 즐기는 래프팅은 최고야!

아악~

☑ **인문환경과 관련 있는 여가 생활**

도서관에서 독서하기, ❻ⓞⓗ에서 영화 보기 등은 인문환경을 이용한 여가 생활입니다.

주말에 영화를 봤어.

우리 고장은 영화관이 많아서 좋아.

끄억 끄억

정답 ❺ 강 ❻ 영화관

용어 사전

●패러글라이딩
높은 산에서 특수한 낙하산을 메고 뛰어내려 하늘을 나는 스포츠

●래프팅
고무보트를 타고 계곡의 빠른 물살을 헤쳐 나가는 운동

개념 다지기

1 다음 ☐ 안에 들어갈 알맞은 자연환경은 무엇입니까?
( )

> 항구, 등대 등은 ☐이/가 있는 고장에서 볼 수 있는 인문환경입니다.

① 들　　　② 산　　　③ 하천
④ 바다　　⑤ 사막

4 도시에 사는 사람들이 주로 하는 일은 어느 것입니까?
( )

① 갯벌에서 조개를 캔다.
② 농기계를 팔거나 수리한다.
③ 경사진 밭에서 배추 농사를 짓는다.
④ 산에서 주로 나물이나 약초를 캔다.
⑤ 공장에서 물건을 만들거나 회사를 다닌다.

1 단원

진도 완료 체크

2 산이 많은 고장의 사람들이 주로 하는 일을 두 가지 고르시오. (,)

① ▲ 목장에서 소 키우기　② ▲ 계단 모양 논에서 농사짓기

③ ▲ 고기잡이　④ ▲ 해산물 따기

5 여가 생활에 대한 설명으로 알맞지 <u>않은</u> 것을 [보기]에서 찾아 기호를 쓰시오.

> **보기**
> ㉠ 남는 시간에 하는 활동입니다.
> ㉡ 의무적으로 꼭 해야만 하는 활동입니다.
> ㉢ 자신의 즐거움을 얻고자 하는 활동입니다.
> ㉣ 사람들은 자연환경과 인문환경을 이용해 여가 생활을 합니다.

( )

3 넓은 들이 있는 고장 사람들이 하는 일이 <u>아닌</u> 것은 어느 것입니까? ( )

① 가축을 기른다.
② 농업 기술을 연구한다.
③ 논에서 벼농사를 짓는다.
④ 염전을 만들어 소금을 생산한다.
⑤ 밭에서 여러 가지 채소를 재배한다.

6 다음 중 자연환경을 이용한 여가 생활은 어느 것입니까? ( )

① ▲ 공원에서 산책하기　② ▲ 박물관에서 유물 관람하기

③ ▲ 도서관에서 책 읽기　④ ▲ 바다에서 낚시하기

Step ❶ 단원평가

[1~5] 다음은 개념 확인 문제입니다. 물음에 답하시오.

1 산, 들, 눈 등은 (자연 / 인문)환경입니다.

2 사람들은 (바다 / 들)에 항구, 해수욕장 등을 만들어 이용합니다.

3 기온이 높아 덥고 더위를 피해 해수욕을 즐기는 계절은 언제입니까?   (   )

4 넓은 들이 있는 고장 사람들은 들에 (논밭 / 염전)을 만들어 농사를 짓고 살아갑니다.

5 스스로 즐거움을 얻기 위해 남는 시간에 하는 자유로운 활동을 무엇이라고 합니까?
(   )

11종 공통

6 자연환경에 대한 설명으로 알맞지 <u>않은</u> 것은 어느 것입니까? (   )

① 자연 그대로의 환경이다.
② 학교, 과수원은 자연환경이다.
③ 사람들은 자연환경을 이용하여 살아간다.
④ 날씨에 영향을 주는 비, 바람 등도 자연환경이다.
⑤ 사람들은 자연환경을 이용해 편리한 시설을 만든다.

11종 공통

7 다음 ☐ 안에 들어갈 인문환경으로 알맞은 것은 어느 것입니까? (   )

> 우리 고장에 ☐☐☐ 이/가 생겨서 어디든 가기 편리해졌습니다.

① 밭   ② 도로   ③ 학교
④ 공장   ⑤ 아파트

11종 공통

8 산을 이용하는 모습을 바르게 말한 어린이를 두 명 쓰시오.

> 성희: 갯벌에서 조개를 잡아.
> 주아: 등산로를 만들어 이용해.
> 세영: 산림욕장을 만들어 이용해.
> 예림: 생활용수와 공업용수로 이용해.

(,   )

11종 공통

9 봄철 사람들의 생활 모습으로 알맞은 것은 어느 것입니까? (   )

①
🔺 꽃구경하기

②
🔺 곡식 수확하기

③
🔺 단풍 구경하기

④
🔺 눈썰매 타기

11종 공통
10 다음 고장 사람들이 주로 하는 일을 두 가지 고르시오.
(,)

⌃ 바다가 있는 고장

① 목장에서 소를 키운다.
② 농업 기술을 연구한다.
③ 물고기를 가두어 기른다.
④ 꿀을 얻기 위해 벌을 기른다.
⑤ 수산물 직판장에서 해산물을 판다.

11종 공통
11 다음 일을 주로 하는 사람들이 살고 있는 고장의 모습으로 알맞은 것은 어느 것입니까? ( )

⌃ 버섯 재배하기

⌃ 비탈진 땅에서 농사짓기

① 모래사장이 있다.
② 높은 건물이 많다.
③ 산이 연속해서 있다.
④ 주변에 바다가 있다.
⑤ 들판이 넓게 펼쳐져 있다.

11종 공통
12 다음 고장 사람들이 주로 하는 일은 어느 것입니까?
( )

⌃ 도시

① 물고기를 잡는다.
② 약초나 나물을 캔다.
③ 숲에서 목재를 얻는다.
④ 김, 미역 등을 양식한다.
⑤ 백화점과 마트에서 물건을 판다.

천재교과서, 김영사, 동아출판, 미래엔, 비상교과서
13 강을 이용한 여가 생활은 어느 것입니까? ( )
① 축구 ② 등산
③ 독서 ④ 래프팅
⑤ 패러글라이딩

비상교과서
14 면담할 때 주의할 점으로 알맞지 <u>않은</u> 것은 어느 것입니까? ( )
① 질문을 예의 바르게 한다.
② 미리 정한 방문 시간을 지킨다.
③ 면담 시 필요한 준비물을 미리 챙긴다.
④ 녹음을 할 때는 상대방의 동의를 얻는다.
⑤ 면담이 끝났을 때 감사의 인사를 전하지 않는다.

서술형 가이드
어려워하는 서술형 문제!
서술형 가이드를 이용하여 풀어 봐!

15 다음은 자연환경을 이용하는 모습을 정리한 것입니다.   11종 공통

㉠	들	바다
등산로를 만듦.	도로, 공장 등을 만듦.	㉡

(1) 위 ㉠에 들어갈 자연환경을 쓰시오.   (   )

(2) 위 ㉡에 들어갈 바다를 이용하는 모습을 쓰시오.

답 물고기나 조개를 잡고 [   ]을 만들어 소금을 얻는다.

15 (1) 등산로, 스키장, 산림욕장은 (산 / 하천)을 이용해 만들었습니다.

(2) 바다가 있는 고장에서는 염전을 만들어 (소금 / 설탕)을 얻습니다.

16 다음은 연후네 고장 사람들의 생활 모습입니다.   11종 공통

- 바다나 강에서 물놀이를 합니다.
- 얇은 옷을 입고 선풍기나 에어컨을 사용합니다.

(1) 위 생활 모습과 관련 있는 계절을 쓰시오.   (   )

(2) 위 (1)번 답의 날씨는 어떠한지 쓰시오.

_____

_____

16 (1) 여름에는 (난로 / 선풍기)를 사용합니다.

(2) 여름에는 (눈 / 비)이/가 많이 내리고 덥습니다.

17 다음과 같은 환경을 가진 고장 사람들이 주로 하는 일은 무엇인지 쓰시오. 11종 공통

자연환경	넓은 들, 낮은 산, 하천 등
인문환경	논과 밭, 축사, 비닐하우스, 과수원, 농산물 저장고, 저수지 등

_____

_____

17 넓은 (들 / 바다)이/가 있는 고장 사람들은 주로 농사와 관련된 일을 하며 살아갑니다.

| 학습 주제 | 고장 사람들이 하는 일 비교하기 |
| 학습 목표 | 고장의 환경이 고장 사람들이 하는 일에 영향을 준다는 것을 알 수 있다. |

[18~20] 다음은 다빈이와 서하네 고장 사람들이 주로 하는 일을 정리한 것입니다.

다빈이네 고장	⊙ 고기잡이	⊙ 해산물 식당 운영하기	⊙ 해산물 따기
서하네 고장	⊙ 버섯 기르기	⊙ 목재 얻기	㉠

11종 공통

수행평가 가이드
다양한 유형의 수행평가!
수행평가 가이드를 이용해 풀어 봐!

고장의 환경과 사람들이 하는 일

바다가 있는 고장	고기잡이, 조개 캐기, 해산물 팔기, 배 고치기, 김 양식하기 등
들이 펼쳐져 있는 고장	벼농사, 채소나 과일 재배하기, 가축 기르기, 농업 기술 연구하기 등
산이 많은 고장	나물이나 약초 캐기, 계단 모양 논에서 농사 짓기, 목재 얻기 등

1 단원

진도 완료 체크

18 다빈이네 고장 사람들이 주로 이용하며 살아가는 자연환경을 보기 에서 찾아 쓰시오.

보기
· 산   · 사막   · 하천   · 바다

(   )

19 위 ㉠에 들어갈 서하네 고장 사람들의 생활 모습을 쓰시오.   11종 공통

답 경사진 밭이나 계단 모양 [   ]에서 농사를 짓기도 한다.

20 다빈이네 고장 사람들과 서하네 고장 사람들이 주로 하는 일이 다른 까닭을 쓰시오.   11종 공통

_____

_____

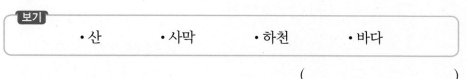

사람들은 주로 고장의 자연환경이나 인문환경과 관련된 일을 하며 살아가.

개념 ① 의식주의 의미와 필요성

1. 의식주의 의미

① 의식주: 사람들이 생활하는 데 필요한 옷, 음식, 집을 뜻합니다.

② 의식주의 사례

의 (옷)	⬆ 티셔츠	⬆ 모자	⬆ 운동화
식 (음식)	⬆ 비빔밥	⬆ 빵	⬆ 음료수
주 (집)	⬆ 아파트 [출처: 셔터스톡]	⬆ 한옥	⬆ 단독 주택 └ 한 채씩 따로 지은 집

2. 의식주의 필요성 → 다른 사람들과 함께 어울려 지내기 위해서도 의생활이 필요합니다.

의	식	주

피부를 보호하고 몸의 온도를 유지하기 위해서	영양분을 얻기 위해서	안전하고 편안하게 쉬기 위해서

내 교과서 살펴보기 / 아이스크림 미디어

하는 일에 따른 의생활의 필요성

해녀	차가운 바닷물이 몸에 직접 닿지 않도록 잠수복을 입음.
벌을 키우는 일을 하는 사람	*방충 모자와 긴소매 옷을 입어 벌에 쏘이지 않게 함.
철을 녹이는 일을 하는 사람	뜨거운 열로부터 몸을 보호하기 위해 방열복을 입음.

☑ **의식주**

의식주는 인간이 살아가는 데 가장 필수적인 요소인 옷, ❶ [ㅇ][ㅅ], 집을 통틀어 이르는 말입니다.

옷만 꼭 필요해!

음식만 꼭 필요해!

옷, 음식, 집 모두 다 꼭 필요하다고.

☑ **의식주가 필요한 까닭**

옷은 몸을 보호해 주고, 음식은 영양분을 주며, 집에서 ❷ [ㅇ][ㅈ]하고 편안하게 쉴 수 있습니다.

만약 의식주가 없다면 어떨까?

정답 ❶ 음식 ❷ 안전

용어 사전

*방충 (防 막을 방 蟲 벌레 충)
해로운 벌레가 침범하여 해를 끼치지 못하도록 막음.

개념 ② 계절과 날씨에 따른 고장 사람들의 의생활 모습

1. 계절에 따라 다른 옷차림 → 계절의 날씨에 따라 고장 사람들의 옷차림이 달라집니다.

봄
- 날씨: 따뜻해짐.
- 옷차림: 얇은 옷을 입거나 가벼운 외투를 걸침.

여름
- 날씨: 무덥고 비가 많이 내림.
- 옷차림: 더위를 피하려고 바람이 잘 통하는 옷을 입고, 햇볕을 막는 모자를 쓰기도 함.

가을
- 날씨: 쌀쌀해짐. → 아침과 저녁, 낮의 기온 차이가 생깁니다.
- 옷차림: 얇은 옷을 여러 겹 껴입거나 가벼운 외투를 입음.

겨울
- 날씨: 춥고 눈이 내리기도 함.
- 옷차림: 추위를 막으려고 두꺼운 옷을 입고, 장갑을 끼거나 목도리를 두르기도 함.

2. 고장의 날씨에 따른 옷차림 예 평창과 제주도의 9월 옷차림

🔺 9월에 평창은 아침저녁으로 서늘해 긴팔을 입음.

🔺 9월에 제주도는 따뜻해 반팔 옷을 입음.

내 교과서 살펴보기 / 미래엔

과거 사람들의 의생활 모습

설피	눈에 빠지지 않도록 신발 바닥에 덧대어 신던 덧신
도롱이	풀이나 볏짚 등으로 만든 비옷

☑ **계절에 따른 옷차림**

우리나라는 사계절이 뚜렷해 계절마다 옷차림이 ❸(같습니다 / 다릅니다).

1단원

☑ **고장의 날씨에 따른 옷차림**

고장의 ❹(날씨 / 이름)에 따라 옷차림이 달라질 수 있습니다.

정답 ❸ 다릅니다 ❹ 날씨

용어사전

● 의생활 (衣 옷 의 生 날 생 活 살 활)
입는 옷과 관련된 생활

개념③ 세계 여러 고장 사람들의 의생활 모습

→ 고장의 환경에 맞게 옷의 모양이나 옷을 만드는 재료를 정합니다.

① 햇볕이 뜨겁고 모래바람이 많이 부는 고장

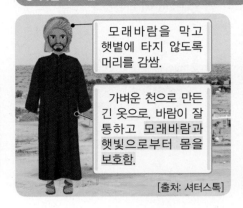

모래바람을 막고 햇볕에 타지 않도록 머리를 감쌈.

가벼운 천으로 만든 긴 옷으로, 바람이 잘 통하고 모래바람과 햇빛으로부터 몸을 보호함.

[출처: 셔터스톡]

② 춥고 눈이 많이 오는 고장

동물의 털과 가죽으로 만듦.

추위에 견디기 위해 옷이 두꺼움.

[출처: 셔터스톡]

① 사우디 아라비아
② 캐나다
③ 베트남
④ 페루
대서양
태평양
인도양
0°

③ 덥고 습한 고장

때로는 햇볕을 가리고, 때로는 비를 막아 줌.

얇고 바람이 잘 통해 시원함.

[출처: 셔터스톡]

④ 낮과 밤의 기온 차가 큰 고장

낮의 뜨거운 햇볕을 막아 줌.

낮과 밤의 기온 차가 커서 여러 가지 옷을 겹쳐 입음.

[출처: 셔터스톡]

내 교과서 살펴보기 / 비상교과서, 비상교육

네덜란드의 전통 신발 '클로그'

• 네덜란드는 비가 자주 내리고 바다보다 낮은 땅과 갯벌이 많습니다.
• 단단한 나무를 깎아 만든 클로그는 굽이 높아서 땅이 질척해도 발이 빠지지 않고 오래 신을 수 있었습니다.

사막의 뜨거운 햇볕과 ⑤ ▢▢
▢▢을 막아 주는 긴 옷을 입고 머리를 천으로 감쌉니다.

덥다고 했잖아. 넌 왜 긴 옷이야?

모래바람을 막으려면 몸 전체를 감싸는 긴 옷을 입어야 한다고.

키득 키득

☑ **덥고 습한 고장의 의생활**

더위를 식힐 수 있도록 바람이 잘 통하는 옷을 입고 챙이 ⑥ ▢▢ 모자를 씁니다.

짠! 베트남 전통 모자인 논라야.

챙이 넓어 햇볕을 가리고 비를 피할 수 있겠네.

정답 ⑤ 모래바람 ⑥ 넓은

용어
사전

●**모래바람**
모래와 함께 휘몰아치는 바람

개념 다지기

[1~2] 다음 사진은 일상생활에서 볼 수 있는 의식주의 사례입니다.

㉠
⚠ 티셔츠

㉡
⚠ 비빔밥

㉢
⚠ 아파트

㉣
⚠ 음료수

㉤
⚠ 단독 주택

㉥
⚠ 신발

11종 공통

1 위 ㉠~㉥을 다음 기준에 맞게 구분해 기호를 쓰시오.

(1) 의생활: (,   )

(2) 식생활: (,   )

(3) 주생활: (,   )

11종 공통

2 위 ㉠~㉥ 중 다음과 같은 역할을 하는 것을 두 가지 찾아 기호를 쓰시오.

> • 잠을 자고 쉴 수 있습니다.
> • 더위와 추위를 피할 수 있습니다.

(,   )

11종 공통

3 날씨가 더운 여름철 고장 사람들의 옷차림은 어느 것입니까? (   )

① 장갑을 낀다.

② 목도리를 두른다.

③ 가벼운 외투를 입는다.

④ 햇볕을 막는 모자를 쓴다.

⑤ 솜을 넣어 만든 옷을 입는다.

미래엔

4 다음에서 설명하는 것은 어느 것입니까? (   )

> 눈에 빠지지 않도록 신발 바닥에 덧대어 신던 덧신입니다.

① 설피   ② 갈옷   ③ 한복

④ 드레스   ⑤ 도롱이

천재교육, 교학사, 김영사, 동아출판, 비상교과서, 지학사

5 베트남처럼 덥고 습한 고장에 살고 있는 사람들의 의생활 모습은 어느 것입니까? (   )

①

②

③

④

11종 공통

6 세계 여러 고장 사람들의 의생활 모습을 보면서 알 수 있는 점으로 알맞은 것에 ○표를 하시오.

(1) 고장의 환경에 따라 옷의 재료나 두께가 다릅니다.

(   )

(2) 고장마다 사람들이 입는 옷의 모양에 차이가 없습니다.

(   )

개념① 우리 고장과 다른 고장의 식생활 모습

1. 고장에서 나는 음식 재료

바다가 있는 고장	생선, 김, 미역 등의 해산물이 많이 남.
산이 있는 고장	버섯, 나물과 같은 재료들이 많이 남.
논과 밭이 있는 고장	쌀, 채소 등의 농산물이 많이 남.

2. 고장의 대표 음식 → 고장에서 나는 재료가 다르므로 각 고장 사람들이 즐겨 먹는 음식도 조금씩 다릅니다.

서산 어리굴젓
서산은 주변 바닷가에서 많이 나는 굴로 만든 음식이 유명함.

정선 곤드레나물밥
정선은 주변 산에서 자란 곤드레나물을 넣어 만든 밥이 유명함.

전주비빔밥
전주는 넓은 들에서 자란 쌀과 채소로 만든 비빔밥이 유명함.

하동 재첩국
하동은 근처 강에서 잡은 조개를 넣어 만든 재첩국이 유명함.

울릉도
독도
동해
황해
남해

➡ 각 고장을 대표하는 음식은 주변 환경에서 쉽게 구할 수 있는 재료로 만들어집니다.

내 교과서 살펴보기 / 천재교육

고장의 환경에 따른 고장의 대표 음식

보성 꼬막무침	갯벌이 넓게 펼쳐진 보성에서는 꼬막이 많이 남.
제주 한라봉주스	따뜻한 제주에서는 한라봉이 잘 자람.

└→ 한라산을 닮아서 이름 붙인 과일입니다.

☑ **산이 많은 고장의 대표 음식**

산이 많은 고장에서는 버섯, 감자, ❶(나물 / 미역) 등을 이용한 음식이 발달했습니다.

산지가 많은 영월에서는 감자로 만든 음식이 많아.

나는 쫄깃쫄깃한 감자옹심이를 좋아해.

☑ **바다가 있는 고장의 대표 음식**

바다가 있는 고장은 조개, 물고기, 게 등 ❷ ㅎ ㅅ ㅁ 을 이용한 음식이 발달했습니다.

바닷가에 왔으니 해산물 요리를 먹어야지.

영덕하면 대게찜이지!

정답 ❶ 나물 ❷ 해산물

**용어
사전**

• **식생활** (食 먹을 식 生 날 생 活 살 활)
먹는 음식과 관련된 생활

개념 ② 세계 여러 고장 사람들의 식생활 모습

덥고 습한 고장

열대 과일과 쌀을 이용한 음식과 기름이나 향신료를 넣어 만든 음식이 발달함.

[출처: 셔터스톡]

파인애플 볶음밥(타이) ▶

추운 고장

추운 곳에서도 자라는 호밀과 같은 곡식을 길러 음식의 재료로 이용함.

[출처: 셔터스톡]

호밀빵(러시아) ▶

산지가 많은 고장

산지에 젖소를 키워 얻은 우유로 퐁뒤와 같은 음식을 만들어 먹음.

빵, 고기 등을 우유로 만든 ← 치즈에 찍어 먹는 음식

[출처: 셔터스톡]

퐁뒤(스위스) ▶

바다로 둘러싸인 고장

바다에서 생선, 조개 등이 많이 잡히기 때문에 해산물을 이용한 음식이 많음.

[출처: 게티이미지]

초밥(일본) ▶

개념 ③ 우리 고장과 다른 고장의 주생활 모습 예 전통 가옥

바람이 많이 부는 고장

햇볕과 비를 막는 풍채

[출처: 셔터스톡]

제주도에서는 바람에 지붕이 날아가지 않도록 지붕을 줄로 고정했음.

겨울에 눈이 많이 내리는 고장

우데기

울릉도에서는 눈이 많이 쌓여도 집 안에서 생활할 수 있도록 우데기를 만들었음.

┗→ 지붕의 끝에서부터 땅에 닿는 부분까지 둘러친 벽

나무를 쉽게 구할 수 있는 고장

[출처: 게티이미지]

나무를 쉽게 구할 수 있는 강원도 산지에서는 너와집을 지었음.

┗→ 지붕을 덮기 위해 만든 나뭇조각

여름철 비가 많이 내리는 고장

홍수로 집이 물에 잠기는 것을 막으려고 터돋움집을 지었음.

☑ **덥고 습한 고장의 식생활 모습**

열대 과일이 잘 자라고 벼농사가 활발해 ❸(쌀 / 호밀)을 이용한 음식이 발달했습니다.

베트남에는 열대 과일하고 쌀이 잘 자라.

그래서 쌀국수가 유명하구나.

파인애플 볶음밥도 최고지.

☑ **고장의 환경에 따른 집 모양**

사람들은 ❹(쉽게 / 어렵게) 얻을 수 있는 재료로 집을 짓고, 환경에 따라 집의 모양을 다르게 했습니다.

제주도에서는 지붕이 바람에 날아가지 않도록 지붕을 낮고 둥글게 만들었어.

또 주위에서 쉽게 구할 수 있는 돌로 담을 쌓아 바람을 막았지.

정답 ❸ 쌀 ❹ 쉽게

내 교과서 살펴보기 / 아이스크림 미디어

도시의 주생활 모습

도시가 발달한 고장에서는 많은 사람이 좁은 땅에 모여 살 수 있도록 아파트와 같이 집을 높게 짓습니다.

개념 체크

개념 ④ 세계 여러 고장 사람들의 주생활 모습 → 고장마다 날씨, 땅의 생김새와 같은 환경이 다르기 때문에 주생활 모습이 다양합니다.

덥고 습한 고장

[출처: 셔터스톡]

🔺 수상 가옥(미얀마)

더위와 해충을 피하기 위해 수상 가옥을 지었음.

화산 폭발이 있었던 고장

🔺 동굴집(터키)

화산재가 쌓여 만들어진 단단하지 않은 바위를 파서 집을 지었음.

춥고 눈으로 둘러싸인 고장

[출처: 셔터스톡]

🔺 이글루(캐나다)

사냥을 나왔을 때 추위를 피하려고 눈과 얼음으로 이글루를 지었음.

사막이 있고 건조한 고장

[출처: 셔터스톡]

🔺 흙집(사우디아라비아)

주로 흙을 재료로 집을 짓고, 햇볕을 막기 위해 창문을 작게 냈음.

춥고 눈이 많이 오는 고장

🔺 이즈바(러시아)

주변에서 쉽게 구할 수 있는 통나무로 집을 짓고 지붕을 가파르게 만들었음.

초원이 펼쳐진 고장

🔺 게르(몽골)

가축에게 먹일 물과 풀을 찾아 옮겨 다니기 때문에 이동식 집인 게르를 지었음.

내 교과서 살펴보기 / 천재교육

여름이 덥고 건조한 고장

그리스에서는 여름에 강한 햇볕을 막기 위해 벽을 두껍게 만들어 열기를 막고, 벽을 흰색으로 칠해 햇빛을 반사했습니다.

[출처: 셔터스톡]

☑ **덥고 습한 고장의 주생활**

더위와 해충을 피하려고 물속에 말뚝을 박아 ❺ ⬜ㅅ⬜ㅅ⬜ㄱ⬜ㅇ 을 짓거나 땅 위로 집을 올려 지었습니다.

더위를 피하려고 물 위에 집을 지었어.

아하! 그렇구나.

☑ **춥고 눈이 많이 오는 고장의 주생활**

춥고 눈이 많이 오는 러시아에서는 ❻ ⬜ㄴ 이 쌓이지 않도록 지붕의 경사를 급하게 만들었습니다.

이즈바는 지붕이 가파르네?

눈이 쌓이지 않고 잘 흘러내릴 수 있겠어.

정답 ❺ 수상 가옥 ❻ 눈

용어 사전

🔹**사막** (沙 모래 사 漠 넓을 막)
강수량이 적어 식물이 자라기 어려운 땅

🔹**게르**
나무로 뼈대를 만들고 그 위에 두꺼운 천이나 가죽을 덮어서 만든 몽골의 전통 가옥

개념 다지기

1. ❷ 환경에 따른 의식주 생활 모습 (2)

11종 공통

1 다음 고장에서 많이 나는 음식 재료를 바르게 줄로 이으시오.

(1) [바다가 있는 고장] · · ㉠ [쌀, 채소 등의 농산물]

(2) [산이 있는 고장] · · ㉡ [생선, 김, 미역 등의 해산물]

(3) [논과 밭이 있는 고장] · · ㉢ [버섯, 나물과 같은 재료]

천재교과서, 금성출판사, 김영사, 동아출판, 미래엔, 비상교과서

2 넓은 들에서 쌀과 채소가 잘 자라는 전주에서 발달한 음식은 어느 것입니까? (   )

① 대게찜   ② 비빔밥
③ 재첩국   ④ 어리굴젓
⑤ 파인애플 볶음밥

11종 공통

3 해산물을 이용한 음식이 발달한 고장의 자연환경으로 알맞은 것은 어느 것입니까? (   )

① 바다가 있다.
② 초원이 발달했다.
③ 비가 거의 오지 않는다.
④ 일 년 내내 무덥고 습하다.
⑤ 일 년 내내 춥고 눈이 내린다.

천재교육, 천재교과서, 교학사, 김영사, 동아출판,
미래엔, 비상교과서, 비상교육, 지학사

4 울릉도에서 우데기를 만든 까닭으로 알맞은 것은 어느 것입니까? (   )

① 울릉도에 나무가 많기 때문에
② 울릉도는 바람이 많이 불기 때문에
③ 울릉도는 겨울에 눈이 많이 오기 때문에
④ 울릉도는 일 년 내내 기온이 높기 때문에
⑤ 울릉도는 여름에 비가 많이 내리기 때문에

1단원

진도 완료 체크

교학사, 금성출판사, 동아출판, 비상교과서, 아이스크림 미디어, 지학사

5 춥고 눈이 많이 오는 고장에서 다음과 같은 집을 지은 까닭을 보기 에서 찾아 기호를 쓰시오.

보기

㉠ 무더운 날씨를 피하기 위해서
㉡ 홍수로 집이 물에 잠길 수도 있기 때문에
㉢ 주변에서 나무를 쉽게 구할 수 있었기 때문에

(   )

11종 공통

6 세계 여러 고장 사람들의 주생활 모습에 대해 바르게 말한 어린이를 쓰시오.

서아: 자연환경은 고장 사람들의 주생활 모습에 영향을 주지 않아.
주희: 몽골에서는 여름에 강한 햇볕을 막기 위해 벽을 흰색으로 칠했어.
아람: 터키의 동굴집은 바위가 단단하지 않아 그 속을 파서 집을 지을 수 있었어.

(   )

Step 1 단원평가

[1~5] 다음은 개념 확인 문제입니다. 물음에 답하시오.

1 사람이 살아가는 데 반드시 필요한 옷과 음식, 집을 통틀어 무엇이라고 합니까?

(   )

2 의생활과 관련된 것에는 청바지, (주스 / 신발) 등이 있습니다.

3 날씨가 (더울 / 추울) 때에는 바람이 잘 통하는 옷을 입습니다.

4 하동 재첩국과 관련 있는 고장의 자연환경은 산과 강 중 무엇입니까? (   )

5 강원도 산지에서는 나무를 쉽게 구할 수 있었기 때문에 (너와집 / 초가집)을 지었습니다.

11종 공통

6 집이 없을 때 불편한 점을 바르게 설명한 어린이를 쓰시오.

> 현아: 영양분을 얻을 수 없어.
> 주민: 나의 직업을 표현할 수 없어.
> 세영: 안전하고 편안하게 쉴 수가 없어.

(   )

11종 공통

7 겨울철 사람들의 의생활 모습으로 알맞은 것은 어느 것입니까? (   )

11종 공통

8 사우디아라비아에서 오른쪽과 같은 옷 차림을 하는 까닭은 어느 것입니까?

(   )

① 눈이 많이 오기 때문에
② 직업을 나타내기 위해서
③ 화산재를 피하기 위해서
④ 비가 많이 내리기 때문에
⑤ 뜨거운 햇볕과 모래바람을 막기 위해서

천재교육, 천재교과서, 교학사, 금성출판사, 김영사, 동아출판, 미래엔, 비상교과서, 비상교육, 지학사

9 춥고 눈이 많이 내리는 고장 사람들의 의생활 모습으로 알맞은 것을 보기 에서 찾아 기호를 쓰시오.

> **보기**
> ㉠ 바람이 잘 통하는 얇은 옷을 입습니다.
> ㉡ 동물의 털과 가죽으로 만든 두꺼운 옷을 입습니다.

(   )

천재교육, 교학사, 미래엔

10 갯벌이 넓게 펼쳐진 보성에서 발달한 음식은 어느 것입니까? ( )

① 파전 ② 비빔밥
③ 꼬막무침 ④ 한라봉주스
⑤ 곤드레나물밥

천재교육, 교학사, 미래엔, 비상교과서, 비상교육, 지학사

11 산지에서 젖소를 키우는 고장에서 발달한 음식으로 알맞은 것에 ○표를 하시오.

(1)
△ 초밥
( )

(2)
△ 퐁뒤
( )

김영사, 동아출판, 비상교육, 아이스크림 미디어, 지학사

12 여름철 홍수로 집이 물에 잠길 위험이 있는 고장 사람들의 주생활 모습은 어느 것입니까? ( )

①
②
③
④

천재교육, 천재교과서, 김영사, 동아출판, 비상교육

13 다음 설명과 관련 있는 주생활 모습은 어느 것입니까?
( )

> 가축에게 먹일 물과 풀을 찾아 이동할 때 간편하게 설치할 수 있습니다.

①
②
③
④

천재교육, 천재교과서, 동아출판, 비상교육

14 다음 주생활과 관련된 고장의 환경으로 알맞은 것은 어느 것입니까? ( )

△ 이글루

① 여름이 덥고 건조하다.
② 춥고 눈이 많이 내린다.
③ 덥고 비가 많이 내린다.
④ 햇볕이 뜨겁고 모래바람이 분다.
⑤ 화산재가 쌓여 만들어진 바위가 있다.

15 다음은 의식주와 관련된 사진입니다.

 ㉠  ㉡  ㉢

11종 공통

(1) 위 ㉠~㉢ 중 주생활과 관련된 것의 기호를 쓰시오.

( )

(2) 위 ㉡과 관련된 생활이 필요한 까닭은 무엇인지 쓰시오.

답 생활에 필요한 [   ] 을 얻기 위해서이다.

서술형 가이드
어려워하는 서술형 문제!
서술형 가이드를 이용하여 풀어 봐!

15 (1) 한옥, 아파트, 단독 주택 등은 [ ][ ][ ] 에 속하는 것들입니다.

(2) 영양분을 얻기 위해 음식을 먹는 것은 [ ][ ][ ] 과 관련이 있습니다.

16 다음은 세계 각 고장의 전통 의생활 모습입니다.

11종 공통

 ㉠  ㉡  ㉢

(1) 모래바람이 많이 부는 고장의 의생활 모습은 무엇인지 기호를 쓰시오.

( )

(2) 위 ㉢과 같은 의생활 모습을 볼 수 있는 고장의 자연환경을 쓰시오.

_____

_____

16 (1) 모래바람이 많이 부는 고장에서는 몸 (전체 / 일부)를 감싸는 옷을 입습니다.

(2) 춥고 눈이 많이 오는 고장에서는 동물의 [ ] 과 가죽으로 만든 옷을 입습니다.

17 제주도에서 오른쪽과 같은 집을 지은 까닭은 무엇인지 쓰시오.

_____

_____

17 제주도는 [ ][ ] 이 많이 불어서 지붕이 날아가지 않도록 집을 지었습니다.

단원 **실력 쌓기**   정답 4쪽

학습 주제 고장의 대표 음식

학습 목표 고장마다 발달한 음식이 다른 까닭을 알 수 있다.

[18~20] 다음은 고장의 대표 음식을 소개하는 모습입니다.

보성 꼬막을 이용한
꼬막무침

┌ ⊙ ┐이 넓게 펼쳐진 우리 고장에는 꼬막이 많아. 그래서 꼬막으로 만든 음식이 발달했지. 그중에서 나는 꼬막무침이 좋아.

[출처: 게티이미지]

영월 곤드레를 이용한
곤드레나물밥

우리 고장의 산골짜기에서는 곤드레나물이 잘 자라. 향이 가득한 곤드레나물밥에 양념장을 쓱쓱 비벼 먹으면 정말 맛있어!

[출처: 게티이미지]

제주 한라봉을 이용한
한라봉주스

⊙

수행평가 가이드
다양한 유형의 수행평가!
수행평가 가이드를 이용해 풀어 봐!

고장 사람들의 식생활 모습
• 환경은 사람들의 식생활에 많은 영향을 줍니다.
• 음식은 각 고장의 환경에서 쉽게 구할 수 있는 재료를 중심으로 발달해 왔습니다.

진도 완료 체크

18 위 ⊙에 들어갈 알맞은 자연환경을 보기 에서 찾아 쓰시오.   천재교육, 교학사, 미래엔

보기
•산   •갯벌   •사막   •고원   •계곡

(   )

천재교육

19 위 ⊙에 들어갈 내용이 되도록 (   ) 안의 알맞은 말에 각각 ○표를 하시오.

한라봉이라고 들어 봤니? ❶(한라산 / 백두산)을 닮아서 이름 붙은 과일이야. 우리 고장은 ❷(따뜻해서 / 추워서) 한라봉이 잘 자라. 나는 달콤한 한라봉주스를 좋아해.

20 위와 같이 고장마다 발달한 음식이 다른 까닭을 쓰시오.   11종 공통

_____

_____

고장마다 나는 재료가 달라서 각 고장 사람들이 즐겨 먹는 음식도 조금씩 달라.

Q 배점 표시가 없는 문제는 문제당 4점입니다.

11종 공통

1 우리 고장의 환경과 생활 모습

11종 공통

1 다음에서 설명하는 환경이 <u>아닌</u> 것은 어느 것입니까?
( )

자연 그대로의 환경

① ▲ 산   ② ▲ 하천

③ ▲ 비   ④ ▲ 밭

11종 공통

2 하천을 이용하는 모습을 바르게 쓴 어린이는 누구입니까? ( )

① 염전   ② 생활용수

③ 등산로   ④ 산림욕장

3 다음은 어떤 자연환경을 이용하는 모습입니까?
( )

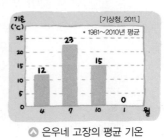

① 들   ② 산   ③ 눈
④ 우박   ⑤ 바다

[4~5] 다음은 은우네 고장의 평균 기온과 평균 강수량 그래프입니다.

기온(°C)	[기상청, 2011.] • 1981~2010년 평균

▲ 은우네 고장의 평균 기온   ▲ 은우네 고장의 평균 강수량

천재교육

4 은우네 고장의 기온이 가장 높은 달과 강수량이 가장 많은 달은 언제인지 쓰시오.

(1) 평균 기온이 가장 높은 달: ( )
(2) 평균 강수량이 가장 많은 달: ( )

🗂 서술형·논술형 문제
11종 공통

5 은우네 고장 사람들의 7월의 생활 모습은 어떠할지 쓰시오. [10점]

_____

_____

[6~7] 다음은 일기 예보의 한 장면입니다.

기온이 뚝 떨어지고 많은 눈이 내리면서, 빙판이 생기고 하얀 눈꽃이 피었습니다.

11종 공통

6 위 일기 예보와 관련된 계절은 언제인지 쓰시오.

(   )

11종 공통

7 위 일기 예보와 관련된 계절의 생활 모습으로 알맞은 것은 어느 것입니까? (   )

① 꽃구경을 간다.
② 단풍 구경을 간다.
③ 에어컨을 사용한다.
④ 난로나 온풍기를 사용한다.
⑤ 해수욕장에서 물놀이를 한다.

11종 공통

8 다음 자연환경이 있는 고장 사람들이 주로 하는 일을 두 가지 고르시오. (,   )

> • 바다   • 갯벌   • 모래사장

① 물고기를 가두어 기른다.
② 꿀을 얻기 위해 벌을 기른다.
③ 버섯을 기르거나 약초와 나물을 캔다.
④ 배나 고기잡이 도구를 팔거나 고쳐 준다.
⑤ 스키 타는 방법을 가르쳐 주는 일을 한다.

9 다음은 소희네 고장의 모습입니다. [총 10점]

(1) 소희네 고장의 모습에 대해 알맞게 이야기한 어린 이를 쓰시오. [3점]

> 연아: 높은 건물이 많이 있어.
> 미연: 축사, 비닐하우스가 많이 있어.

(   )

(2) 소희네 고장 사람들이 주로 하는 일은 무엇인지 쓰시오. [7점]

_____

_____

11종 공통

10 인문환경을 이용한 여가 생활을 즐긴 어린이를 두 명 고르시오. (,   )

①
   강에서 래프팅하기

②
   숲에서 캠핑하기

③
   공원에서 인라인 스케이트 타기

④
   영화관에서 영화 보기

2 환경에 따른 의식주 생활 모습

11종 공통

11 의식주 생활에 해당하는 것은 어느 것입니까? (   )

① 영화를 본다.
② 자전거를 탄다.
③ 밥과 국을 먹는다.
④ 휴대 전화로 통화를 한다.
⑤ 기차를 타고 여행을 간다.

11종 공통

12 의생활, 식생활, 주생활이 필요한 까닭을 바르게 줄로 이으시오.

(1) 의생활 • • ㉠ 영양분을 얻기 위해

(2) 식생활 • • ㉡ 안전하고 편안하게 쉬기 위해

(3) 주생활 • • ㉢ 피부를 보호하고 온도를 유지하기 위해

11종 공통

13 다음 중 가을철 사람들의 의생활 모습은 무엇인지 기호를 쓰시오.

㉠   ㉡

(   )

천재교육, 교학사, 금성출판사, 동아출판, 미래엔, 비상교과서, 비상교육, 지학사

14 다음 어린이가 살고 있는 고장은 어디입니까? [6점]

(   )

우리 고장에서는 망토와 같은 쉽게 덧입을 수 있는 옷을 걸쳐.

① 덥고 습한 고장
② 덥고 건조한 고장
③ 춥고 눈이 많이 내리는 고장
④ 낮과 밤의 기온 차가 큰 고장
⑤ 사막이 있어 모래바람이 부는 고장

천재교육, 천재교과서

15 강원도 정선에서 곤드레나물밥이 발달한 까닭과 관련된 자연환경은 어느 것입니까? (   )

①   ② [출처: 게티이미지]
⟰ 바다   ⟰ 눈

③   ④
⟰ 산지   ⟰ 하천

천재교과서, 김영사, 동아출판

16 다음 대화의 □ 안에 공통으로 들어갈 음식은 어느 것입니까? (   )

> 연후: 원권아, □□□(이)라는 음식 알아?
> 원권: 응. 서산에서 발달한 음식이잖아.
> 연후: 그런데 서산에서는 왜 □□□이/가 유명할까?
> 원권: 서산은 주변 바닷가에서 굴이 많이 나거든.

① 파전　　　　② 재첩국
③ 어리굴젓　　④ 한라봉주스
⑤ 곤드레나물밥

서술형·논술형 문제

11종 공통

17 다음은 세계 여러 고장의 자연환경과 식생활을 정리한 것입니다. [총 10점]

㉠	열대 과일, 쌀을 이용한 음식이 많음.
바다로 둘러싸인 고장	㉡
산지가 있는 고장	젖소를 키워 얻은 우유로 음식을 만듦.

(1) 위 ㉠에 들어갈 고장의 환경으로 알맞은 것을 보기 에서 찾아 쓰시오. [3점]

> **보기**
> • 날씨가 덥고 습한 고장
> • 춥고 눈이 많이 오는 고장

(   )

(2) 위 ㉡에 들어갈 내용을 알맞게 쓰시오. [7점]

_____

_____

11종 공통

18 나무를 쉽게 구할 수 있는 고장에서 발달한 집에 ○표를 하시오.

(1)
△ 터돋움집
(   )

(2)
△ 너와집
(   )

진도 완료 체크

1
단원

동아출판, 미래엔, 비상교과서, 비상교육, 지학사

19 터키에서 동굴집을 지었던 까닭은 어느 것입니까? (   )

① 바위가 단단하지 않았기 때문에
② 집이 물에 잠기는 것을 막기 위해서
③ 집에 눈이 들어오는 것을 막기 위해서
④ 날씨가 추워 나무가 곧게 자라기 때문에
⑤ 주변에서 짚을 쉽게 구할 수 있었기 때문에

교학사, 금성출판사, 김영사, 동아출판, 미래엔, 비상교육

20 사막이 있고 건조한 고장의 주생활 모습으로 알맞은 것은 어느 것입니까? (   )

①
△ 이즈바

②
△ 수상 가옥

③
△ 흙집

④
△ 이글루

초등 3학년	초등 5학년	중학교

옛날과 다른 오늘날의 모습
옛날과 오늘날의 생활 도구, 생활 모습을 살펴봐요.

나라의 발전
옛날 사람들의 생활 모습부터 발달해 온 과정을 배워요.

문명의 형성
도구의 발달 등에 대해 배울 거예요.

만화로 단원 미리보기

시대마다 다른 삶의 모습

2

6 옛날 사람들의 생활 모습

개념 체크

개념 ① 옛날 생활 모습 살펴보기

1. 옛날 사람들의 생활 모습을 살펴보는 방법

| 박물관이나 민속촌, 유적지 등 옛날 사람들의 생활 모습을 재현한 장소를 방문함. | ➡ | 옛날 사람들이 사용했던 생활 도구와 살았던 집의 모습을 살펴봄. |

사람들이 생활하는 데 필요한 여러 가지 물건

☑ **옛날 생활 모습을 살펴보는 방법**

민속촌이나 ❶ [ㅂ][ㅁ][ㄱ], 유적지 등을 방문하여 살펴봅니다.

> 옛날 사람들은 어떻게 살았을까?

> 박물관에 가면 알 수 있지!

요중 2. 박물관에서 할 수 있는 활동

> 옛날 사람들의 생활을 직접 체험해 볼 수 있음.

> 옛날 사람들이 남긴 여러 가지 문화유산을 관람할 수 있음.

> 옛날 생활 도구를 직접 만들어 볼 수 있음.

☑ **박물관에서 할 수 있는 활동**

옛날의 ❷ [ㅁ][ㅎ][ㅇ][ㅅ] 관람뿐 아니라 다양한 활동을 할 수 있습니다.

> 박물관에서는 다양한 체험 활동을 할 수 있구나!

옛날 생활 도구 만들기 체험
장소:○○박물관 녹실 교실

정답 ❶ 박물관 ❷ 문화유산

내 교과서 살펴보기 / 천재교과서

박물관과 관련된 다양한 직업 → 고고학자, 문화 관광 해설사도 있습니다.

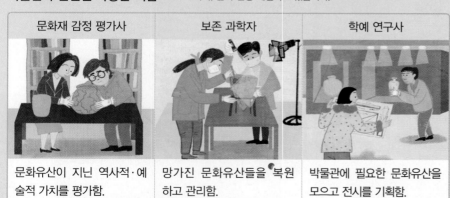

문화재 감정 평가사	보존 과학자	학예 연구사
문화유산이 지닌 역사적·예술적 가치를 평가함.	망가진 문화유산들을 복원하고 관리함.	박물관에 필요한 문화유산을 모으고 전시를 기획함.

📖 용어 사전

• 재현 (再 두 재 現 나타날 현)
 다시 나타냄.
• 복원 (復 회복할 복 元 처음 원)
 원래대로 회복함.

개념② 자연에서 얻은 재료로 도구를 만들어 쓰던 시대

1. 돌을 깨뜨려 만든 도구를 사용한 시대의 생활 모습

→ 추위나 동물들의 공격을 피하기 위해

동굴이나 바위 그늘에서 생활하며 사냥을 하거나 열매를 따 먹었음.

⬆ 주먹 도끼

동물 가죽으로 옷을 만들었음.

돌을 깨뜨려 도구를 만들었음.

☑ **돌을 깨뜨려 도구를 만들었던 시대**

동굴이나 바위 그늘에서 생활하며 ❸ ㅅ ㄴ 을 하고 열매를 따 먹었습니다.

이거 혹시 옛날에 썼던 주먹 도끼가 아닐까?

아무리 봐도 그냥 돌 같지 않니?

2. 돌을 갈아서 만든 도구를 사용한 시대의 생활 모습

강가나 바닷가에 모여 살며 땅을 갈아서 농사를 짓기 시작했음.

⬆ 뼈로 만든 낚시 도구

⬆ 빗살무늬 토기

쓰임새에 맞게 돌이나 동물의 뼈를 갈아 더 좋은 도구를 만들었음.

흙으로 그릇을 만들어 음식을 담아 보관했음.

☑ **돌을 갈아서 도구를 만들었던 시대**

땅을 갈아서 ❹ ㄴ ㅅ 를 짓고, 돌이나 동물의 뼈를 갈아서 도구를 만들었습니다.

옛날 사람들처럼 이 뼈로 도구를 만들 수 있을까?

어서 먹은 거나 치워!

> 내 교과서 살펴보기 / 천재교과서, 교학사, 금성출판사, 김영사, 동아출판, 미래엔, 지학사

돌을 갈아서 만든 여러 가지 도구

돌괭이	땅을 갈아 농사짓는 데 사용했음.
가락바퀴	실을 뽑는 데 사용했음.
갈돌과 갈판	곡식의 껍질을 벗기고 가루로 만드는 데 사용했음.

⬆ 가락바퀴

정답 ❸ 사냥 ❹ 농사

개념 ③ 금속으로 도구를 만들어 쓰던 시대

1. 청동으로 만든 도구를 사용한 시대의 생활 모습

→ 청동은 재료를 구하기 어렵고, 만드는 과정이 복잡했기 때문입니다.

반달 돌칼 ▶

농사를 지을 때나 일상생활에서는 돌과 나무를 사용했음.

청동으로 무기, 장신구, 제사 지내는 도구를 만들었음.

▲ 비파형 동검   ▲ 청동 거울

[내 교과서 살펴보기 / 김영사, 동아출판, 비상교과서]

농경문 청동기
· 농사짓는 모습이 새겨져 있는 청동기로, 당시의 생활 모습을 파악할 수 있습니다.
· 토기에 수확물을 담는 모습, 따비로 땅을 가는 모습, 괭이로 땅을 파는 모습 등이 새겨져 있습니다.

→ 일상생활에서도 청동보다 훨씬 단단한 철을 널리 사용했습니다.

2. 철로 만든 도구를 사용한 시대의 생활 모습

전쟁에서 철로 만든 무기를 사용했음.

◀ 철로 만든 무기

철로 만든 농사 도구를 사용해 더 많은 곡식을 수확했음.

▲ 철로 만든 농기구   → 농업이 크게 발달했습니다.

☑ **청동으로 도구를 만들었던 시대**
다양한 도구를 청동으로 만들었지만 일상생활에서는 ❺ (돌 / 철)로 만든 도구를 사용했습니다.

☑ **철로 도구를 만들었던 시대**
시간이 지난 후 사람들은 청동보다 ❻ (단단한 / 부드러운) 철로 도구를 만들었습니다.

정답 ❺ 돌 ❻ 단단한

 용어 사전

· 청동 (青 푸를 청 銅 구리 동) 구리와 주석을 섞어서 만든 금속
· 장신구 (裝 꾸밀 장 身 몸 신 具 갖출 구) 몸을 꾸미는 데 쓰는 도구

개념 다지기

천재교과서

1 다음과 같은 활동을 할 수 있는 장소로 알맞은 곳은 어디입니까? (   )

> • 옛날 생활 도구를 직접 만들어 봅니다.
> • 옛날 사람들의 생활을 직접 체험합니다.
> • 옛날 사람들이 남긴 문화유산을 관람합니다.

① 공원 ② 박물관
③ 기차역 ④ 태권도장
⑤ 전통 시장

천재교육, 천재교과서, 교학사, 금성출판사, 김영사, 동아출판, 미래엔, 비상교과서, 비상교육, 지학사

2 돌을 깨뜨려 만든 도구로 알맞은 것은 어느 것입니까? (   )

①
△ 빗살무늬 토기

②
△ 반달 돌칼

③
△ 비파형 동검

④
△ 주먹 도끼

11종 공통

3 돌을 갈아서 만든 도구를 사용한 시대의 생활 모습으로 알맞지 <u>않은</u> 것은 어느 것입니까? (   )

① 흙으로 그릇을 만들었다.
② 땅을 갈아 농사를 지었다.
③ 강가나 바닷가에 모여 살았다.
④ 청동으로 만든 장신구를 사용했다.
⑤ 동물의 뼈를 갈아 도구를 만들었다.

천재교과서, 김영사, 동아출판, 미래엔, 지학사

4 다음 옛날 사람들이 사용했던 도구의 쓰임새를 바르게 말한 어린이를 쓰시오.

△ 가락바퀴

> 석규: 실을 뽑는 데 사용했어.
> 도윤: 낚시를 할 때 사용했던 도구야.
> 민희: 곡식을 담아 음식을 저장할 때 사용했어.

(   )

11종 공통

5 청동으로 만든 도구를 사용한 시대에 대한 설명으로 알맞은 것에 ○표를 하시오.

(1) 무기, 장신구, 제사용 도구를 청동으로 만들었습니다. (   )

(2) 농사를 지을 때나 일상생활에서도 청동으로 만든 도구를 사용했습니다. (   )

천재교육, 교학사, 금성출판사, 김영사, 동아출판, 미래엔, 비상교과서, 비상교육, 아이스크림 미디어, 지학사

6 철로 만든 도구를 사용한 시대에 대한 설명으로 알맞은 것은 어느 것입니까? (   )

① 농업이 크게 발달했다.
② 일상생활에서 돌을 주로 사용했다.
③ 돌을 깨뜨려 농사 도구를 만들었다.
④ 동굴이나 바위 그늘에서 주로 생활했다.
⑤ 철은 구하기 어려워 나무로 무기를 만들었다.

2 단원

6 도구와 집의 변화로 달라진 사람들의 생활 모습

개념 ❶ 농사 도구의 변화

1. 땅을 가는 도구의 변화

→ 긴 나무 막대기 끝에 뾰족한 돌을 묶어 만들었습니다.

돌괭이

돌괭이로 땅을 고르게 했음.

철로 만든 괭이

단단한 철로 더 넓은 땅을 갈았음.

트랙터

한 번에 많은 땅을 갈 수 있음.

쟁기

소를 이용해 편하게 땅을 갈았음.

2. 곡식을 수확하는 도구의 변화

→ 돌을 날카롭게 갈아 만들었습니다.

반달 돌칼

돌을 이용해 곡식의 이삭을 땄음.

낫

날카로운 낫을 쓰니 곡식이 잘 잘리네.

철을 이용해 곡식을 쉽게 베었음.

콤바인(수확기)

한 번에 많은 곡식을 수확함.

탈곡기

곡식의 낱알을 쉽게 털 수 있음.

3. 달라진 생활 모습: 한 사람이 갈 수 있는 논밭의 넓이가 넓어졌고, 많은 양의 곡식을 얻을 수 있게 되었습니다. → 기계를 이용해 편리하게 농사를 짓습니다.

☑ **땅을 가는 도구의 변화**

오늘날에는 ❶ | ㅌ | ㄹ | ㅌ | 를 이용해 갈 수 있는 논밭의 넓이가 넓어졌습니다.

이 밭을 혼자 다 가신 거예요?

기계를 이용하면 넓은 땅을 갈 수 있단다.

내 교과서 살펴보기 / 금성출판사, 비상교과서

농사용 무인기(드론)

오늘날에는 과학과 기술의 발달로 논밭에 농약을 뿌릴 때 농사용 무인기를 사용하기도 합니다.

☑ **곡식을 수확하는 도구의 변화**

콤바인이 등장하면서 더 ❷ (많은 / 적은) 곡식을 수확할 수 있게 되었습니다.

오늘날에는 기계를 이용해 많은 곡식을 빠르게 수확할 수 있어.

우와

정답 ❶ 트랙터 ❷ 많은

개념 ② 음식을 만드는 도구의 변화 → 음식을 만드는 시간이 줄어들었습니다.

1. 음식을 만드는 도구가 변화한 까닭: 농사를 짓고 가축을 기르기 시작하면서 음식 재료가 다양해졌기 때문입니다.

2. 음식을 요리할 때 사용하는 도구의 변화

→ 무거운 솥 안의 열기가 잘 빠져나가지 않아 음식이 잘 익습니다.

토기
토기에 재료를 넣고 끓여 요리했어.

가마솥
철로 만든 가마솥에 열을 가해 요리를 했어.

전기밥솥
전기밥솥으로 불을 피우지 않고 빠르게 밥을 지어.

3. 재료를 갈 때 사용하는 도구의 변화

갈돌과 갈판
[출처: 국립경주박물관]

맷돌
[출처: 국립민속박물관]

믹서

☑ 음식을 만드는 도구의 변화

요리 도구는 토기, ③ ㄱ ㅁ ㅅ, 전기밥솥의 순서로 변화했습니다.

가마솥으로 한 밥은 처음 봐요!
요즘에는 전기밥솥을 쓰는데!
오와~

내 교과서 살펴보기 / 천재교육, 교학사, 김영사, 동아출판, 미래엔, 지학사

시루
- 바닥의 구멍에서 올라오는 뜨거운 김으로 음식을 쪄서 요리하는 도구입니다.
- 불 위에 찜통을 올리고, 찜통 안의 물을 데워서 생기는 뜨거운 김을 이용했습니다.

개념 ③ 옷을 만드는 도구의 변화 → 다양한 종류의 옷을 쉽고 빠르게 만들 수 있습니다.

1. 실이나 옷감을 만드는 도구의 변화

가락바퀴
식물의 줄기를 꼬아서 실을 만들었어.

베틀
베틀에 실을 올리고 서로 엮어 옷감을 만들었어.

방직기
방직기로 빠르고 편하게 많은 옷감을 만들어.

2. 옷감을 꿰매는 도구의 변화

뼈바늘

쇠 바늘

재봉틀

→ 빠르고 정확하게 옷감을 꿰맬 수 있습니다.

☑ 옷을 만드는 도구의 변화

입을 수 있는 옷의 종류가 다양해졌고, 필요한 옷을 ④ (쉽게 / 어렵게) 구할 수 있습니다.

입고 싶은 옷이 엄청 많아!
이게 다 옷을 만드는 도구가 발달한 덕분이라고!

정답 ③ 가마솥 ④ 쉽게

개념④ 집의 변화로 달라진 사람들의 생활 모습

동굴이나
바위 그늘

• 먹을 것을 찾아 옮겨 다녔음.
• 동굴에서 추위와 더위를 피하고, 동물의 공격을 피했음.

움집

• 땅을 파서 기둥을 세우고, 풀과 짚을 덮어 만들었음.
• 하나의 방에서 음식을 만들고 잠을 자며 생활 도구를 손질했음.
• 집 가운데에 불을 피웠음.

초가집

• 볏짚으로 지붕을 덮어 만들었음.
• 방, 마루, 부엌, 외양간, 화장실, 헛간 등을 쓰임에 맞게 나누어 사용했음.
• 마당에서는 농사와 관련된 일을 했음.

기와집

• 흙을 구워 만든 기와로 지붕을 덮었음.
• 주로 여자들이 생활했던 안채와 남자들이 글공부를 하거나 손님을 맞이했던 사랑채 등이 있었음.

오늘날의
집┐
㉠ 아파트, 단독
주택, 연립 주택

• 철근과 콘크리트로 만들어 튼튼함.
• 거실과 주방이 연결되어 있고 화장실이 집 안에 있음.
• 가족이 함께 식사를 준비하고, 거실에서 이야기를 나눔. → 하나의 공간에서 다양하고 편리하게 생활합니다.

내 교과서 살펴보기 / 천재교육, 천재교과서, 김영사, 동아출판, 미래엔, 비상교과서, 비상교육, 아이스크림 미디어

한옥에 숨은 조상들의 지혜: 온돌
• 방바닥 아래에 있는 구들장을 따뜻하게 데우는 난방 방법입니다.
• 아궁이에 불을 피우면 뜨거운 공기가 이동하면서 구들장을 데우고 굴뚝으로 나가는 원리입니다.
• 데워진 구들장이 방 안을 따뜻하게 해 주어 추운 겨울을 따뜻하게 보낼 수 있었습니다.

아궁이 / 굴뚝 / 구들장

☑ 집의 모습 변화

동굴, 움집, ⑤ [ㅊ][ㄱ][ㅈ]과 기와집, 오늘날 우리가 사는 집으로 변화했습니다.

옛날에는 저런 집에서 살기도 했었지.

오늘날 집의 모습과 많이 다르네요!

☑ 오늘날 집에서의 생활

오늘날의 집에서는 하나의 공간에서 다양하고 ⑥ [ㅍ][ㄹ]하게 생활합니다.

음식을 만드는 곳과 식사를 하는 곳이 한 공간에 있어서 좋아.

배고파

정답 ❺ 초가집 ❻ 편리

용어 사전

• 볏짚
벼의 낟알을 떨어낸 줄기
• 마루
집 안에 바닥과 사이를 띄우고 깐 널빤지 또는 그 널빤지를 깔아 놓은 곳
• 외양간
농가에서 말이나 소를 키우는 공간

천재교육, 교학사, 김영사, 동아출판, 미래엔, 비상교과서, 비상교육, 아이스크림 미디어

1 땅을 가는 도구가 변화한 순서대로 기호를 쓰시오.

> ㉠ 쟁기 　　　　 ㉡ 돌괭이
> ㉢ 트랙터 　　　 ㉣ 철로 만든 괭이

(　　) → (　　) → (　　) → (　　)

11종 공통

2 농사 도구가 발달하면서 달라진 사람들의 생활 모습으로 알맞은 것은 어느 것입니까? (　　)

① 농사를 짓는 데 힘이 더 든다.
② 넓은 땅을 한 번에 갈 수 없다.
③ 한 번에 많은 곡식을 수확할 수 있다.
④ 농사지을 때 더 이상 기계를 이용하지 않는다.
⑤ 땅을 가는 데 옛날보다 시간이 더 오래 걸린다.

천재교육, 천재교과서, 금성출판사, 김영사, 미래엔, 비상교과서, 아이스크림 미디어, 지학사

3 음식의 재료를 갈 때 사용했던 다음 도구의 이름을 보기 에서 찾아 쓰시오.

> 보기
> • 토기 　 • 맷돌 　 • 가마솥 　 • 전기밥솥

(　　　　　　)

11종 공통

4 다음 도구들을 사용한 경우로 알맞은 것은 어느 것입니까? (　　)

> • 베틀 　 • 뼈바늘 　 • 재봉틀 　 • 가락바퀴

① 옷을 만들 때
② 집을 지을 때
③ 운동을 할 때
④ 농사를 지을 때
⑤ 음식을 만들 때

11종 공통

5 다음에서 설명하는 집의 모습으로 알맞은 것을 찾아 기호를 쓰시오.

> • 옛날에 주변에서 구하기 쉬웠던 볏짚을 이용해 지붕을 덮어 만든 집입니다.
> • 방, 마루, 부엌, 외양간 등을 쓰임에 맞게 나누어 사용했습니다.

㉠  　　　 ㉡
▲ 기와집 　　　　　　　　　 ▲ 초가집

(　　　　　　)

천재교육, 천재교과서, 김영사, 동아출판, 미래엔, 비상교과서, 비상교육, 아이스크림 미디어

6 다음 ☐ 안에 들어갈 알맞은 말은 어느 것입니까?
(　　)

> 우리 조상들은 ☐☐ 을/를 이용해 추운 겨울을 따뜻하게 보낼 수 있었습니다.

① 마루 　　　　　 ② 온돌
③ 시루 　　　　　 ④ 마당
⑤ 콘크리트

Step 1 단원평가

[1~5] 다음은 개념 확인 문제입니다. 물음에 답하시오.

1 사람들이 생활하는 데 필요한 여러 가지 물건을 무엇이라고 합니까? ( )

2 주먹 도끼는 돌을 (깨뜨려 / 갈아서) 만든 도구입니다.

3 농경문 청동기에는 (집 / 농사)을/를 짓는 모습이 새겨져 있습니다.

4 소를 이용해 땅을 갈았던 농사 도구는 무엇입니까? ( )

5 오늘날의 집은 주로 (흙과 나무 / 철근과 콘크리트)로 만들어 튼튼합니다.

6 오른쪽 그림과 관련 있는 직업으로 알맞은 것은 어느 것입니까? ( )

천재교과서

저는 박물관에 필요한 문화유산을 모으는 일을 해요.

① 고고학자
② 보존 과학자
③ 학예 연구사
④ 문화 관광 해설사
⑤ 문화재 감정 평가사

11종 공통

7 다음과 같은 생활을 했던 사람들이 사용한 도구로 알맞지 <u>않은</u> 것은 어느 것입니까? ( )

주로 강가나 바닷가에 모여 살며 땅을 갈아서 농사를 짓기 시작했습니다.

① 돌괭이
② 가락바퀴
③ 빗살무늬 토기
④ 철로 만든 무기
⑤ 뼈로 만든 낚시 도구

11종 공통

8 청동으로 만든 도구를 사용한 시대의 농사 도구로 알맞은 것을 찾아 기호를 쓰시오.

㉠   ㉡

⬆ 반달 돌칼   ⬆ 비파형 동검

( )

천재교육, 교학사, 금성출판사, 김영사, 동아출판, 미래엔, 비상교과서, 비상교육, 아이스크림 미디어, 지학사

9 다음과 같은 도구를 사용하면서 달라진 점은 어느 것입니까? ( )

⬆ 철로 만든 농사 도구

① 농사지을 때 힘이 더 들었다.
② 돌을 깨뜨려 무기를 만들게 되었다.
③ 동굴이나 바위 그늘에서 생활하기 시작했다.
④ 농사지을 때 외에는 철을 사용하지 않게 되었다.
⑤ 이전보다 더 많은 곡식을 수확할 수 있게 되었다.

11종 공통

10 오늘날 곡식을 수확할 때 사용하는 농사 도구는 어느 것입니까? ( )

①
🔼 트랙터

②
🔼 반달 돌칼

③
🔼 돌괭이

④
🔼 콤바인

11종 공통

13 다음 집에서의 생활 모습으로 알맞은 것은 어느 것입니까? ( )

🔼 움집

① 먹을 것을 찾아 옮겨 다녔다.
② 남자들은 사랑채에서 생활했다.
③ 온돌을 이용해 겨울을 따뜻하게 보냈다.
④ 집 가운데에 불을 피워 따뜻하게 지냈다.
⑤ 방, 마루, 부엌 등을 쓰임에 맞게 나눠 사용했다.

천재교육, 교학사, 김영사, 동아출판, 미래엔, 지학사

11 바닥의 구멍에서 올라오는 뜨거운 김으로 음식을 요리하는 오른쪽 도구의 이름은 무엇입니까? ( )

① 시루
② 맷돌
③ 믹서
④ 갈돌
⑤ 가마솥

11종 공통

14 오늘날 사람들이 많이 사는 집에서 생활하는 모습으로 알맞은 것은 어느 것입니까? ( )

①

②

③

④

천재교육, 교학사, 금성출판사, 김영사, 아이스크림 미디어

12 옷감을 꿰매는 도구의 변화 과정에 따라 기호를 나열한 것은 어느 것입니까? ( )

| ㉠ 재봉틀 | ㉡ 뼈바늘 | ㉢ 쇠 바늘 |

① ㉠ → ㉡ → ㉢
② ㉡ → ㉢ → ㉠
③ ㉡ → ㉠ → ㉢
④ ㉢ → ㉡ → ㉠
⑤ ㉢ → ㉠ → ㉡

15 다음은 청동으로 도구를 만들었던 시대의 생활 모습입니다.

11종 공통

(1) 농사를 지을 때 사용했던 위 ㉠ 도구의 이름을 쓰시오.

(   )

(2) 위 그림에 나타난 시대의 특징을 쓰시오.

답 청동으로 ❶[   ], 장신구 등을 주로 만들고, ❷[   ]를 지을 때나 일상생활에서는 돌과 나무를 사용했다.

16 다음은 요리 도구의 변화 모습입니다.

11종 공통

토기에 재료를 넣고 끓였음.	[ ]에 열을 가해 요리를 했음.	전기밥솥으로 편리하게 요리함.

(1) 위 ☐ 안에 들어갈 알맞은 요리 도구를 쓰시오.

(   )

(2) 음식을 만드는 도구가 변화한 까닭을 쓰시오.

_____

_____

17 오른쪽 집의 이름과 특징을 한 가지만 쓰시오.

11종 공통

(1) 집의 이름: (   )

(2) 집의 특징: _____

_____

15 (1) 청동으로 도구를 만들었던 시대에는 [ ][ ]를 지을 때 반달 돌칼을 사용했습니다.

(2) 청동은 재료를 구하기 (쉽기 / 어렵기) 때문에 무기를 만들 때 주로 쓰였습니다.

16 (1) 요리할 때 사용하는 도구는 [ ][ ], 가마솥, 전기밥솥으로 변화했습니다.

(2) 음식 재료가 [ ][ ]해지면서 음식을 만드는 도구도 같이 변화했습니다.

17 (1) 사람들은 기와로 지붕을 덮은 (기와집 / 초가집)에서 살기도 했습니다.

(2) 기와집은 여자들이 생활했던 [ ][ ]와 남자들이 글공부를 했던 사랑채 등으로 이루어져 있습니다.

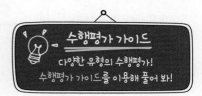

수행평가 가이드
다양한 유형의 수행평가!
수행평가 가이드를 이용해 풀어 봐!

학습 주제 | 옛날과 오늘날의 생활 도구 비교하기

학습 목표 | 옛날과 오늘날의 생활 도구를 보고, 변화 과정을 알 수 있다.

생활 도구
- 사람들이 생활하는 데 필요한 여러 가지 물건입니다.
- 사람들이 사용하는 생활 도구가 달라지면서 사람들의 생활 모습에도 큰 변화가 생겼습니다.

[18~20] 다음은 옛날과 오늘날의 생활 도구입니다.

ⓐ 베틀

ⓐ 믹서

ⓐ 맷돌

ⓐ 방직기

ⓐ 가락바퀴

ⓐ 갈돌과 갈판

11종 공통

18 위 도구를 쓰임새에 따라 각각 분류하여 변화한 순서대로 기호를 쓰시오.

(1) 음식의 재료를 갈 때	→	→
(2) 실이나 옷감을 만들 때	→	→

천재교육, 교학사, 금성출판사, 김영사, 동아출판, 미래엔,
비상교과서, 비상교육, 아이스크림 미디어, 지학사

19 옛날 사람들이 실을 올려 놓고 서로 엮어 옷감을 만들었던 도구의 기호를 쓰시오.

( )

천재교육, 천재교과서, 금성출판사, 김영사, 미래엔,
비상교과서, 아이스크림 미디어, 지학사

20 ㄴ의 발달로 달라진 오늘날의 생활 모습을 쓰시오.

ㄴ은 무엇을 할 때 쓰는 도구일까?

개념 ① 세시 풍속

1. 세시 풍속의 의미

① 세시 풍속: 옛날부터 명절과 같이 일정한 시기에 되풀이하여 행해 온 <u>고유의 생활 모습</u> → 입는 옷, 하는 놀이, 하는 일, 먹는 음식 등이 있습니다.

② 세시 풍속과 세시 풍속이 아닌 것의 구분 〈 내 교과서 살펴보기 / **천재교과서** 〉

세시 풍속인 것 ↳ 특별한 날에만 되풀이합니다.	• 동짓날에 가족들과 함께 팥죽을 만들어 먹음. • 지난 설날에 할아버지, 할머니께 세배를 드림.
세시 풍속이 아닌 것	• 지난 주말에 가족들과 함께 외식을 함. • 학교 가는 길에 만난 동네 어른께 인사를 드림.

2. 세시 풍속의 사례 ㉘ 설날

한복
윷놀이
깨끗한 새 옷
연날리기
제기차기
설날의 풍속
하는 놀이
먹는 음식
하는 일
입는 옷
세배하기
성묘하기
차례 지내기
떡국

〈 내 교과서 살펴보기 / **천재교과서, 교학사, 금성출판사, 비상교과서, 비상교육, 지학사** 〉

추석의 세시 풍속

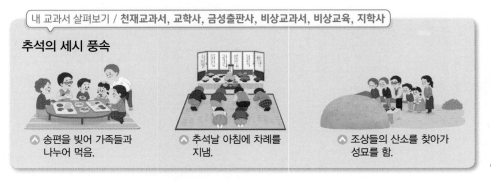

⬆ 송편을 빚어 가족들과 나누어 먹음.

⬆ 추석날 아침에 차례를 지냄.

⬆ 조상들의 산소를 찾아가 성묘를 함.

---

6 세시 풍속의 의미와 종류

☑ **세시 풍속**

세시 풍속은 옛날부터 ❶[ㅇ][ㅈ]한 시기에 되풀이하여 행해 온 고유의 생활 모습입니다.

우리 가족은 동짓날마다 팥죽을 끓여 먹어.

나도 올해 동짓날엔 너희 집 가도 되니?

☑ **설날에 하는 일**

설날에는 한복이나 새 옷을 입으며, ❷[ㄸ][ㄱ]을 먹고, 세배를 합니다.

빨리 떡국 먹어~ 설날이니까 얼른 세배 드려야지!

나 이거 먹고 더 먹어야 하는데.

열려!

정답 ❶ 일정 ❷ 떡국

📖 용어 사전

• 풍속(風 풍속 풍 俗 풍속 속) 옛날부터 전해 내려오는 생활 습관
• 명절(名 이름 명 節 마디 절) 해마다 일정하게 지키고 기념하는 때

개념 ② 옛날 사람들이 즐겼던 세시 풍속 → 계절에 따른 옛날 사람들의 생활 모습과 생각을 알 수 있습니다.

1. 옛날 세시 풍속의 특징

① 한 해 농사가 잘되기를 기원했습니다.

② 계절에 따라 다양한 세시 풍속이 있었습니다. → 계절마다 사람들이 하는 일이 다르기 때문입니다.

③ 나쁜 기운을 쫓고 건강하게 지내기를 바랐습니다.

④ 수확 후에는 조상들께 감사하는 마음을 표현했습니다.

2. 새해를 시작하는 시기의 세시 풍속

설날(음력 1월 1일)	정월 대보름(음력 1월 15일)

• 아침에 조상들께 차례를 지냈음. • 집안 어른들께 세배를 드리고, 덕담을 들었음. • 널뛰기, 윷놀이 등을 했음.	• 새해 첫 보름달이 뜨는 날로, 한 해의 건강과 풍년을 빌며 부럼을 깨 먹고, 오곡밥과 나물을 먹었음. • 달집태우기와 쥐불놀이를 했음.

3. 농사를 시작하는 시기의 세시 풍속

삼짇날(음력 3월 3일)	한식

• 농사를 새로 시작하며 한 해의 풍년을 기원했음. • 진달래꽃으로 전을 만들어 먹고, 들판에서 꽃놀이를 했음.	• 씨를 뿌리는 시기로, 농사가 잘되기를 바라며 조상들의 산소를 찾아가 성묘를 했음. • 불을 사용하지 않고 찬 음식을 먹었음.

☑ **옛날 세시 풍속의 특징**

계절과 시기에 따라 다양한 세시 풍속이 있었고, 풍년과 ❸(건강 / 감기), 복을 바랐습니다.

☑ **정월 대보름의 세시 풍속**

정월 대보름에는 쥐불놀이와 ❹(달집 / 별집)태우기를 하며 나쁜 기운을 쫓고자 했습니다.

정답 ❸ 건강 ❹ 달집

용어사전

❖ 음력(陰 그늘 음 曆 책력 력)
달의 모양 변화를 기준으로 날짜를 세는 방법

❖ 부럼
정월 대보름날에 까먹는 잣·날밤·호두·은행·땅콩 등의 견과류

❖ 달집태우기
나뭇더미를 쌓아 달집을 만들어 마을의 평안과 풍년을 빌며 태우는 놀이

4. 날씨가 무더워지는 시기의 세시 풍속

단오(음력 5월 5일)

- 부채를 주고받았음. → 더운 여름을 시원하게 지내라는 의미입니다.
- 창포물에 머리를 감고, 그네뛰기와 씨름을 즐겼음. → 수리취떡을 먹기도 했습니다.

삼복(초복, 중복, 말복)

- 더위를 이겨 내기 위해 물놀이를 했음.
- 삼계탕이나 육개장과 같이 영양이 풍부한 음식을 먹었음.

내 교과서 살펴보기 / 금성출판사, 김영사, 아이스크림 미디어

백중(음력 7월 15일): 호미를 씻는 날
- 호미로 논밭의 잡초를 없애는 김매기가 끝난 시기입니다.
- 여러 가지 과일과 채소로 조상들께 제사를 지냈습니다.
- 농사일로 지친 몸과 마음을 쉬며 마을 사람들과 잔치를 벌였습니다.

5. 수확을 끝내고 한 해를 마무리하는 시기의 세시 풍속

추석(음력 8월 15일)

- 수확에 감사하는 마음을 담아 조상들께 차례를 지냈음.
- 송편과 토란국을 먹고 강강술래와 줄다리기를 했음.

중양절(음력 9월 9일)

- 수확을 마무리하는 시기로, 산에 올라가 단풍을 즐겼음.
- 국화로 만든 술과 떡을 먹으며 건강을 기원했음.

동지(양력 12월 22일경)

- 일 년 중 밤이 가장 긴 날로, 한 해를 마무리하고 새해를 맞이하는 날로 보냈음.
- 나쁜 기운을 쫓는 의미로 팥죽을 먹고, 새해 달력을 주고받기도 했음.

단오에 즐겼던 세시 풍속

단오에는 나쁜 기운을 쫓으려고 창포물에 머리를 감았고, 그네뛰기와 ❺ [씨][ㄹ]을 즐겼습니다.

아까 창포물에 열심히 머리 감더니 머릿결이 달라졌네.
ㅋㅋ

추석의 세시 풍속

추석에는 조상들께 감사하는 마음으로 차례를 지내고, ❻(팥죽 / 송편)을 먹었습니다.

아까 송편을 너무 많이 먹었나 봐!
강강술래~ 강강술래~

정답 ❺ 씨름 ❻ 송편

내 교과서 살펴보기 / 아이스크림 미디어

상달
- 음력 10월로 한 해 농사가 끝나고 먹을 거리가 많아 사람들은 이 달을 '가장 좋은 달'로 생각했습니다.
- 상달에는 다가올 겨울을 대비해 김장을 하고, 수확한 콩으로 메주를 만들어 띄웠습니다.

개념 다지기

11종 공통

1 다음 ☐ 안에 들어갈 알맞은 말은 어느 것입니까?
( )

> 옛날부터 일정한 시기에 되풀이하여 행해 온 고유의 생활 모습을 ☐☐☐☐(이)라고 합니다.

① 성묘　　　　　② 차례
③ 절기　　　　　④ 계절
⑤ 세시 풍속

천재교과서

2 세시 풍속을 즐겼던 경험을 잘못 말한 어린이는 누구입니까? ( )

① 정아: 추석 때 가족들과 성묘를 했어.
② 운용: 동짓날 부모님과 팥죽을 먹었어.
③ 지우: 지난 추석에 송편을 빚어 먹었어.
④ 아람: 설날에 할머니, 할아버지께 세배를 했어.
⑤ 윤진: 지난 주말에 가족들과 놀이공원에 다녀왔어.

천재교육, 김영사, 아이스크림 미디어

3 설날의 풍속에 대해 정리한 다음 표에서 알맞지 않은 것은 어느 것입니까? ( )

설날의 풍속

입는 옷	① 한복
하는 놀이	② 윷놀이
먹는 음식	③ 찬 음식
하는 일	④ 세배하기 ⑤ 차례 지내기

11종 공통

4 옛날 세시 풍속에 대한 설명으로 알맞은 것은 어느 것입니까? ( )

① 농사와 관련이 없었다.
② 명절에는 즐기지 않았다.
③ 건강을 빌기 위해 하기도 했다.
④ 계절에 상관없이 똑같은 세시 풍속을 즐겼다.
⑤ 세시 풍속을 통해 옛날 사람들의 생각은 알 수 없다.

금성출판사, 김영사, 아이스크림 미디어

5 다음에서 설명하는 날로 알맞은 것은 어느 것입니까?
( )

> 김매기가 끝나 농사일로 지친 몸과 마음을 쉬는 시기로, 여러 가지 과일과 채소로 조상들께 제사를 지내고 마을 사람들과 잔치를 벌였습니다.

① 상달　　　　　② 삼복
③ 백중　　　　　④ 중양절
⑤ 삼짇날

천재교육, 천재교과서, 교학사, 금성출판사, 김영사, 동아출판,
미래엔, 비상교과서, 비상교육, 아이스크림 미디어

6 동지에 먹었던 음식으로 알맞은 것을 찾아 기호를 쓰시오.

ㄱ 　　　　ㄴ

△ 삼계탕　　　　　　　　△ 팥죽

( )

개념 알기

2. ❷ 옛날과 오늘날의 세시 풍속(2)

개념 ① 옛날과 오늘날의 세시 풍속 비교 예 설날

1. 옛날 설날의 모습

차례를 지낸 후 세배를 드렸음.

건강을 기원하며 떡국을 먹었음.

집에 복조리를 걸어 놓고 새해에 복이 많이 들어오기를 빌었음.

야광귀에게 빼앗기지 않도록 신발을 방 안에 숨겨 두었음.

↳ 야광귀에게 신발을 빼앗기면 그해 운이 나쁘다고 생각했습니다.

2. 오늘날 설날의 모습 → 차례를 지내는 집도 있고, 지내지 않는 집도 있습니다.

새해 인사로 어른들께 세배를 드림.

아침에 가족들과 떡국을 먹음.

3. 옛날과 오늘날 설날의 비교

① 옛날에는 복을 기원하고 나쁜 기운을 몰아내는 세시 풍속이 많았지만, 오늘날에는 간단한 세시 풍속만 이어져 오고 그 의미도 약해졌습니다.
② 옛날과 오늘날 모두 가족의 행복과 건강을 바랍니다.

내 교과서 살펴보기 / 천재교육, 미래엔

옛날과 오늘날의 추석 모습

옛날	오늘날
• 올게심니를 달고 차례 지내기와 성묘를 함.	• 가족들이 모여 차례를 지내고 성묘를 함.
• 마을에서 소먹이놀이 등의 민속놀이를 했음.	• 보름달을 보며 소원을 빎.

↳ 소로 꾸민 사람들이 여러 집을 다니며 음식을 받는 대신 복을 빌어 주는 놀이

6 옛날과 오늘날의 세시 풍속 비교하고 체험하기

개념 체크

☑ **옛날 설날의 모습**

우리 조상들은 설날이 되면 ❶ ㅂ ㅈ ㄹ 를 걸어 놓고 복이 많이 들어오기를 빌었습니다.

설날이니까 우리도 옛날 사람들처럼 복조리를 걸어 놓자!

세 개나 걸어 놓았으니 복이 세 배로 들어오겠지?

☑ **오늘날 설날의 모습**

평소 떨어져 지내는 ❷ ㄱ ㅈ 들을 만나고, 어른들께 세배를 합니다.

할머니, 할아버지! 새해 복 많이 받으세요.

정답 ❶ 복조리 ❷ 가족

용어 사전

● **복조리**
음력 정월 초하룻날 새벽에 부엌이나 안방, 마루 등의 벽에 걸어 놓는 조리
● **올게심니**
추석에 풍년을 바라며 방문, 벽, 기둥에 매달아 놓는 벼, 수수, 조 등의 곡식

개념 ② 세시 풍속의 변화

1. 옛날의 세시 풍속

① 주로 농사를 짓고 살았기 때문에 날씨와 계절의 변화를 중요하게 생각하는 사람들이 많았습니다. → 날씨와 계절에 따라 해야 하는 농사일이 달랐습니다.

② 계절마다 농사와 관련된 다양한 세시 풍속이 있었습니다.

→ 농사의 풍년을 빌며 축제를 열기도 했습니다.

봄

한 해 농사가 잘되기를 빌며 조상들의 산소에 성묘를 했음.

여름

더위에도 농사일을 할 수 있도록 영양이 풍부한 음식을 먹었음.

가을

수확한 곡식과 과일로 조상들께 감사드리는 차례를 지냈음.

겨울

보름달을 보며 새해에도 풍년이 들기를 바라고 소원을 빌었음.

2. 오늘날의 세시 풍속

① 세시 풍속에 담긴 의미가 변하기도 했습니다.

② 농사와 관련된 세시 풍속이 많이 사라졌습니다.

③ 계절과 날씨에 상관없이 세시 풍속을 체험할 수 있습니다.

④ 설날, 추석과 같은 큰 명절을 중심으로만 세시 풍속이 이어져 옵니다.

3. 세시 풍속이 변화한 까닭: 교통과 통신, 과학 기술의 발달로 직업이 다양해져 농사를 짓는 사람들이 많이 줄어들었기 때문입니다.

☑ 옛날의 세시 풍속

옛날에는 농사와 관련된 세시 풍속이 많았고, ❸ [ㄱ][ㅈ]마다 그 모습과 의미가 다양했습니다.

옛날에는 농사와 관련된 세시 풍속이 많았어요.

계절마다 세시 풍속의 모습도 달랐구나.

> 내 교과서 살펴보기 / 천재교육
>
> **농사와 관련된 세시 풍속 – 거북놀이**
> • 주로 추석에 하는 놀이로, 수숫잎으로 거북 모양을 만들어 그 속에 들어가 집집마다 찾아다니는 놀이입니다.
> • 마을에 나쁜 일이 생기지 않고 농사가 잘되기를 바랐습니다.

☑ 오늘날의 세시 풍속

계절에 상관없이 세시 풍속을 체험할 수 ❹(있습니다 / 없습니다).

오늘날에는 언제든지 세시 풍속을 체험할 수 있어!

정답 ❸ 계절 ❹ 있습니다

개념③ 옛날부터 전해 내려오는 세시 풍속 체험하기

1. 옛날부터 전해 내려오는 세시 풍속

씨름	조상들이 큰 명절에 했던, 모래판에서 힘을 겨루는 놀이
널뛰기	널빤지 양 끝에 한 사람씩 서서 번갈아 뛰는 놀이
강강술래	둥글게 모여 돌며 노래를 부르고 춤을 추는 놀이
제기차기	주로 설날에 어린이들이 즐겼던, 제기를 발로 차면서 노는 놀이
윷놀이	윷을 던져 말을 움직이며 노는 놀이
줄다리기	많은 사람이 두 편으로 나뉘어 줄을 마주 잡아당겨 승부를 겨루는 놀이

2. 세시 풍속 체험하기

① 제기 만들기 〈 내 교과서 살펴보기 / **천재교육** 〉

1 세 장의 한지를 겹친 후 반으로 접고 잘라 술을 만듦.
2 종이를 펼쳐 끝부분에 자석이나 건전지를 올리고 종이를 돌돌 맒.
3 윗부분을 감싸 고무줄로 묶음.

② 윷놀이 하기 → 설날과 정월 대보름 사이에 여럿이 함께 즐겼습니다.

1 두 편으로 나눠 윷을 던지고 윷이 뒤집힌 모양에 따라 윷말을 옮김.
2 윷 또는 모가 나오거나, 상대편의 윷말을 잡으면 윷을 한 번 더 던짐.
3 네 개의 윷말이 먼저 출발지로 돌아오면 이김.

내 교과서 살펴보기 / **천재교육, 김영사, 비상교과서, 비상교육, 아이스크림 미디어**

윷놀이에 담긴 의미
• 옛날에는 윷놀이를 하며 운세를 점치거나 마을의 풍년을 빌었습니다.
• 윷이 뒤집힌 모양에 따라 이름 붙인 도, 개, 걸, 윷, 모는 각각 돼지, 개, 양, 소, 말을 나타냅니다.

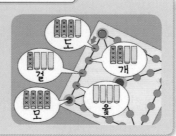

☑ **옛날부터 전해 내려오는 세시 풍속**

옛날부터 전해져 오는 세시 풍속에는 씨름, 강강술래, ❺ ㄴ ㄸ ㄱ , 줄다리기 등이 있습니다.

널뛰기는 주로 설날이나 추석에 하던 세시 풍속이야!

☑ **윷놀이 하기**

윷을 던졌을 때 윷 또는 ❻ (도 / 모)가 나오면 윷을 한 번 더 던질 수 있습니다.

벌써 몇 번째 다시 던지는 거야?

오늘따라 운이 좋은 걸 어떡해?

모!!

한번 더!

정답 ❺ 널뛰기 ❻ 모

 용어사전

●제기
엽전이나 그와 비슷한 것을 종이나 헝겊에 싼 다음 나머지 부분을 먼지떨이처럼 여러 갈래로 늘여 발로 차고 노는 장난감

개념 다지기

천재교과서, 교학사, 김영사, 동아출판, 비상교과서,
비상교육, 아이스크림 미디어

1 옛날 설날의 모습으로 알맞지 <u>않은</u> 것은 어느 것입니까?
( )

① 어른들께 세배를 드림.　② 떡국을 만들어 먹음.

③ 신발을 방에 숨겨 둠.　④ 송편을 만들어 먹음.

천재교육

2 다음 모습을 볼 수 있었던 옛날 명절은 언제입니까?
( )

> • 풍년을 바라며 올게심니를 매달았습니다.
> • 마을 사람들과 소먹이놀이를 즐겼습니다.

① 설날　　② 한식　　③ 단오
④ 추석　　⑤ 동지

천재교과서, 교학사, 금성출판사, 김영사, 동아출판,
비상교과서, 비상교육, 아이스크림 미디어

3 다음 모습을 볼 수 있었던 계절은 언제인지 쓰시오.

조상님들 덕분에 농사가 잘됐어.

수확한 곡식과 과일로 차례를 지내요.

( )

천재교육

4 다음 ☐ 안에 들어갈 알맞은 동물은 어느 것입니까?
( )

> 주로 추석에 즐겼던 놀이로, 수숫잎으로 ☐☐☐ 모양을 만들어 사람이 그 속에 들어가 집집마다 찾아다니며 농사가 잘되기를 바랐습니다.

① 쥐　　② 말　　③ 닭
④ 거북　　⑤ 호랑이

5 옛날에 농사와 관련 있는 세시 풍속이 많았던 까닭은 어느 것입니까? ( )
① 과학 기술이 발달했기 때문에
② 농사를 짓는 사람들이 많았기 때문에
③ 설날과 추석 외에는 명절이 없었기 때문에
④ 교통과 통신의 발달로 직업이 다양해졌기 때문에
⑤ 사람들이 날씨를 중요하게 여기지 않았기 때문에

천재교과서

6 옛날부터 전해 내려오는 다음 세시 풍속으로 알맞은 것은 어느 것입니까? ( )

> 조상들이 큰 명절에 했던, 모래판에서 힘을 겨루는 놀이입니다.

① 씨름　　　　② 널뛰기
③ 줄다리기　　④ 강강술래
⑤ 제기차기

Step 1 단원평가

[1~5] 다음은 개념 확인 문제입니다. 물음에 답하시오.

1 옛날부터 일정한 시기에 (되풀이하여 / 한 번만) 행해 온 고유의 생활 모습을 세시 풍속이라고 합니다.

2 단오에 더운 여름을 시원하게 지내라는 의미로 주고 받았던 것은 무엇입니까?

( )

3 삼복에는 (더위 / 추위)를 이겨 내기 위해 영양이 풍부한 음식을 먹었습니다.

4 새해 첫 보름달이 뜨는 날로, 풍년을 바라며 오곡밥을 먹고 달집태우기를 했던 날은 언제입니까?

( )

5 오늘날에는 옛날에 비해 농사와 관련된 세시 풍속이 많이 (생겼습니다 / 사라졌습니다).

11종 공통
6 세시 풍속에 대한 설명으로 알맞은 것은 어느 것입니까? ( )

① 명절에는 하지 않는다.

② 특별한 날이 아니더라도 되풀이한다.

③ 설날에 하는 세배하기, 떡국 먹기 등이 있다.

④ 명절에 입는 옷은 세시 풍속에 해당되지 않는다.

⑤ 친구와 운동장에서 축구를 하는 것은 세시 풍속 이다.

11종 공통
7 정월 대보름에 행해졌던 세시 풍속을 찾아 기호를 쓰시오.

ⓐ 쥐불놀이   ⓐ 물놀이하기

( )

[8~9] 다음은 옛날 사람들의 세시 풍속입니다.

씨를 뿌리는 시기인 □□□에는 조상들의 산소에 가서 성묘를 했어요.

천재교육, 천재교과서, 교학사, 금성출판사, 김영사, 동아출판, 비상교과서, 비상교육, 아이스크림 미디어, 지학사

8 위 □ 안에 들어갈 알맞은 말을 **보기** 에서 찾아 쓰시오.

보기

• 단오   • 한식   • 추석

( )

천재교육, 천재교과서, 교학사, 금성출판사, 김영사, 동아출판, 비상교과서, 비상교육, 아이스크림 미디어, 지학사

9 위 **8**번 답에 대한 설명으로 알맞은 것은 어느 것입니까? ( )

① 음력 5월 5일이다.

② 진달래꽃으로 전을 만들어 먹었다.

③ 새해를 기념하며 달력을 주고받았다.

④ 불을 사용하지 않고 찬 음식을 먹었다.

⑤ 한 해의 건강을 빌며 부럼을 깨물었다.

천재교육, 천재교과서, 교학사, 김영사, 미래엔, 비상교과서,
비상교육, 아이스크림 미디어, 지학사

10 삼복에 주로 행해졌던 세시 풍속으로 알맞은 것은 어느 것입니까? (   )

① 씨름
② 그네뛰기
③ 강강술래
④ 육개장 먹기
⑤ 부럼 깨 먹기

11종 공통

11 다음 세시 풍속과 관련 있는 날을 찾아 줄로 바르게 이으시오.

(1) | 창포물에 머리 감기 | •   •ㄱ | 추석 |

(2) | 송편 먹기 | •   •ㄴ | 단오 |

(3) | 산에 올라가 단풍 즐기기 | •   •ㄷ | 중양절 |

11종 공통

12 다음 세시 풍속 중 즐겼던 계절이 다른 하나는 어느 것입니까? (   )

①
⚠ 동지에 팥죽을 먹음.

②
⚠ 설날에 세배를 드림.

③
⚠ 삼짇날에 꽃으로 전을 만들어 먹음.

④
⚠ 정월 대보름에 쥐불놀이를 함.

천재교과서, 교학사, 금성출판사, 김영사, 동아출판,
비상교과서, 비상교육, 아이스크림 미디어

13 다음과 같은 세시 풍속이 행해진 계절은 언제입니까? (   )

> 더위를 이겨 내기 위해 영양이 풍부한 음식을 먹고, 풍년을 바라며 축제를 열었습니다.

①
⚠ 봄

②
⚠ 여름

③
⚠ 가을

④
⚠ 겨울

천재교육, 김영사, 비상교과서, 비상교육, 아이스크림 미디어

14 다음 세시 풍속에 대한 설명으로 알맞지 않은 것은 어느 것입니까? (   )

⚠ 윷놀이

① 여럿이 함께 즐겼던 놀이이다.
② 설날과 정월 대보름 사이에 즐겼다.
③ 옛날에 운세를 점칠 때 하기도 했다.
④ 둥글게 모여 돌며 춤을 추는 놀이이다.
⑤ 윷이 뒤집힌 모양에 따라 도, 개, 걸, 윷, 모로 나뉜다.

15 다음은 어떤 검색어에 대한 검색 결과입니다.

11종 공통

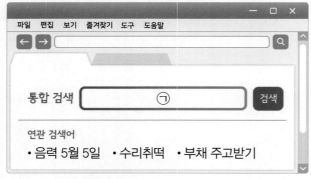

파일 편집 보기 즐겨찾기 도구 도움말

통합 검색 [㉠] 검색

연관 검색어
• 음력 5월 5일   • 수리취떡   • 부채 주고받기

(1) 위 ㉠에 들어갈 명절을 쓰시오.　　　　　　(　　　　　　　)

(2) 위 (1)번 답의 명절에 행해졌던 세시 풍속을 쓰시오.

답 씨름과 ❶ [　　　　　]를 즐기고, ❷ [　　　　　　　]에 머리를 감았다.

천재교육, 천재교과서, 교학사, 김영사, 미래엔, 비상교과서, 비상교육, 아이스크림 미디어, 지학사

16 다음은 옛날 사람들이 행했던 세시 풍속입니다.

㉠ ▲ 물놀이하고 삼계탕 먹기 　　　㉡ ▲ 국화로 만든 술과 떡 먹기

(1) 위 ㉠, ㉡ 중 중양절에 행해졌던 세시 풍속을 찾아 기호를 쓰시오.

(　　　　　　　)

(2) 옛날 사람들이 ㉠과 같은 세시 풍속을 즐겼던 까닭을 쓰시오.

_____

_____

천재교과서, 김영사, 비상교육, 지학사

17 오른쪽 그림과 같이 옛날 사람들이 설날에 신발을 방 안에 두었던 까닭을 쓰시오.

_____

_____

서술형 가이드
어려워하는 서술형 문제!
서술형 가이드를 이용하여 풀어 봐!

15 (1) 단오는 음력 (3월 3일 / 5월 5일)로 더위와 잦은 비가 시작되는 시기였습니다.

(2) 단오에는 나쁜 기운을 쫓으려 [　　　]에 머리를 감는 풍속이 있었습니다.

16 (1) 수확을 마무리하는 시기인 [　　　]에는 단풍을 즐기고 국화로 만든 술과 떡을 먹었습니다.

(2) 삼복에는 더위를 이겨 내려고 [　　　]을 먹었습니다.

17 옛날에는 (설날 / 추석)에 신발을 방 안에 숨겨 두는 풍속이 있었습니다.

진도 완료 체크

| 학습 주제 | 옛날과 오늘날의 세시 풍속 비교 |
| 학습 목표 | 옛날 설날의 모습을 보고, 오늘날과 비교할 수 있다. |

수행평가 가이드
다양한 유형의 수행평가!
수행평가 가이드를 이용해 풀어 봐!

옛날과 오늘날의 세시 풍속
· 옛날에는 농사와 관련된 세시 풍속이 많았고, 계절에 따라 세시 풍속의 모습과 의미가 다양했습니다.
· 오늘날에는 교통과 통신, 과학 기술의 발달로 직업이 다양해지면서 농사와 관련된 세시 풍속이 많이 줄어들었습니다.

[18~20] 다음은 옛날 설날의 모습입니다.

㉠ 아침에 [ ]을 먹었음.

㉡ 차례를 지낸 후 세배를 드렸음.

㉢ 신발을 방 안에 숨겨 두었음.

㉣ 집에 복조리를 걸어 놓았음.

18 위 ㉠의 □ 안에 들어갈 음식을 다음 설명을 참고하여 쓰시오.   11종 공통

> 긴 가래떡처럼 건강하게 오래 살라는 의미로 만들어 먹었던 음식입니다.

(   )

천재교과서, 교학사, 동아출판, 비상교과서, 비상교육, 아이스크림 미디어
19 위 ㉠~㉣ 중 오늘날의 설날에도 하는 세시 풍속을 두 가지 찾아 기호를 쓰시오.

(,   )

오늘날 설날에는 무엇을 하지?

20 옛날과 비교했을 때 오늘날 세시 풍속의 특징을 쓰시오.   11종 공통

_____

1 옛날과 오늘날의 생활 모습

[1~2] 다음 그림을 보고, 물음에 답하시오.

⚠ 돌을 갈아서 만든 도구를 사용한 시대

11종 공통

1 위 시대에 대한 설명으로 가장 알맞은 것은 어느 것입니까? (   )

① 농사를 짓기 시작했다.
② 주로 금속을 이용해 도구를 만들었다.
③ 청동으로 만든 도구로 제사를 지냈다.
④ 농사를 지을 때 반달 돌칼을 사용했다.
⑤ 동굴이나 바위 그늘에서 주로 생활했다.

11종 공통

2 위 시대의 사람들이 사용했던 도구로 알맞지 <u>않은</u> 것은 어느 것입니까? (   )

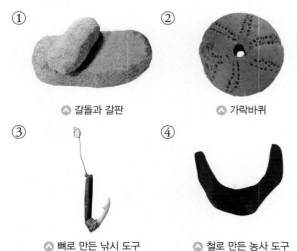

① ⚠ 갈돌과 갈판
② ⚠ 가락바퀴
③ ⚠ 뼈로 만든 낚시 도구
④ ⚠ 철로 만든 농사 도구

3 음식을 담는 데 사용했던 도구로 알맞은 것의 기호를 쓰시오.

ㄱ ⚠ 청동 거울
ㄴ ⚠ 빗살무늬 토기

(   )

김영사, 동아출판, 비상교과서

4 다음 농경문 청동기에 새겨진 모습을 두 가지 고르시오. [6점] (,   )

① 전쟁을 하는 모습
② 낚시를 하는 모습
③ 괭이로 땅을 파는 모습
④ 토기에 수확물을 담는 모습
⑤ 바다에서 수영을 하는 모습

천재교육, 교학사, 금성출판사, 김영사, 동아출판, 미래엔,
비상교과서, 비상교육, 아이스크림 미디어, 지학사

5 다음과 같은 변화가 일어난 까닭으로 알맞은 것은 어느 것입니까? (   )

> 청동보다 훨씬 단단한 재료로 만든 농사 도구와 무기를 이용해 농업이 크게 발달했고, 전쟁에서 쉽게 이길 수 있었습니다.

① 사냥을 시작했다.
② 제사를 지내기 시작했다.
③ 동굴에서 살기 시작했다.
④ 돌과 나무로 도구를 만들기 시작했다.
⑤ 철로 만든 도구를 사용하기 시작했다.

6 오늘날 농사를 지을 때 사용하는 도구는 무엇입니까?
금성출판사, 비상교과서
(   )

① 토기   ② 뼈바늘
③ 돌괭이   ④ 반달 돌칼
⑤ 농사용 무인기

🍱 **서술형·논술형 문제**   11종 공통

7 다음 농사 도구의 발달로 달라진 생활 모습을 한 가지만 쓰시오. [8점]

🔺 트랙터

🔺 콤바인

_____

_____

11종 공통

8 다음 도구의 쓰임새를 찾아 줄로 바르게 이으시오.

(1)
🔺 토기

· · ㉠ 재료를 넣고 음식을 끓였음.

(2)
🔺 맷돌

· · ㉡ 음식의 재료를 갈았음.

천재교육, 천재교과서, 교학사, 금성출판사, 김영사, 동아출판, 비상교과서, 아이스크림 미디어, 지학사

9 다음 도구의 발달로 달라진 사람들의 생활 모습으로 알맞은 것은 어느 것입니까? (   )

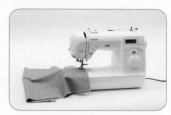
🔺 재봉틀

① 곡식의 낟알을 쉽게 턴다.
② 다양한 재료로 요리를 한다.
③ 논밭에 농약을 쉽게 뿌린다.
④ 빠르고 정확하게 옷감을 꿰맨다.
⑤ 불을 피우지 않고 편리하게 밥을 짓는다.

11종 공통

10 다음에서 설명하는 집의 모습으로 알맞은 것은 어느 것입니까? (   )

> 땅을 파고 기둥을 세워 풀과 짚으로 지붕을 덮어 만든 집입니다.

①
🔺 움집

②
🔺 초가집

③
🔺 기와집

④
🔺 아파트

---

2 옛날과 오늘날의 세시 풍속

11종 공통

11 옛날의 세시 풍속에 대해 알맞게 말한 어린이를 쓰시오.

> 준호: 여름에 즐겼던 세시 풍속은 없어.
> 지윤: 세시 풍속의 종류가 오늘날보다 적어.
> 윤주: 농사의 풍년을 바라며 세시 풍속을 즐겼어.

( )

11종 공통

12 다음 세시 풍속과 관련 있는 날에 대한 설명으로 알맞은 것을 보기 에서 찾아 기호를 쓰시오.

△ 쥐불놀이와 달집태우기

> 보기
> ㉠ 수확을 마무리하는 시기입니다.
> ㉡ 새해 첫 보름달이 뜨는 날입니다.
> ㉢ 농사를 새로 시작하는 시기입니다.

( )

교학사, 미래엔, 비상교육, 아이스크림 미디어, 지학사

13 다음은 무엇에 대한 설명인지 보기 에서 찾아 쓰시오.

> • 음력 3월 3일로, 농사를 새로 시작하며 한 해의 풍년을 기원했던 날입니다.
> • 사람들은 이 날이 되면 진달래꽃으로 전을 만들어 먹고, 들판에서 꽃놀이를 즐겼습니다.

> 보기
> • 삼복   • 삼짇날   • 중양절

( )

11종 공통

14 다음은 단오에 대한 설명입니다. 밑줄 친 부분에 들어갈 알맞은 말은 어느 것입니까? ( )

> 단오는 음력 5월 5일로, 더위가 시작되는 시기입니다. 단오에는 부채를 주고받았고, 창포물에 머리를 감았습니다. 또한 _____

① 그네뛰기와 씨름을 즐겼습니다.
② 불을 사용하지 않고 찬 음식을 먹었습니다.
③ 어른들께 세배를 드리고 덕담을 들었습니다.
④ 더위를 이겨 내기 위해 삼계탕을 먹었습니다.
⑤ 야광귀에게 뺏기지 않기 위해 방 안에 신발을 숨겨 두었습니다.

서술형·논술형 문제   천재교육, 천재교과서, 교학사, 금성출판사, 김영사, 동아출판, 미래엔, 비상교과서, 비상교육, 아이스크림 미디어

15 다음은 옛날 사람들이 기념하던 날에 대한 설명입니다.
[총 10점]

> 양력 12월 22일 경으로 한 해를 마무리하고 새해를 맞이하는 날로 보냈습니다.

(1) 윗글에서 설명하는 날은 언제인지 쓰시오. [3점]

( )

(2) 윗글에서 설명하는 날에 즐겼던 세시 풍속을 한 가지만 쓰시오. [7점]

_____

_____

16

천재교과서, 교학사, 김영사, 비상교과서
비상교육, 아이스크림 미디어

🗂 서술형·논술형 문제

다음은 옛날 사람들이 설날에 행했던 세시 풍속입니다.

[총 10점]

(1) 옛날에 설날이 되면 집에 걸어 놓았던 위 ㉠의 이름을 보기 에서 찾아 쓰시오. [3점]

보기
・짚신 　・복조리 　・올게심니

(　　　　　　　　　）

(2) 설날에 위 ㉠을 걸어 놓았던 까닭을 쓰시오. [7점]

_____

_____

17

천재교육

옛날 사람들이 주로 추석에 즐겼던 놀이를 두 가지 고르시오. [6점] (　　, 　　)

①
🔺 거북놀이

②
🔺 달집태우기

③
🔺 연날리기

④
🔺 강강술래

18

천재교과서, 교학사, 금성출판사, 김영사, 동아출판,
비상교과서, 비상교육, 아이스크림 미디어

다음과 같은 세시 풍속을 볼 수 있었던 계절을 쓰시오.

농사를 시작하는 시기로, 풍년을 기원하며 조상들의 산소에 성묘를 했습니다.

(　　　　　　　　　）

19

11종 공통

오늘날 세시 풍속에 대한 설명으로 알맞은 것은 어느 것입니까? (　　　　)

① 농사와 관련된 세시 풍속이 다양하다.
② 세시 풍속에 담긴 의미는 모두 옛날과 같다.
③ 날씨와 상관없이 세시 풍속을 체험할 수 있다.
④ 대부분의 세시 풍속은 특정 계절에만 할 수 있다.
⑤ 옛날부터 지금까지 전해 내려오는 세시 풍속은 없다.

20

천재교육, 김영사, 비상교과서, 비상교육, 아이스크림 미디어

다음 윷놀이 규칙에서 ☐ 안에 들어갈 알맞은 윷말을 두 가지 고르시오. (　　, 　　)

윷을 던져서 ☐☐☐☐이/가 나오면 윷을 한 번 더 던질 수 있습니다.

① ▨▨▨▨　② ▨▨▨▯　③ ▨▯▯▯

④ ▯▯▯▯　⑤ ▨▨▨▨

2 단원

 **연관 학습 안내**

초등 3학년	초등 4학년	중학교
가족의 형태와 역할 다양한 가족의 형태와 살아가는 모습에 대해 배워요.	인구의 변화 저출산, 고령화에 따른 가족의 변화 모습을 배워요.	사회 집단 가족, 회사, 학교와 같은 사회 집단의 종류에 대해 배워요.

만화로 단원 미리 보기

가족의 모습과 역할 변화 3

이어서
개념 웹툰

6 옛날과 오늘날의 혼인 풍습

개념 ① 가족의 의미

① 가족은 우리가 태어나서 가장 먼저 만나는 사람들입니다.

② 여러 가족이 모여서 우리 사회를 이룹니다.

③ 가족은 사랑하는 두 사람이 결혼하여 이루어지기도 하고, 아이를 낳거나 새로운 관계를 맺어 더 커지기도 합니다.
┗→ 출산 ┗→ 입양

△ 결혼을 통해 가족이 생김.

☑ 가족의 의미

가족은 ❶[ㄱ][ㅎ], 출산, 입양 등으로 만들어지며, 가족이 모여 우리 사회를 이룹니다.

우리 삼촌이 이번에 결혼하셨어.

새로운 가족이 생겼구나.

개념 ② 옛날의 혼인 풍습
┗→ 결혼

1 신랑이 혼인 날 말을 타고 신부의 집으로 감. 나무 기러기를 건네주면서 혼례가 시작됨.

2 한복을 입은 신랑과 신부가 마주 보고 절을 하고 부부가 되었음을 사람들에게 알림.

4 신랑의 집에 도착하면 어른들께 큰절을 올리고 새로운 가족이 되었음을 알리는 폐백을 드림.
┗→ 신부가 신랑의 집에서 어른들께 처음으로 인사를 드리는 것

3 혼례를 치르고 나면 신랑과 신부는 신부의 집에서 며칠을 지낸 후 신랑의 집으로 감.

☑ 옛날의 혼인 풍습

옛날 사람들은 혼인할 때 나무로 만든 ❷(기러기 / 비둘기)를 건네주면서 혼례를 시작했습니다.

옛날에 신랑이 신부에게 주었던 나무 기러기야.

오랫동안 행복하게 살자는 의미가 담겨 있대.

정답 ❶ 결혼 ❷ 기러기

내 교과서 살펴보기 / 천재교과서, 교학사, 김영사, 동아출판, 비상교과서, 비상교육, 아이스크림 미디어

옛날의 혼례에서 나무 기러기를 준 까닭

• 기러기는 평생 자기 짝을 지키는 새로 알려져 있습니다.

• 신랑은 신부에게 오랫동안 행복하게 살자는 의미로 나무 기러기를 주었습니다.

△ 나무로 만든 기러기

용어 사전

● 풍습(風 바람 풍 習 익힐 습)
옛날부터 사람들 사이에 널리 퍼져서 전해 오는 습관

● 혼례(婚 혼인할 혼 禮 예절 례)
결혼식과 같은 말로, 부부가 되었음을 알리는 예식

개념③ 오늘날의 혼인 풍습

1. 오늘날의 결혼식 → 오늘날에는 혼례를 결혼식이라고 합니다.

주로 결혼식장에서 신랑은 턱시도를, 신부는 웨딩드레스를 입고 결혼을 함.

신랑과 신부는 결혼을 약속하는 의미로 반지를 주고받음.

신랑과 신부의 집안 어른들께 폐백을 드림.

결혼식을 마치고 부부가 신혼여행을 떠남.

2. 오늘날의 다양한 결혼식 → 오늘날에는 결혼식에 대한 사람들의 생각이 다양해지면서 결혼식의 모습도 달라지고 있습니다.

야외 결혼식	주례 없는 결혼식	전통 혼례

결혼식장이 아닌 공원이나 바닷가 등 야외에서 결혼식을 함.	주례 대신 신랑과 신부가 서로에게 직접 쓴 편지를 읽음.	전통 혼례복을 입고 전통 혼례 방식으로 결혼식을 함.

내 교과서 살펴보기 / 교학사, 금성출판사, 김영사, 동아출판, 비상교과서, 비상교육, 지학사

오늘날의 다양한 결혼식
- 오늘날에는 결혼식장 외에도 스키장, 물속 등 다양한 장소에서 색다른 결혼식을 하기도 합니다.
- 공연처럼 춤과 음악을 넣어 결혼식을 하기도 합니다.
- 결혼식에 참석하지 못한 사람들을 위해 결혼식을 촬영해 온라인으로 보여 주기도 합니다.

🔺 물속에서 하는 결혼식

☑ 오늘날 결혼식을 하는 장소
오늘날에는 결혼식을 주로 ❸(결혼식장 / 신부의 집)에서 합니다.

3 단원

☑ 오늘날 다양한 결혼식의 모습
오늘날에는 물속에서 하는 결혼식이나 주례 없는 결혼식을 하는 등 결혼식의 모습이 ❹ ㄷ ㅇ 합니다.

정답 ❸ 결혼식장 ❹ 다양

용어사전
*주례(主 주인 주 禮 예절 례)
결혼식에서 부부에게 도움이 되는 이야기를 하고 결혼 선서 등을 하는 사람

개념 ④ 옛날과 오늘날의 혼인 풍습 비교하기

1. 옛날과 오늘날 혼인 풍습의 차이점

구분	옛날의 혼인 풍습	오늘날의 혼인 풍습
배우자 선택 방법	주로 집안의 어른이 정해 준 사람과 결혼함.	주로 개인이 스스로 배우자를 선택해서 결혼함.
결혼식 때 입는 옷	⬆ 한복	⬆ 턱시도, 웨딩드레스
결혼식 장소	신부의 집	주로 결혼식장
주고받는 물건	나무 기러기	결혼반지 ┌➞ 폐백을 드리지 않기도 합니다.
폐백	신랑의 집에 가서 신랑의 집안 어른들께 폐백을 드렸음.	결혼식장에 있는 폐백실에서 양쪽 집안 어른들께 폐백을 드림.
결혼식 후에 하는 일	신부의 집에서 며칠을 지낸 후 신랑의 집에서 살았음.	신혼여행을 다녀온 후 둘이 함께 사는 경우가 많음.

2. 옛날과 오늘날 혼인 풍습의 공통점

① 새로운 가족이 만들어집니다.
② 결혼식을 통해 두 사람의 결혼을 알립니다.
③ 가족, 친척, 친구들이 모여 신랑과 신부의 행복한 미래를 축하해 줍니다.
➡ 결혼식의 모습과 과정은 옛날과 달라졌지만, 그 속에 담긴 의미는 변함 없이 이어져 오고 있습니다.

3. 옛날과 오늘날의 혼인 풍습이 달라진 까닭

① 외국 문화의 영향을 받았기 때문입니다.
② 사회와 사람들의 생활 모습이 변했기 때문입니다.
③ 사람들의 생각이나 중요하게 여기는 것이 바뀌었기 때문입니다.

개념 체크

☑ **옛날과 오늘날 혼인 풍습의 차이점**

옛날과 오늘날의 결혼식은 복장, 주고받는 물건, 결혼식을 하는 장소 등이 ❺ (같습니다 / 다릅니다).

> 오늘날에는 결혼할 때 반지를 주고받는대.
> 나무 기러기 대신에 주고받는 거구나!

[내 교과서 살펴보기 / 천재교과서]

폐백에 담긴 의미

• 신부와 신랑에게 큰절을 받은 집안 어른들은 신부의 치마에 대추나 밤을 던져 줍니다.
• 대추와 밤을 많이 받을수록 자식을 많이 낳고 행복한 가정을 이룬다고 믿었습니다.

☑ **옛날과 오늘날 혼인 풍습의 공통점**

가족과 친척, 친구들이 결혼식에 모여서 부부를 ❻ [초][ㅎ]해 줍니다.

> 옛날과 오늘날 결혼식의 공통점은 무엇일까?
> 사람들이 모여서 부부를 축하해 준다는 것!

정답 ❺ 다릅니다 ❻ 축하

개념 다지기

1 다음에서 설명하는 말을 보기 에서 찾아 쓰시오. ^{11종 공통}

> 우리가 태어나서 가장 먼저 만나 행복을 나누며 함께 사는 사람들

보기
• 가족   • 친구   • 선생님

(   )

2 옛날의 혼례에서 신랑이 신부에게 오랫동안 행복하게 살자는 의미로 주었던 것은 어느 것입니까? (   ) ^{천재교과서, 교학사, 김영사, 동아출판, 비상교과서, 비상교육, 아이스크림 미디어}

①
△ 반지

②
△ 꽃다발

③
△ 대추와 밤

④
△ 나무 기러기

3 오늘날의 결혼식에 대해 잘못 말한 어린이를 쓰시오. ^{11종 공통}

> 혜지: 결혼식의 순서와 방법은 옛날과 같아.
> 세영: 결혼을 약속하는 의미로 보통 반지를 주고받아.
> 성대: 정원이나 공원 등 야외에서 결혼식을 하는 사람들도 있어.

(   )

4 다음에서 설명하는 혼인 풍습은 어느 것입니까? (   ) ^{11종 공통}

△ 신랑과 신부의 집안 어른들께 새로운 가족이 되었음을 알리는 인사를 드리는 것

① 주례   ② 축가
③ 폐백   ④ 피로연
⑤ 신혼여행

5 옛날과 오늘날의 결혼식 장소를 찾아 바르게 줄로 이으시오. ^{11종 공통}

(1) 옛날의 결혼식   •   • ㉠ 결혼식장

(2) 오늘날의 결혼식   •   • ㉡ 신부의 집

6 옛날과 오늘날 혼인 풍습의 공통점으로 알맞은 것에 ○표를 하시오. ^{11종 공통}

(1) 턱시도와 웨딩드레스를 입습니다.   (   )
(2) 개인이 스스로 배우자를 선택합니다. (   )
(3) 가족과 친척, 친구들이 모여 신랑과 신부의 결혼을 축하해 줍니다.   (   )

3
단원

개념 ① 옛날과 오늘날 가족 형태의 변화

1. 확대 가족과 핵가족
→ 확대 가족이 상대적으로 가족 구성원의 수가 많은 편이지만
가족 구성원의 수가 확대 가족을 결정하는 것은 아닙니다.

구분	확대 가족	핵가족
의미	결혼한 자녀와 부모가 함께 사는 가족	결혼하지 않은 자녀와 부모, 또는 부부로만 이루어진 가족
특징	• 가족의 수가 많은 편임. • 옛날에 주로 많았음.	• 가족의 수가 상대적으로 적음. • 오늘날에 주로 많음.

2. 옛날과 오늘날의 가족 형태가 달라진 까닭

옛날	**확대 가족** • 옛날에는 사람들이 대부분 농사를 지으며 생활했음. • 농사를 지으려면 일손이 많이 필요했기 때문에 가족들이 한곳에 모여 살았음.	

오늘날	**핵가족** • 사람들이 일자리를 구하기 위해 도시로 감. • 자녀의 교육을 위해 이사하는 사람이 많아짐. • 개인의 자유를 중요하게 생각하는 사람이 많아지면서 가족으로부터 독립함.	

 직장을 찾으러 도시로 이사했어요.

 아이들 교육 때문에 학교 근처로 왔어요.

➡ 사회의 변화에 따라 교육, 취업 등의 이유로 가족이 이동하면서 오늘날에는 핵가족이 많아졌습니다.

내 교과서 살펴보기 / 금성출판사

1인 가구의 증가

• 다른 가족 없이 혼자 사는 사람들을 1인 가구라고 합니다.
• 혼자 사는 사람들이 많아지면서 즉석식품이나 혼자 먹기 좋게 포장한 과일, 혼자 하는 취미 생활 등이 인기를 얻고 있습니다.

개념 체크

☑ **확대 가족**

결혼한 자녀와 부모가 함께 사는 가족을 ❶ [ㅎ][ㄷ] 가족이라고 합니다.

우리 가족 사진이야.

너희 가족은 확대 가족이구나.

☑ **오늘날에 핵가족이 많아진 까닭**

오늘날에는 ❷ [ㅅ][ㅎ]의 변화에 따라 교육, 취업, 생활 등의 이유로 가족이 이동하면서 핵가족이 많아졌습니다.

아이가 다닐 학교가 너무 멀어서 학교가 가까운 곳으로 이사 왔어요.

정답 ❶ 확대 ❷ 사회

용어
사전

•독립(獨 홀로 독 立 설 립)
다른 것에 의존하지 않는 상태

개념② 옛날과 오늘날 가족 구성원의 역할 변화

1. 옛날 가족 구성원의 역할 → 가족 구성원의 역할이 구분되어 있었습니다.

농사일이나 바깥일은 남자가 함.

아이를 돌보고 음식을 만드는 등 집안일은 여자가 함.

가족의 중요한 일은 나이 많은 남자 어른이 결정함.

2. 오늘날 가족 구성원의 역할 → 가족 구성원의 성별이나 나이에 따른 역할 구분이 많이 사라졌습니다.

부모가 모두 직장에서 일하는 가족이 많음.

가족 구성원 모두가 집안일을 나누어서 함.

가족회의로 집안일을 함께 의논함.

3. 가족 구성원의 역할이 변화한 모습

① 옛날에는 남자와 여자가 하는 일이 달랐지만, 오늘날에는 남자와 여자가 하는 일에 구분이 없습니다.

② 옛날에는 집안의 중요한 일을 결정할 때 나이 많은 남자 어른이 결정했지만, 오늘날에는 가족 구성원 모두가 함께 의논합니다.

4. 오늘날 가족 구성원의 역할이 변화한 까닭

교육의 기회 증가	성별과 관계없이 누구나 교육을 받을 수 있음.
활발한 사회 활동 참여	누구나 원한다면 사회 활동에 참여할 수 있음.
남녀평등 의식 향상	남녀가 평등하다는 의식이 높아지면서 직업에 대한 구분이 사라졌고, 집안일을 위해 역할 분담이 필요하게 됨.

➡ 나이나 성별에 따라서 사람을 차별하지 않고 동등하게 대우하는 것이 중요하다고 생각하는 사회가 되었기 때문입니다.

☑ 옛날 가족 구성원의 역할

옛날에 남자들은 **③** ㅂ ㄲ 일, 여자들은 집안일을 주로 했습니다.

옛날에는 여자들이 주로 집안일을 했대.

남자들은 주로 바깥일을 했어.

힘들어

☑ 오늘날 가족 구성원의 역할이 변화한 까닭

나이나 **④** ㅅ ㅂ 에 따라 사람을 차별하지 않고 동등하게 대우하면서 가족 구성원의 역할이 변화했습니다.

나이나 성별과 관계없이 누구나 사회 활동에 참여할 수 있어.

나는 일하는 것보다 요리가 좋아.

다녀왔습니다~

정답 ❸ 바깥 ❹ 성별

내 교과서 살펴보기 / 미래엔

옛날과 오늘날의 남녀 교육

• 옛날: 남자아이는 과거 시험에 합격하기 위해 공부를 해야 했습니다. 여자아이는 청소나 요리, 바느질 등을 배웠습니다.

• 오늘날: 성별과 관계없이 같은 교육을 받고 있습니다.

3 단원

개념③ 가족 구성원의 바람직한 역할

1. 가족 구성원 사이의 갈등과 해결

① 가족 구성원 사이의 갈등: 가족 구성원의 생각이 다르고, 각자의 역할을 하지 않았기 때문에 갈등이 생깁니다.

> 방 정리를 먼저 하기로 했잖니.
>
> 나중에 할게요.

내 방을 정리하지 않고 게임만 해서 부모님이 걱정하심.

> 집안일을 나 혼자만 하네.

집안일을 어머니만 하셔서 어머니가 화가 나심.

② 가족 구성원 사이의 갈등 해결 방법 살펴보기 ⑩ 역할극 해 보기 → 가족의 상황이 구체적으로 드러나도록 대본을 작성합니다.

> 주원: (시무룩한 표정으로) 게임 중인데 엄마가 방 정리를 하라고 하셔서 속상했어요.
>
> 엄마: 엄마는 주원이가 방 정리를 먼저 하고 게임을 하기로 약속했는데 약속을 지키지 않아 서운했어.
>
> 주원: 약속을 지키지 않아서 죄송해요. 앞으로는 가족 간의 약속을 잘 지키도록 할게요.
>
> 엄마: (기쁜 표정으로) 그렇게 말해 주니 고맙구나. 엄마도 주원이의 입장을 배려하도록 노력할게.

➡ 가족이 함께 대화를 하면서 서로를 이해하고, 문제 상황을 적극적으로 해결하려는 노력이 필요합니다.

2. 가족 구성원의 바람직한 역할 → 가족 구성원으로서 나의 역할을 알고 실천해야 합니다.

① 가족 구성원 모두가 서로 배려하며 협력해야 합니다.

② 자신이 맡은 일을 하고, 가족 구성원으로서 할 수 있는 일을 스스로 찾아서 하려는 자세가 필요합니다.

내 교과서 살펴보기 / 천재교육

행복한 가족생활을 위해 내가 할 수 있는 일

- ☑ 가족들에게 사랑과 애정이 담긴 말을 합니다.
- ☑ 빨래 널기나 신발 정리 같은 집안일을 함께 돕습니다.
- ☑ 방 청소나 숙제같이 내가 해야 할 일을 미루지 않습니다.

개념 체크

☑ **가족 구성원 간 갈등이 생기는 까닭**

가족 구성원의 ⑤[ㅅ][ㄱ]이 다르고 각자의 역할을 하지 않아 갈등이 생깁니다.

> 오늘은 아들이 청소하는 날인데….

☑ **가족 구성원의 바람직한 역할**

가족이 행복하게 살아가려면 가족 구성원 모두가 서로 ⑥[ㅂ][ㄹ]하며 협력해야 합니다.

> 가족회의를 통해 집안일을 정하자.
>
> 부모님은 일을 하시니까 설거지도 제가 할게요.
>
> ○월 ○일 가족회의 주제: 집안일 나누기
>
> 그렇게 말해 주니 고맙구나!

정답 ⑤ 생각 ⑥ 배려

용어
사전

●**갈등**(葛 칡 갈 藤 등나무 등)
칡과 등나무가 서로 얽힌 것처럼 서로의 입장이나 의견이 맞지 않아 생기는 다툼

개념 다지기

1 다음 그림의 가족 형태와 관련 있는 것을 보기 에서 모두 찾아 기호를 쓰시오.

보기
㉠ 가족의 수가 상대적으로 적습니다.
㉡ 가족의 수가 상대적으로 많습니다.
㉢ 부부만 사는 가족과 형태가 같습니다.
㉣ 결혼한 자녀와 부모가 함께 사는 가족 형태 입니다.

(,   )

2 다음 ㉠과 ㉡에 들어갈 말이 알맞게 짝 지어진 것은 어느 것입니까? (   )

오늘날에는 일자리를 구하기 위해 [㉠]로 가는 사람들이 많아지면서 [㉡]이 많아졌습니다.

	㉠	㉡			㉠	㉡
①	도시	핵가족		②	시골	핵가족
③	도시	확대 가족		④	시골	확대 가족
⑤	도시	입양 가족				

3 다음 (   ) 안의 알맞은 말에 각각 ○표를 하시오.

윤환: 옛날 가족의 생활 모습은 어땠을까?
혜영: 남자들은 주로 농사 등 ❶(집안일 / 바깥일)
   을 했고 여자들은 음식 준비, 아이 돌보기 등
   ❷(집안일 / 바깥일)을 했어.

4 오늘날 가족 구성원의 역할로 알맞지 <u>않은</u> 것은 어느 것입니까? (   )
① 부모가 함께 자녀를 돌본다.
② 남자아이만 공부를 열심히 해야 한다.
③ 가족 구성원의 역할을 모두가 함께 나눈다.
④ 집안의 중요한 일을 결정할 때 함께 의논한다.
⑤ 집안일과 바깥일을 구분하지 않고 부부가 함께 한다.

5 다음과 같은 상황에서 가족의 갈등을 해결하기 위한 방법에 대해 바르게 말한 어린이를 쓰시오.

집안일을 나 혼자만 하네.

집안의 어른이 가족의 역할을 다 정해 주어야 해.
🔺 태리

가족회의를 통해 서로 대화하며 갈등의 원인을 파악해야 해.
🔺 민규

(   )

3 단원

진도 완료 체크

6 다음 중 가족 구성원으로서 나의 바람직한 역할로 알맞은 것에 ○표를 하시오.
(1) 다른 가족 구성원과 서로 다투고 싸웁니다.
(   )
(2) 부모님을 도와 함께 빨래를 널거나 집안일을 돕습니다.
(   )

Step 1 단원평가

[1~5] 다음은 개념 확인 문제입니다. 물음에 답하시오.

1 우리가 태어나서 가장 먼저 만나는 사람들로 나와 함께 사는 사람들을 (제자 / 가족)(이)라고 합니다.

2 옛날의 혼례에서 신부가 신랑의 집에 가서 신랑의 집안 어른들께 처음으로 인사를 드리는 것을 무엇이라고 합니까? (   )

3 결혼하지 않은 자녀와 부모 또는 부부만으로 구성된 가족의 형태를 무엇이라고 합니까?
(   )

4 오늘날에는 집안일과 바깥일을 부부가 (함께 / 따로) 하는 경우가 많습니다.

5 가족 구성원 간의 갈등은 (차별 / 대화)을/를 통해 해결해야 합니다.

6 가족에 대한 설명으로 알맞지 <u>않은</u> 것은 어느 것입니까? (   )
① 결혼으로 만들어진다.
② 가족들이 모여 우리 사회를 이룬다.
③ 입양으로는 가족이 만들어지지 않는다.
④ 부모, 형제자매, 조부모 등으로 이루어진다.
⑤ 행복을 함께 나누고 힘들 때 서로 돕는 존재이다.

[7~8] 다음은 옛날의 혼인 풍습입니다.

11종 공통

7 위 혼인 풍습과 관련 있는 것을 두 가지 고르시오.
(,   )
① 한복
② 신혼여행
③ 결혼식장
④ 신부의 집
⑤ 턱시도와 웨딩드레스

11종 공통

8 위와 같은 혼인 풍습에 대해 알맞게 말한 어린이를 쓰시오.

승곤: 주로 신랑의 집에서 혼례를 치렀어.
경하: 결혼을 약속하는 의미로 부부가 반지를 주고받았어.
상욱: 혼례가 끝나면 신부의 집으로 가서 부부가 폐백을 드렸어.
지수: 신랑이 신부에게 나무 기러기를 건네주며 혼례가 시작됐어.

(   )

9 오늘날의 결혼식에 대한 설명으로 가장 알맞은 것은 어느 것입니까? (   )

① 다양한 형태의 결혼식이 많아졌다.
② 결혼식을 마치면 신랑의 집으로 간다.
③ 반드시 신부의 집에서만 결혼식을 한다.
④ 신랑 측 집안 어른들께만 폐백을 드린다.
⑤ 대부분 한복을 입고 전통 혼례 방식으로 결혼을 한다.

[10~11] 다음은 가족 형태를 비교한 표입니다.

구분	㉠	핵가족
의미	결혼한 자녀와 부모가 함께 사는 가족	결혼하지 않은 자녀와 부모 또는 부부로만 이루어진 가족
특징	• 가족의 수가 상대적으로 많은 편임. • 옛날에 주로 많았음.	• 가족의 수가 상대적으로 적음. • ㉡

10 위 ㉠에 들어갈 가족 형태를 보기 에서 찾아 쓰시오.

보기
• 확대 가족   • 조손 가족   • 다문화 가족

(   )

11 위 밑줄 친 ㉡에 들어갈 내용으로 알맞은 것은 어느 것입니까? (   )

① 옛날에는 전혀 찾아볼 수 없었다.
② 오늘날에 주로 많은 가족 형태이다.
③ 가족 구성원이 반드시 많아야 한다.
④ 농사를 짓는 사람이 많아지면서 생긴 가족 형태이다.
⑤ 할아버지, 할머니, 아빠, 엄마, 나로 이루어진 가족이 포함된다.

12 오늘날 가족 구성원의 역할로 알맞은 것을 두 가지 고르시오. (,   )

① 여자만 주로 집안일을 한다.
② 남자만 농사일 등 바깥일을 한다.
③ 가족 구성원 모두가 함께 집안일을 한다.
④ 부모가 모두 직장에서 일하는 가족이 많다.
⑤ 가족의 중요한 일은 나이 많은 남자 어른이 결정한다.

13 다음 중 가족 구성원 사이에 갈등이 일어나는 까닭으로 알맞은 것에 ○표를 하시오.

(1) 가족 구성원의 생각이 모두 같기 때문입니다.
(   )
(2) 가족 구성원이 처한 상황이 모두 같기 때문입니다.
(   )
(3) 가족 구성원으로서 나의 역할을 하지 않았기 때문입니다.
(   )

14 다음과 같은 갈등 상황을 해결하기 위한 방법으로 알맞지 <u>않은</u> 것은 어느 것입니까? (   )

① 대화를 통해 갈등의 원인을 파악한다.
② 갈등을 피하기 위해 내가 하고 싶은 대로 한다.
③ 가족회의를 열어 방 정리에 대한 규칙을 정한다.
④ 부모님의 입장에서 부모님을 이해하려고 노력한다.
⑤ 가족 모두가 만족할 수 있는 방법을 찾으려 노력한다.

15 다음은 옛날과 오늘날의 혼인 풍습을 나타낸 표입니다. 11종 공통

구분	옛날의 결혼식	오늘날의 결혼식
결혼식 때 입는 옷	한복	㉠
결혼식 장소	신부의 집	주로 결혼식장
주고받는 물건	㉡ 나무 기러기	결혼반지

(1) 위 ㉠에 들어갈 알맞은 옷을 한 가지만 쓰시오.

(   )

(2) 옛날의 결혼식에서 신랑이 신부에게 ㉡을 주었던 까닭을 쓰시오.

답 신랑은 신부에게 오랫동안 [   ] 하게 살자는 의미로 나무 기러기를 주었다.

16 다음은 윤아와 상현이네 가족 사진입니다. 11종 공통

윤아네 가족

상현이네 가족

(1) 윤아네 가족은 확대 가족과 핵가족 중 무엇인지 쓰시오.

(   )

(2) 오늘날에 상현이네 가족과 같은 가족 형태가 많아진 까닭을 쓰시오.

_____

_____

17 행복한 가족생활을 위해 내가 할 수 있는 일을 한 가지만 쓰시오. 11종 공통

_____

_____

서술형 가이드
어려워하는 서술형 문제!
서술형 가이드를 이용하여 풀어 봐!

15 (1) 오늘날 남자들은 결혼할 때 (운동복 / 턱시도)을/를 입고 결혼을 합니다.

(2) 옛날의 혼례에서는 신랑이 신부에게 나무로 만든 [ ][ ][ ]를 건네주며 혼례가 시작되었습니다.

16 (1) 결혼한 자녀와 부모가 함께 사는 [ ][ ] 가족은 가족 구성원의 수가 상대적으로 많은 편입니다.

(2) 오늘날에는 직업이 다양해지면서 [ ][ ]을 위해 가족과 떨어져 사는 경우가 많습니다.

17 가족 구성원으로서 할 수 있는 일을 (스스로 / 억지로) 찾아서 하는 자세가 필요합니다.

Step 3 수행평가

학습 주제 가족 구성원 역할의 변화

학습 목표 가족 구성원 역할의 변화와 그 까닭을 알 수 있다.

수행평가 가이드
다양한 유형의 수행평가!
수행평가 가이드를 이용해 풀어 봐!

가족 구성원의 역할 변화
• 옛날에 집안일은 주로 여자가 하고 바깥일은 주로 남자가 했습니다.
• 오늘날에는 가족의 일을 구성원들이 함께합니다.

[18~20] 다음은 옛날과 오늘날 가족 구성원의 역할을 나타낸 그림입니다.

ㄱ
△ 남자들은 농사일이나 바깥일을 함.

ㄴ
△ 가족 구성원 모두가 함께 집안일을 함.

ㄷ
△ 부모가 모두 직장에서 일하는 경우가 많음.

ㄹ
△ 여자들은 아이를 돌보고 집안일을 함.

ㅁ
△ 가족 구성원이 가족회의로 집안일을 의논함.

ㅂ
△ 가족의 중요한 일은 남자 어른이 결정함.

11종 공통

18 위 그림을 옛날과 오늘날 가족 구성원의 역할로 구분하여 기호를 쓰시오.

옛날 가족 구성원의 역할	(1)	오늘날 가족 구성원의 역할	(2)

3
단원
진도 완료
체크

19 위 그림을 보고 ☐ 안에 알맞은 말을 각각 넣어 문장을 완성하시오. 11종 공통

옛날에는 가족 구성원의 ❶ ☐ 이 구분되어 있었지만, 오늘날에는

가족 구성원 ❷ ☐ 가 함께 집안일과 바깥일을 합니다.

20 오늘날 가족 구성원의 역할이 변화한 까닭을 한 가지만 쓰시오. 11종 공통

_____

_____

오늘날에는 사회가 변화하면서 사람들의 생각이 달라졌어.

개념 ① 오늘날 다양한 가족의 형태

입양 가족	조손 가족
• 부모님이 아이를 낳는 대신 입양하여 기르는 가족 • 핏줄로 연결되어 있지 않지만, 서로를 아끼고 사랑함.	• 할머니, 할아버지가 손주와 함께 사는 가족 　└ 손자와 손녀 • 할머니, 할아버지가 따뜻한 사랑과 보살핌으로 가족을 지킴.

재혼 가족	다문화 가족
• 부모님이 재혼을 하시면서 만들어진 가족 　└ 다시 결혼함. • 다른 환경에서 살던 사람들이 새롭게 한 가족을 이룸.	• 다른 나라 사람과 우리나라 사람의 결혼으로 만들어진 가족 • 서로 다른 문화와 말을 이해하고 배우며 자랄 수 있음.

한 부모 가족

• 어머니와 아버지 어느 한 분과 자녀가 사는 가족
• 여러 가지 이유로 부부가 따로 살게 되는 경우도 있음.

개념 체크

☑ **조부모님과 함께 사는 가족**

할머니, 할아버지가 손주와 함께 사는 가족을 ❶ ㅈ ㅅ 가족이라고 합니다.

☑ **다른 나라 사람과 결혼한 가족**

다른 나라 사람과 우리나라 사람이 결혼한 가족을 ❷ ㄷ ㅁ ㅎ 가족이라고 합니다.

정답 ❶ 조손 ❷ 다문화

> 이산가족들은 오늘날에도 여전히 가족을 그리워하고 있습니다.

내 교과서 살펴보기 / 비상교과서

평생 만나지 못하는 이산가족

• 1950년 우리나라에서 6·25 전쟁으로 남한과 북한을 자유롭게 오고갈 수 없게 되었습니다.
• 이때 헤어진 많은 가족을 '이산가족'이라고 부릅니다.

개념 ② 오늘날 가족의 형태가 다양한 까닭

① 가족의 형태가 상황에 따라 달라지기 때문에

자녀를 낳거나 입양을 하면 가족의 수가 늘어나.

여러 가지 이유로 부부가 따로 살게 되는 경우도 있어.

부모님이 자녀를 키우기 힘든 경우 조부모님이 손주를 키우기도 해.

② 사회가 변화하면서 사람들의 생각도 변화하기 때문에

가족 형태	사회 변화에 따른 사람들의 생각 변화
재혼 가족	행복을 위한 개인의 선택을 존중하는 사회 분위기가 만들어져 재혼 가족이 늘어나고 있음.
입양 가족	가족이 없는 아이들에게 가족이 되어 주고 싶어 하는 사람들이 많아지고, 입양에 대해 긍정적으로 생각하는 사람이 많아져 입양 사실을 밝히는 사람이 늘어남.
다문화 가족	경제·사회·문화 등 여러 분야에서 다양한 나라의 문화를 가진 사람들이 활동하게 되었음.

③ 가족은 아니지만 가족처럼 지내는 경우도 있기 때문에

반려동물을 기르는 사람들	개, 고양이, 물고기 등 반려동물을 기르며 반려동물을 가족처럼 여기는 사람들이 늘어나고 있음. → 동물을 끝까지 보살피는 책임감을 가지고, 안전사고에 유의해야 합니다.
친구들과 함께 사는 사람들	친한 친구들과 한집에서 가족처럼 함께 생활하면서 집을 공유하기도 함.
1인 가구	결혼하지 않고 자유롭게 혼자 살고 싶어 하는 사람들이 많아지고, 혼자 사시는 할아버지, 할머니가 많아졌음.

내 교과서 살펴보기 / 천재교육

달라지고 있는 가족의 모습

결혼 후 남편과 둘이 살고 있어요.
⬆ 자녀 없이 부부끼리 살기도 함.
[출처: 게티이미지]

딸 부부가 일하고 있는 동안 손자를 돌봐 줘요.
⬆ 조부모가 맞벌이를 하는 자식을 대신해서 손주를 돌봐 주기도 함.
[출처: 뉴스뱅크]

☑ 다양한 가족의 형태

입양, 재혼, 사람들의 ❸ [ㅅ][ㄱ] 변화 등의 이유로 가족의 형태가 다양해지고 있습니다.

이번에 딸을 입양하면서 가족의 수가 늘었어요.
아이에게 가족이 되어 주셨네요.

☑ 변화하는 가족의 모습

친구와 같이 살거나 반려동물을 가족처럼 여기는 사람들도 ❹ (늘어나고 / 줄어들고) 있습니다.

반려동물을 가족처럼 여기는 사람들도 많아졌어.
우리 가족도 고양이를 기르고 있어.

정답 ❸ 생각 ❹ 늘어나고

용어 사전

●반려동물
사람이 정서적으로 의지하고자 가까이 두고 기르는 동물

개념③ 다양한 가족이 살아가는 모습 (예)

1. 부모님이 재혼하신 지윤이네 가족

언니, 안녕? 나 지윤이야.
엄마와 아빠가 결혼해서 나에게 언니가 생겼다니, 꿈만 같아! 나도 언니가 생겼다고 친구들에게 자랑했어. 학교에 갈 때도 언니랑 함께 가서 든든했어.
언니, 앞으로 우리 사이좋게 지내자! 좋은 동생이 될게.

10월 3일, 새로 생긴 동생이.

➡ 지윤이네 가족의 생활 모습: 새롭게 가족이 된 사람들이 서로 대화를 하면서 생활 방식을 맞춰갈 것 같습니다.
  └→ 부모님이 재혼하신 재혼 가족입니다.

2. 아빠와 둘이 사는 민우네 가족

그래. 아빠가 데려다줄게.

아빠, 오늘은 엄마네 집에 가는 날이에요.

어서 와, 민우야!

민우야, 엄마랑 즐겁게 시간 보내!

➡ 민우네 가족의 생활 모습: 민우는 평소에는 아빠와 생활하지만, 한 번씩 엄마의 집에 가서 생활합니다.

3. 엄마, 아빠 피부색이 다른 동훈이네 가족

20XX년 X월 X일 금요일

떡볶이

오늘 친구들이 우리 집에 놀러 왔다. 엄마께서 엄마 고향에서 즐겨 먹는 베트남 고추를 넣은 떡볶이를 만들어 주셨다. 친구들은 떡볶이가 맵긴 하지만 맛있다고 했다.

➡ 동훈이네 가족의 생활 모습: 베트남 음식을 자주 먹고 베트남어로 대화를 할 것 같습니다.

4. 다양한 가족이 살아가는 모습: 가족 형태에 따라 가족이 살아가는 모습은 다르지만, 가족이 서로를 아끼고 사랑하며 살아가는 모습은 같습니다.

☑ **다양한 가족들의 생활 모습에서 다른 점**

가족마다 자주 먹는 음식, 명절이나 여가를 보내는 방법 등 생활 모습은 ❺ (다양합니다 / 같습니다).

너희 가족은 저번 주말을 어떻게 보냈니?

나는 엄마의 고향인 일본에 다녀왔어.

☑ **다양한 가족들의 생활 모습에서 같은 점**

다양한 가족들이 서로를 ❻ (사랑하는 / 싫어하는) 마음은 같습니다.

가족의 형태가 달라도 서로를 아끼고 사랑하는 모습은 같아.

정답 ❺ 다양합니다 ❻ 사랑하는

내 교과서 살펴보기 / 미래엔

다양한 가족의 생활 모습을 찾아보는 방법

• 도서 자료 찾아보기: 가족과 관련된 여러 가지 이야기와 그림을 살펴볼 수 있습니다.

• 뉴스·신문 기사 찾아보기: 특별한 사례를 소개하는 자료가 많습니다.

• 영상 자료 찾아보기: 생생한 생활 모습을 살펴볼 수 있습니다.

1 다음 중 오늘날의 가족 형태에 대한 설명으로 알맞은 것에 ○표를 하시오.
11종 공통

(1) 옛날에 비해 달라진 것이 거의 없습니다.

( )

(2) 다양한 형태의 가족들이 늘어나고 있습니다.

( )

(3) 반드시 결혼과 출산으로만 가족이 이루어집니다.

( )

2 다음 그림을 통해 알 수 있는 가족의 형태를 보기 에서 찾아 기호를 쓰시오.
11종 공통

저기가 엄마가 태어난 나라죠?

보기
ㄱ 확대 가족   ㄴ 조손 가족
ㄷ 다문화 가족   ㄹ 한 부모 가족

( )

3 다음 대화를 통해 알 수 있는 수진이네 가족의 형태는 어느 것입니까? ( )
11종 공통

어머니: 수진아. 새로운 동생이 생긴 기분이 어떠니?
수진: 엄마, 아빠가 낳지 않았지만, 동생이 생겨서 이제 저는 외롭지 않아요.

① 확대 가족   ② 조손 가족
③ 입양 가족   ④ 다문화 가족
⑤ 맞벌이 가족

4 다음 그림에 나타난 가족의 형태는 무엇인지 쓰시오.
11종 공통

할머니! 내일 공개 수업에 꼭 오세요!

⬆ 부모님 없이 할아버지, 할머니와 손주가 함께 사는 가족

( )

5 다음 편지를 통해 알 수 있는 사실로 알맞은 것은 어느 것입니까? ( )
천재교육

언니, 안녕? 나 지윤이야.
엄마와 아빠가 결혼해서 나에게 언니가 생겼다니, 꿈만 같아! 나도 언니가 생겼다고 친구들에게 자랑했어.

① 지윤이네 가족은 조손 가족이다.
② 지윤이의 언니는 다른 나라에서 왔다.
③ 지윤이네 가족은 옛날에 많았던 가족 형태이다.
④ 지윤이의 부모님이 재혼하여 새로운 가족이 생겼다.
⑤ 엄마 나라와 아빠 나라의 서로 다른 문화와 말을 이해하고 배울 수 있는 장점이 있다.

6 다양한 가족의 생활 모습을 찾아보는 방법에 대해 알맞게 말한 어린이를 쓰시오.
미래엔

지연: 도서 자료를 조사하면 가족과 관련된 생생한 영상 자료를 찾아볼 수 있어.
승아: 뉴스나 신문 기사를 조사하면 특별한 사례를 소개하는 자료를 찾아볼 수 있어.

( )

3
단원

개념 ① 다양한 가족의 생활 모습 표현하기 → 다양한 가족이 살아가는 모습을 구체적으로 알 수 있습니다.

1. 역할극으로 표현하기 ⑩ 입양 가족

> 큰언니: 오늘은 희은이가 입양원을 떠나 우리 가족이 된 지 9년째 되는 날이야. 축하해!
> 엄마: 희은아, 축하해!
> 희은: 고마워요, 엄마, 아빠, 언니들.
> 엄마: 네가 우리 가족이 되어서 참 기쁘구나. 그동안 잘 자라 주어서 고맙다.
> 둘째 언니: 내가 언니랑 용돈을 모아서 산 선물이야.
> 아빠: 서로 사이좋게 지내서 보기 좋구나.

정해야 할 것	• 어떤 형태의 가족을 표현할지 결정함. • 역할극에 필요한 등장인물을 결정함. • 어떤 생활 모습을 표현할지 결정함.
좋은 점	• 다양한 가족의 생활 모습을 실감 나게 표현할 수 있음. • 다양한 역할을 표현하면서 가족의 상황과 가족 구성원의 마음을 이해하고 존중할 수 있음.
주의할 점	• 가족의 생활 모습이 드러나도록 대본을 작성함. • 다양한 가족의 형태를 나쁘게 표현하지 않아야 함. • 가족들이 다투고 갈등하는 장면보다 서로 존중하고 배려하는 모습이 드러나는 것이 좋음.

→ 대사와 동작을 연습해야 합니다.

내 교과서 살펴보기 / 비상교과서

뉴스로 표현하기 → 다양한 가족의 모습을 사실적이고 정확하게 전달할 수 있습니다.

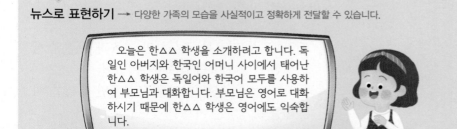

> 오늘은 한△△ 학생을 소개하려고 합니다. 독일인 아버지와 한국인 어머니 사이에서 태어난 한△△ 학생은 독일어와 한국어 모두를 사용하여 부모님과 대화합니다. 부모님은 영어로 대화하시기 때문에 한△△ 학생은 영어에도 익숙합니다.

☑ **역할극으로 표현할 때 좋은 점**

역할극을 통해 다양한 가족의 생활 모습을 ❶ ㅅ ㄱ 나게 표현할 수 있습니다.

> 이제 한 가족이 된 걸 축하해.

> 가족의 생활 모습을 실감 나게 표현해야지!

☑ **역할극으로 표현할 때 주의할 점**

가족의 생활 모습이 잘 드러나도록 ❷ ㄷ ㅂ 을 작성합니다.

> 역할극을 만들 때 주의할 점이 있을까?

> 가족의 생활 모습이 잘 드러나도록 대본을 작성해야 해.

정답 ❶ 실감 ❷ 대본

용어 사전

•실감(實 열매 실 感 느낄 감) 실제로 체험하는 느낌

2. 가족 정원 만들기 → 다양한 형태의 가족이 함께 살아가는 곳이 우리 사회입니다.

1️⃣ 모둠 구성원 각자 어떤 가족 나무를 만들지 이야기해 봄.
2️⃣ 붙임딱지에 가족 구성원의 얼굴을 그려서 나무에 붙이고, 가족 나무를 만듦.
3️⃣ 큰 도화지에 모둠 구성원의 가족 나무를 붙이고 꾸며 가족 정원을 완성하고 소개함.

3. 그림으로 표현하기 ⑩ 한 부모 가족

- 다양한 가족의 생활 모습을 담은 그림을 그려 표현할 수 있음.
- 표현하고 싶은 가족의 모습을 자유롭고 재미있게 표현할 수 있음.

[내 교과서 살펴보기 / 천재교육]

🔸**그림 문자 만들기**

조부모님과 함께 사는 가족을 표현함.	아빠가 혼자 아들을 키우는 가족을 표현함.	반려동물과 함께 사는 사람을 표현함.

➡ 다양한 가족 형태가 잘 드러나도록 그림 문자를 만듭니다.

☑ **그림으로 표현하기**

그림으로 다양한 가족의 생활 모습을 ❹ (정해진 대로 / 자유롭게) 표현할 수 있습니다.

정답 ❸ 다양한 ❹ 자유롭게

용어 사전

🔸**그림 문자**
누구나 쉽게 이해할 수 있게 대상을 그림으로 표현한 것

개념 ② 다양한 가족이 살아가는 모습을 대하는 바람직한 태도

1. 가족의 역할과 의미

- 가족은 힘들 때 의지할 수 있는 쉼터이자 보금자리임.
- 가족 안에서 사회생활에 필요한 규칙과 예절을 배울 수 있음.
- 가족의 형태가 달라도 서로 돌봐 주고 사랑하는 마음은 같음.

내 교과서 살펴보기 / 금성출판사

우리 가족의 의미를 다양한 것에 빗대어 표현하기 → 모두 가족의 소중함을 표현했습니다.

충전기	우리 가족은 충전기입니다. 힘이 없을 때 가족이 안아 주면 충전이 되는 것처럼 힘이 납니다.
장갑	우리 가족은 장갑입니다. 추운 겨울에 따뜻한 장갑처럼 우리 가족은 내 마음을 따뜻하게 해 줍니다.

2. 다양한 가족의 생활 모습을 존중하는 태도

 다른 가족의 생활 모습을 이상하다고 생각해서는 안 돼.

 다양한 가족들이 모두 행복하게 지내기 위해 서로 배려해야 해.

 우리 가족과 다른 생활 모습을 있는 그대로 바라보아야 해.

 가족은 누구에게나 소중한 존재라는 것을 잊지 않아야 해.

- 서로의 다름을 인정하는 태도를 가져야 함.
- 나와 다른 생활 모습을 가진 모든 가족을 존중하는 태도를 가져야 함.

가족은 우리가 힘들 때 의지할 수 있는 ❺ [ㅅ][ㅌ] 이자 보금자리입니다.

☑ **다양한 가족을 대하는 바람직한 태도**

가족의 모습이 다르다는 것을 인정하고 서로를 ❻ [ㅈ][ㅈ] 하는 태도를 가져야 합니다.

정답 ❺ 쉼터 ❻ 존중

 용어사전

☀존중(尊 높을 존 重 무거울 중)
높이어 귀중하게 대함.

1 다음 ☐ 안에 들어갈 말로 가장 알맞은 것을 보기 에서 찾아 쓰시오.

11종 공통

> 역할극을 통해 다양한 가족의 생활 모습을 ☐ 표현할 수 있습니다.

> 보기
> ・어렵게　・부끄럽게　・실감 나게

(   )

2 역할극으로 다양한 가족의 생활 모습을 표현할 때 주의할 점은 어느 것입니까? (   )

천재교육

① 대사와 동작을 연습하지 않는다.
② 가족들이 다투는 장면을 넣어 구성한다.
③ 다양한 가족의 형태를 나쁘게 표현한다.
④ 우리 가족의 형태만 역할극으로 만든다.
⑤ 가족의 생활 모습이 드러나도록 대본을 작성한다.

3 가족 정원 만들기로 다양한 가족의 생활 모습을 표현하는 방법을 순서대로 기호를 쓰시오.

천재교과서

> ㉠ 어떤 가족 나무를 만들지 이야기해 봅니다.
> ㉡ 모둠 구성원의 가족 나무를 붙이고 꾸며 가족 정원을 완성하고 소개합니다.
> ㉢ 붙임딱지에 가족 구성원의 얼굴을 그려 나무에 붙이고, 가족 나무를 만듭니다.

(   ) → (   ) → (   )

4 다음은 가족의 생활 모습을 표현하는 방법 중 무엇인지 보기 에서 찾아 쓰시오.

교학사, 비상교과서, 비상교육

> 보기
> ・뉴스　　・그림　　・영화

(   )(으)로 표현하기

5 다음 중 가족의 의미에 대해 알맞게 말한 것에 ○표를 하시오.

11종 공통

(1) 가족과 사회는 관계가 없습니다. (   )

(2) 가족은 힘들 때 의지할 수 있는 쉼터입니다.
(   )

(3) 가족의 형태와 생활 모습에 따라 가족이 지닌 의미가 달라집니다. (   )

3 단원

진도 완료 체크

6 다양한 가족들을 대하는 바람직한 태도로 알맞은 것은 어느 것입니까? (   )

11종 공통

① 우리 가족과 다른 가족을 비교한다.
② 서로 다른 가족의 생활 모습을 존중한다.
③ 나와 다른 형태의 가족을 이해할 필요는 없다.
④ 다양한 가족의 생활 모습을 이상하게 생각한다.
⑤ 우리 가족과 다른 형태의 가족을 불쌍하게 생각한다.

Step 1 단원평가

[1~5] 다음은 개념 확인 문제입니다. 물음에 답하시오.

1 할머니, 할아버지가 손주와 함께 사는 가족을 (조손 / 입양) 가족이라고 합니다.

2 다른 나라 사람과 우리나라 사람의 결혼으로 만들어진 가족을 무엇이라고 합니까?

(   )

3 가족이 서로를 아끼고 사랑하며 살아가는 모습은 가족 형태와 관계없이 (같습니다 / 다릅니다).

4 역할극을 통해 다양한 가족의 생활 모습을 표현할 때 가족의 생활 모습이 드러나도록 (대본 / 동시)을/를 작성합니다.

5 다양한 가족의 모습이 다르다는 것을 이해하고 서로를 (무시 / 존중)하는 태도를 가져야 합니다.

11종 공통
6 오늘날의 가족 형태에 대한 설명으로 알맞은 것을 두 가지 고르시오. (,   )
① 반드시 결혼으로만 가족이 이루어진다.
② 입양을 통해 새로운 가족을 만들 수 없다.
③ 가족의 형태는 상황에 따라 달라질 수 있다.
④ 사회가 변화하면서 다양한 형태의 가족이 늘어났다.
⑤ 가족의 형태가 변해도 가족 구성원의 수는 변하지 않는다.

[7~8] 다음은 다양한 가족의 모습입니다.

△ 조손 가족

△ 다문화 가족

△ 한 부모 가족

△ 입양 가족

11종 공통
7 다음 설명과 관련 있는 가족의 형태를 위에서 찾아 기호를 쓰시오.

> 어머니와 아버지 어느 한 분과 자녀가 사는 가족입니다.

(   )

11종 공통
8 다음과 같은 대화가 이루어지는 가족을 찾아 기호를 쓰시오.

> 나: 엄마. 오늘 저녁은 뭔가요?
> 엄마: 오늘 저녁은 쌀국수야. 엄마가 살던 베트남에서 자주 해 먹던 음식이지.
> 아빠: 역시 당신이 만든 요리가 최고예요!

(   )

동아출판

9 다음과 같은 사람들의 생각 변화와 관련 있는 가족의 형태는 어느 것입니까? (   )

> 가족이 없는 아이들에게 가족이 되어 주고 싶어 하는 사람들이 많아졌습니다.

① 재혼 가족
② 입양 가족
③ 조손 가족
④ 다문화 가족
⑤ 한 부모 가족

11종 공통

10 다음 대화에서 □ 안에 들어갈 말로 알맞은 것은 어느 것입니까? (   )

 오늘날에도 변하지 않는 가족의 모습은 무엇일까? □은/는 같아.

① 가족의 형태
② 가족 구성원의 숫자
③ 가족 구성원의 역할
④ 가족이 살아가는 방식
⑤ 가족이 서로를 아끼는 모습

11종 공통

11 다양한 가족의 생활 모습을 역할극으로 표현하는 방법에 대해 알맞게 설명한 어린이를 쓰시오.

> 지영: 표현할 가족의 형태와 생활 모습을 먼저 결정해야 해.
> 경민: 표현하고 싶은 가족의 모습을 자유롭게 그림으로 그려야 해.
> 승현: 붙임딱지에 가족 구성원의 얼굴을 그려 나무에 붙여서 표현해야 해.

(   )

천재교과서

12 다음과 같은 방법으로 다양한 가족의 생활 모습을 표현하는 방법은 어느 것입니까? (   )

① 동시 짓기
② 노랫말 바꾸기
③ 만화로 표현하기
④ 뉴스로 표현하기
⑤ 가족 정원 만들기

11종 공통

13 가족의 역할과 의미에 대한 설명으로 알맞은 것은 어느 것입니까? (   )

① 가족은 의지할 수 없다.
② 가족은 서로 다투고 미워해야 한다.
③ 가족의 형태에 따라 가족의 의미가 달라진다.
④ 가족 구성원 수에 따라 가족의 역할이 달라진다.
⑤ 사회생활에 필요한 규칙과 예절을 배울 수 있다.

11종 공통

14 다양한 가족의 생활 모습을 대하는 바람직한 태도가 아닌 것은 어느 것입니까? (   )

① 다른 가족의 어려움을 도와주려고 노력한다.
② 다른 가족이 살아가는 모습을 보고 수군거린다.
③ 다른 가족이 살아가는 모습을 이해하려고 노력한다.
④ 다른 가족이 살아가는 모습을 존중하려고 노력한다.
⑤ 다른 가족이 살아가는 모습에서 좋은 점을 찾아보려고 노력한다.

3 단원

15 다음은 다양한 가족 형태에 관한 그림입니다.

11종 공통

1 주년 축하

오늘은 딸이 가족이 된 지 1년이 되는 날이야!

⬆ [   ]

역시, 아빠가 만드는 쌀국수가 제일 맛있다니까!

⬆ 다문화 가족

(1) 위 ㉠의 ☐ 안에 들어갈 가족 형태를 [보기] 에서 찾아 ○표를 하시오.

> **보기**
> • 확대 가족　　• 조손 가족　　• 입양 가족　　• 한 부모 가족

(2) 위 ㉡의 가족 형태가 늘어나면서 생긴 사회의 변화를 쓰시오.

[답] 경제·사회·문화 등 여러 분야에서 다양한 [   ]의 문화를 가진 사람들이 활동하게 되었다.

16 다음은 오늘날의 다양한 가족에 관한 설명입니다.

천재교육, 김영사, 미래엔, 비상교육

> 오늘날 우리 사회에는 개, 고양이, 물고기 등 [   ]을 가족처럼 여기는 사람들이 많아졌습니다.

(1) 위 ☐ 안에 들어갈 알맞은 말을 쓰시오.

(　　　　　　　　　)

(2) 위 (1)번 답과 함께 살아가는 가족들이 가져야 할 태도를 쓰시오.

_____

_____

17 다양한 가족의 생활 모습을 뉴스로 표현할 때 좋은 점을 쓰시오.

비상교과서

_____

_____

서술형 가이드
어려워하는 서술형 문제!
서술형 가이드를 이용하여 풀어 봐!

15 (1) 아이를 낳지 않고 법률적으로 부모와 자식의 관계를 맺는 것을 (입양 / 결혼)이라고 합니다.

(2) 오늘날에는 다른 나라 사람과 우리나라 사람의 결혼으로 만들어진 [ ][ ][ ] 가족이 많이 생겼습니다.

16 (1) 오늘날 (반려동물 / 친구)을/를 가족처럼 여기는 사람들을 '펫팸족'이라고 부릅니다.

(2) 반려동물과 함께 살아가는 사람들은 반려동물에 대한 (책임감 / 방치)이/가 필요합니다.

17 가족의 생활 모습을 (동시 / 뉴스)로 표현하면 전하고 싶은 내용을 정확하게 표현할 수 있습니다.

Step ③ 수행평가

학습 주제 다양한 가족의 생활 모습

학습 목표 자료를 통해 다양한 가족의 생활 모습을 살펴볼 수 있다.

[18~20] 다음은 민우네 가족의 생활 모습입니다.

수행평가 가이드
다양한 유형의 수행평가!
수행평가 가이드를 이용해 풀어 봐!

다양한 가족들의 생활 모습

• 오늘날에는 사회가 변화하면서 다양한 형태의 가족들이 늘었습니다.

• 가족들이 살아가는 모습은 다르지만, 가족이 서로를 아끼고 사랑하며 살아가는 모습은 같습니다.

18 민우네 가족의 형태를 보기 에서 찾아 쓰시오.

천재교육

보기
• 입양 가족   • 조손 가족   • 다문화 가족   • 한 부모 가족

(   )

19 위 민우네 가족 이야기를 역할극으로 표현하려고 할 때, ☐ 안에 알맞은 말을 각각 넣어 문장을 완성하시오.

천재교육

먼저 역할극에 필요한 ❶[   ]을 결정해야 합니다. 그리고 민우네 가족의 어떤 ❷[   ]을 표현할지 정하여 대본을 작성합니다.

20 다양한 가족의 모습을 대하는 바람직한 태도를 쓰시오.

11종 공통

_____

_____

가족의 모습이 달라도 모두 소중하고 특별해.

3
단원

Q 배점 표시가 없는 문제는 문제당 4점입니다.

천재교과서, 교학사, 김영사, 동아출판, 비상교과서, 비상교육, 아이스크림 미디어

1 가족의 구성과 역할 변화

11종 공통

1 다음과 같은 결혼식에 대한 설명으로 알맞은 것은 어느 것입니까? (   )

① 신부가 말을 타고 신랑의 집으로 갔다.
② 오늘날에 쉽게 볼 수 있는 결혼식 모습이다.
③ 결혼식을 마치면 부부가 신혼여행을 떠난다.
④ 신랑과 신부 부모님 모두에게 폐백을 드린다.
⑤ 결혼식이 끝나면 신부의 집에서 며칠을 지낸 후 신랑의 집으로 간다.

11종 공통

2 다음 그림에 대한 설명으로 알맞은 것을 두 가지 고르시오. (,   )

① 주례와 관련된 그림이다.
② 주로 턱시도와 웨딩드레스를 입고 드린다.
③ 오늘날에는 양쪽 집안 어른들께 모두 드린다.
④ 옛날에는 신부의 집에 가서 신부의 집안 어른들께 드렸다.
⑤ 집안의 어른들은 행복하게 살라는 의미로 밤과 대추 등을 던져 주기도 한다.

3 다음 □ 안에 공통으로 들어갈 알맞은 말을 쓰시오.

신랑은 신부에게 오랫동안 행복하게 살자는 의미로 나무로 만든 □□□를 주었습니다. □□□는 평생 자기 짝을 지키는 것으로 알려져 있습니다.

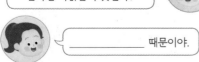

(   )

📖 서술형·논술형 문제

11종 공통

4 옛날과 오늘날 혼인 풍습의 공통점을 쓰시오. [10점]

_____

_____

천재교육

5 다음 대화의 밑줄 친 부분에 들어갈 말로 알맞지 <u>않은</u> 것은 어느 것입니까? (   )

옛날과 오늘날의 혼인 풍습이 달라진 까닭은 무엇일까?

_____ 때문이야.

① 사람들의 생각이 변했기
② 외국 문화의 영향을 받았기
③ 사람들의 생활 모습이 변했기
④ 결혼식에 담긴 의미가 변했기
⑤ 사람들이 중요하게 여기는 것이 바뀌었기

6 다음 가족에 대한 설명으로 알맞은 것은 어느 것입니까? (   )

◈ 확대 가족

① 가족 구성원의 수가 적은 편이다.

② 오늘날에는 전혀 찾아볼 수 없다.

③ 옛날에 주로 많았던 가족 형태이다.

④ 가족 구성원의 수가 반드시 여섯 명 이상이어야 한다.

⑤ 부부 혹은 부부와 결혼하지 않은 자녀로 이루어진 가족 형태이다.

서술형·논술형 문제

11종 공통

7 오늘날 다음과 같은 가족 형태가 많아진 까닭을 쓰시오. [10점]

우리 가족은 아빠, 엄마, 나까지 총 세 명이에요.

11종 공통

8 옛날 가족 구성원의 역할에 대한 설명으로 알맞은 것을 보기 에서 두 가지 찾아 기호를 쓰시오.

보기
㉠ 부모가 모두 직장에서 일을 합니다.
㉡ 성별에 따라 역할이 구분되어 있습니다.
㉢ 남자들은 주로 농사 등 바깥일을 합니다.
㉣ 중요한 일은 가족 구성원이 함께 의논합니다.

(,   )

11종 공통

9 오늘날 가족 구성원의 역할이 변화한 까닭으로 알맞은 것에 ◯표를 하시오.

(1) 성별과 관계없이 교육을 받을 수 있기 때문입니다. (   )

(2) 나이에 따라 사회 활동에 참여할 수 있는 사람이 정해져 있기 때문입니다. (   )

(3) 남자가 할 수 있는 직업과 여자가 할 수 있는 직업이 구분되어 있기 때문입니다. (   )

천재교과서

10 다음과 같은 가족 구성원 간의 갈등을 해결하는 바람직한 방법이 아닌 것은 어느 것입니까? (   )

어머니: △△야, 숙제는 다 하고 노는 거니?
나: 이제 하려고요.
어머니: 숙제를 먼저 하고 놀아야지. 저번에 약속했잖아. 매번 이렇게 약속을 안 지키면 어떡하니?
나: (짜증 내며) 아, 하려고 하잖아요!

① 대화를 통해 갈등의 원인을 파악한다.

② 나이가 많은 사람의 의견을 따라간다.

③ 서로의 생각을 나누고 해결 방법을 찾아본다.

④ 가족 구성원으로서의 나의 역할을 알고 실천한다.

⑤ 가족 구성원끼리 이해하고 존중하는 마음을 가진다.

3 단원

2 다양한 가족이 살아가는 모습

[11~12] 다음은 다양한 가족의 형태입니다.

ⓒ 할머니, 할아버지! 학교 다녀오겠습니다.
△ 조손 가족

ⓛ 아빠 나 우리 가족
△ 한 부모 가족

ⓒ 인사해. 이제부터 네 동생이야.
△ 입양 가족

ⓜ
△ 다문화 가족

천재교과서

11 다음과 같은 대화가 이루어지는 가족의 형태를 위에서 찾아 기호를 쓰시오.

> 진수: 아빠와 엄마는 어떻게 만나게 되었나요?
> 아빠: 엄마는 베트남에서 태어났고 아빠는 대한민국에서 태어났단다. 아빠가 베트남에서 잠시 일할 때 만나서 결혼했어.
> 진수: 그렇게 우리 가족이 만들어졌군요!

(   )

11종 공통

12 위 ⓒ의 가족 형태와 관련된 설명으로 알맞은 것은 어느 것입니까? (   )

① 가족 구성원의 수가 줄었다.
② 다양한 나라의 문화를 가진 사람들이 많아졌다.
③ 가족 형태에 대한 사람들의 생각이 변하지 않았다는 것을 알 수 있다.
④ 자유롭게 혼자 살고 싶어 하는 사람들이 많아져서 생긴 가족 형태이다.
⑤ 가족이 없는 아이들에게 가족이 되어 주고 싶어 ⓒ과 같은 가족 형태를 이루기도 한다.

11종 공통

13 세빈이가 누리 소통망에 올린 글을 읽고 알 수 있는 세빈이네 가족의 형태를 쓰시오.

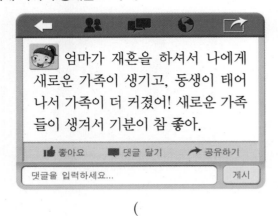

> 엄마가 재혼을 하셔서 나에게 새로운 가족이 생기고, 동생이 태어나서 가족이 더 커졌어! 새로운 가족들이 생겨서 기분이 참 좋아.

👍 좋아요   💬 댓글 달기   ➦ 공유하기

댓글을 입력하세요...   게시

(   )

11종 공통

14 다양한 가족의 생활 모습과 관련하여, (   ) 안의 알맞은 말에 각각 ○표를 하시오.

> 가족 형태에 따라 서로 다른 가족이 살아가는 모습은 ❶(같지만 / 다르지만), 서로를 아끼고 사랑하며 살아가는 모습은 모두 ❷(같습니다 / 다릅니다).

비상교육

15 다음 신문 기사에 나타난 정훈 씨네 가족의 형태로 알맞은 것은 어느 것입니까? (   )

> △△일보   20△△년 △△월 △△일
>
> 정훈 씨는 아침마다 딸의 머리를 정성스럽게 묶어 준다. 혼자 아이를 키우는 정훈 씨는 딸을 유치원에 데려다준 후에야 직장으로 간다. 정훈 씨는 훗날 딸아이가 컸을 때 아버지가 사랑으로 열심히 키웠음을 진심으로 알아주었으면 좋겠다고 말했다.

① 조손 가족   ② 재혼 가족
③ 입양 가족   ④ 다문화 가족
⑤ 한 부모 가족

16 다음 ㉠, ㉡에 대한 설명으로 알맞지 않은 것은 어느 것입니까? (　　　)

천재교육

 ㉠　　 ㉡

① ㉠은 반려동물과 함께 사는 사람을 표현했다.

② ㉡은 조부모님과 함께 사는 가족을 표현했다.

③ ㉠, ㉡ 모두 그림 문자로 다양한 가족을 표현했다.

④ ㉠, ㉡ 모두 가족 형태의 특징이 나타나지 않았다.

⑤ 오늘날에는 ㉠과 같이 가족은 아니지만 가족처럼 지내는 사람들이 늘어나고 있다.

17 다음 역할극 대본을 읽고 알 수 있는 내용이 아닌 것을 두 가지 고르시오. [6점] (　　, 　　)

비상교육

> 해원: 할머니, 학교 다녀왔습니다. 친구들이 옷이 아주 예쁘다며 다들 부러워했어요.
> 할머니: 그랬구나. 우리 해원이가 기분이 정말 좋았겠다.
> 준선: 할머니, 오늘은 또 어떤 옷을 만드셨나요?
> 할머니: 오늘은 우리 세 식구가 입을 잠옷을 만들었단다.
> 해원, 준선: 할머니, 정말 대단해요!

① 해원이네 가족의 갈등 상황을 담았다.

② 해원이네 가족 형태는 조손 가족이다.

③ 해원이네 가족 형태를 나쁘게 표현했다.

④ 해원이네 가족의 생활 모습을 알 수 있다.

⑤ 등장인물에는 할머니, 해원, 준선이가 있다.

서술형·논술형 문제

18 역할극을 통해 다양한 가족의 모습을 표현할 때 좋은 점을 한 가지만 쓰시오. [10점]

천재교육

_____

_____

19 다음과 같은 가족의 생활 모습을 통해 알 수 있는 가족의 의미는 어느 것입니까? (　　　)

11종 공통

어른을 공경하는 예절을 배웠어.

아플 때 부모님이 간호해 주셔서 힘이 났어.

① 가족과 사회는 관련이 없다.

② 가족은 의지할 수 없는 존재이다.

③ 가족 내에서 규칙과 예절을 배울 수 있다.

④ 가족의 형태에 따라 가족의 의미가 변화한다.

⑤ 가족의 의미는 가족 구성원의 수와 관련이 있다.

3 단원

진도 완료 체크

20 다음 ㉠과 ㉡에 들어갈 말이 알맞게 짝 지어진 것은 어느 것입니까? (　　　)

11종 공통

> 가족은 누구에게나 ┌㉠┐ 한 존재이기 때문에 다양한 가족을 대할 때에는 가족의 모습이 다르다는 것을 이해하고 서로를 ┌㉡┐ 하는 태도를 가져야 합니다.

	㉠	㉡		㉠	㉡
①	소중	비교	②	불편	존중
③	소중	무시	④	불편	사랑
⑤	소중	존중			

견우와 직녀가 만나는
음력 7월 7일 칠석

은하수의 동쪽과 서쪽에 각각 위치한 견우성과 직녀성이 만나는
칠석날에는 어떤 유래와 세시 풍속이 있을까요?

칠석의 유래

하늘나라 궁전을 다스리는 옥황상제는 은하수 건너에 부지런히 소
를 모는 견우가 마음에 들어 손녀인 직녀를 견우와 결혼시켰어요. 결
혼을 한 후, 서로를 많이 사랑해서 견우는 농사를 게을리하고 직녀는
베를 짜는 일을 게을리했어요. 이 둘을 보고 화가 난 옥황상제는 두
사람을 은하수의 양쪽에 각각 떨어뜨리고 칠석날에만 만나게 했어요.

까마귀와 까치들은 해마다 칠석날에 보고 싶어 하는 두 사람이 만나
도록 오작교라는 다리를 만들어 줬어요. 칠석날 저녁에 내리는 비는
견우와 직녀가 만나서 기쁨에 흘리는 눈물이라고 하며, 이튿날 새벽
에 내리는 비는 견우와 직녀가 헤어짐에 슬퍼서 흘리는 눈물이라고
한답니다.

⌃ 까마귀와 까치의 오작교

칠석의 세시 풍속

칠석날에는 이루지 못한 인연을 갈등이 있는 윗마을과 아랫마을로
비유하여 마을의 화해와 화합, 안녕을 기원하며 칠석놀이를 했어요.
여인들은 칠석날 새벽 또는 밤에 장독대 앞에다 바느질감과 오이, 참
외, 수박 등을 상에 차려 놓고 칠석고사를 지내는데, 직녀성을 바라
보며 바느질 솜씨가 좋아지게 해 달라고 빌었답니다. 또 수고한 까치
를 위해 담장 위에 밥과 나물을 올려 두어 까치에게 밥을 주는 풍속
과 여름 장마철의 습기를 머금은 옷가지와 책장의 책을 곰팡이가 들
지 않게 햇볕에 말리는 풍속이 있었어요.

⌃ 칠석고사

문제 읽을 준비는
저절로 되지 않습니다.

문해력을 키우는 시간

하루
10분

똑똑한 하루 국어 시리즈

문제풀이의 핵심, 문해력을 키우는 승부수

예비초~초6 각 A·B
교재별 14권

예비초 A·B, 초1~초6: 1A~4C
총 14권

뭘 좋아할지 몰라 다 준비했어♥
전과목 교재

전과목 시리즈 교재

●무등생 해법시리즈
– 국어/수학	1~6학년, 학기용
– 사회/과학	3~6학년, 학기용
– 봄·여름/가을·겨울	1~2학년, 학기용
– SET(전과목/국수, 국사과)	1~6학년, 학기용

●똑똑한 하루 시리즈
– 똑똑한 하루 독해	예비초~6학년, 총 14권
– 똑똑한 하루 글쓰기	예비초~6학년, 총 14권
– 똑똑한 하루 어휘	예비초~6학년, 총 14권
– 똑똑한 하루 한자	예비초~6학년, 총 14권
– 똑똑한 하루 수학	1~6학년, 학기용
– 똑똑한 하루 계산	예비초~6학년, 총 14권
– 똑똑한 하루 도형	예비초~6학년, 총 8권
– 똑똑한 하루 사고력	1~6학년, 학기용
– 똑똑한 하루 사회/과학	3~6학년, 학기용
– 똑똑한 하루 봄/여름/가을/겨울	1~2학년, 총 8권
– 똑똑한 하루 안전	1~2학년, 총 2권
– 똑똑한 하루 Voca	3~6학년, 학기용
– 똑똑한 하루 Reading	초3~초6, 학기용
– 똑똑한 하루 Grammar	초3~초6, 학기용
– 똑똑한 하루 Phonics	예비초~초등, 총 8권

●독해가 힘이다 시리즈
– 초등 문해력 독해가 힘이다 비문학편	3~6학년
– 초등 수학도 독해가 힘이다	1~6학년, 학기용
– 초등 문해력 독해가 힘이다 문장제수학편	1~6학년, 총 12권

영어 교재

●초등영어 교과서 시리즈
파닉스(1~4단계)	3~6학년, 학년용
영단어(1~4단계)	3~6학년, 학년용
●LOOK BOOK 영단어	3~6학년, 단행본
●원서 읽는 LOOK BOOK 영단어	3~6학년, 단행본

국가수준 시험 대비 교재

●해법 기초학력 진단평가 문제집	2~6학년·중1 신입생, 총 6권

우등생

#홈스쿨링

개념 동영상 강의

온라인 성적 피드백

온라인 학습북

서술형 문제 동영상 강의

사회 3·2

천재교육

온라인 학습북 포인트 ❸가지

▶ 「**개념 동영상 강의**」로 교과서 핵심만 정리!

▶ 「**서술형 문제 동영상 강의**」로 사고력도 향상!

▶ 「**온라인 성적 피드백**」으로 단원별로 내가 부족한 부분 꼼꼼하게 체크!

우등생 온라인 학습북 활용법

home.chunjae.co.kr

온라인 강의
개념 / 서술형 · 논술형 평가 / 단원평가

온라인 학습 스케줄 관리
맞춤형 홈스쿨링 스케줄표 제공

온라인 채점과 성적 피드백
정답을 입력하면 채점과 성적 분석까지

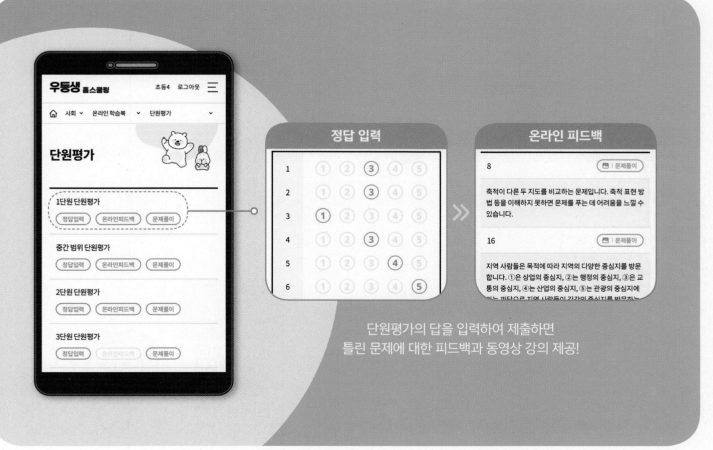

정답 입력

온라인 피드백

8 　文제풀이

축척이 다른 두 지도를 비교하는 문제입니다. 축척 표현 방법 등을 이해하지 못하면 문제를 푸는 데 어려움을 느낄 수 있습니다.

16 　문제풀이

지역 사람들은 목적에 따라 지역의 다양한 중심지를 방문합니다. ①은 상업의 중심지, ②는 행정의 중심지, ③은 교통의 중심지, ④는 산업의 중심지, ⑤는 관광의 중심지에

단원평가의 답을 입력하여 제출하면
틀린 문제에 대한 피드백과 동영상 강의 제공!

우등생 사회 3-2
홈스쿨링 스피드 스케줄표(10회)

스피드 스케줄표는 온라인 학습북을 10회로 나누어
빠르게 공부하는 학습 진도표입니다.

1. 환경에 따라 다른 삶의 모습

1회 온라인 학습북 4~9쪽	**2**회 온라인 학습북 10~15쪽	**3**회 온라인 학습북 16~19쪽
월 일	월 일	월 일

2. 시대마다 다른 삶의 모습 / 중간 범위 / 2. 시대마다 다른 삶의 모습

4회 온라인 학습북 20~25쪽	**5**회 온라인 학습북 26~29쪽	**6**회 온라인 학습북 30~35쪽
월 일	월 일	월 일

2. 시대마다 다른 삶의 모습 / 3. 가족의 모습과 역할 변화

7회 온라인 학습북 36~39쪽	**8**회 온라인 학습북 40~45쪽	**9**회 온라인 학습북 46~50쪽
월 일	월 일	월 일

기말 범위

10회 온라인 학습북 51~56쪽
월 일

스피드
스케줄표
바로가기

차례

1단원

❶ 자연환경과 인문환경

자연환경	인문환경

산, 들, 바다, 눈, 비 등 자연 그대로의 환경	논, 밭, 과수원, 다리, 도로, 공장 등 사람이 만든 환경

자연환경을 이용하는 모습

산	들	하천	바다
등산로, 산림욕장 등	논밭, 주택 짓기 등	생활용수, 공원 등	고기잡이, 염전 등

✳ 중요한 내용을 정리해 보세요!

● 자연환경과 인문환경이란?

● 자연환경을 이용하는 모습은?

개념 확인하기

정답 17쪽

✍ 다음 문제를 읽고 답을 찾아 ☐ 안에 ✔표를 하시오.

1 자연환경은 어느 것입니까?

㉠ 공장 ☐   ㉡ 바다 ☐   ㉢ 다리 ☐

2 산을 이용하는 모습은 어느 것입니까?

㉠ 소금을 얻는다. ☐

㉡ 등산로를 만든다. ☐

㉢ 김 양식장을 만든다. ☐

3 들을 이용하는 모습은 어느 것입니까?

㉠ 염전 ☐   ㉡ 논과 밭 ☐   ㉢ 생활용수 ☐

4 항구는 어떤 자연환경을 이용하는 모습입니까?

㉠ 산 ☐   ㉡ 들 ☐   ㉢ 바다 ☐

5 하천을 이용하는 모습은 어느 것입니까?

㉠ 산림욕장을 만든다. ☐

㉡ 생활에 필요한 물을 얻는다. ☐

② 환경에 따라 다른 고장 사람들이 하는 일

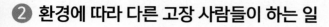

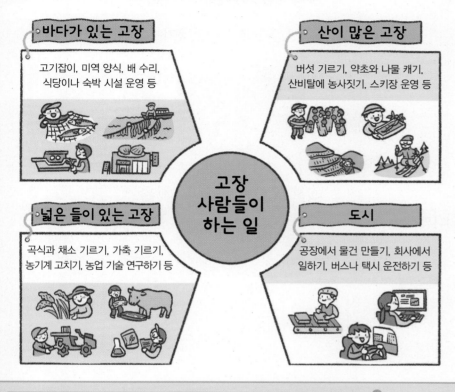

바다가 있는 고장

고기잡이, 미역 양식, 배 수리, 식당이나 숙박 시설 운영 등

산이 많은 고장

버섯 기르기, 약초와 나물 캐기, 산비탈에 농사짓기, 스키장 운영 등

넓은 들이 있는 고장

곡식과 채소 기르기, 가축 기르기, 농기계 고치기, 농업 기술 연구하기 등

도시

공장에서 물건 만들기, 회사에서 일하기, 버스나 택시 운전하기 등

고장 사람들이 하는 일

✳ 중요한 내용을 정리해 보세요!

● 자연환경을 이용해 사람들이 하는 일은?

● 인문환경을 이용해 사람들이 하는 일은?

1 단원

개념 확인하기

정답 17쪽

✍ 다음 문제를 읽고 답을 찾아 ☐ 안에 ✔표를 하시오.

1 바다가 있는 고장 사람들이 주로 하는 일은 무엇입니까?

- ㉠ 고기잡이 ☐
- ㉡ 벌 기르기 ☐

2 들이 있는 고장 사람들이 주로 하는 일은 어느 것입니까?

- ㉠ 조선소에서 배 만들기 ☐
- ㉡ 논과 밭에서 곡식과 채소 기르기 ☐

3 버섯 재배하기, 약초 캐기 등과 관련된 고장의 환경은 어느 것입니까?

- ㉠ 산이 많다. ☐
- ㉡ 높은 건물이 많다. ☐

4 도시에 사는 사람들이 주로 하는 일은 어느 것입니까?

- ㉠ 공장에서 물건 만들기 ☐
- ㉡ 목장에서 소나 양 키우기 ☐
- ㉢ 비닐하우스에서 채소 기르기 ☐

5 고장 사람들이 하는 일에 대한 설명으로 알맞은 것은 어느 것입니까?

- ㉠ 고장의 자연환경만 이용해 일을 한다. ☐
- ㉡ 고장 사람들이 하는 일은 고장의 환경과 관련이 있다. ☐

1 자연환경으로 알맞지 <u>않은</u> 것은 어느 것입니까?
(   )

① 산   ② 눈   ③ 하천
④ 우박   ⑤ 과수원

1 단원

2 다음 자연환경을 이용하는 모습은 어느 것입니까?
(   )

⌃ 바다

① 도로를 만든다.
② 농사를 짓는다.
③ 주택을 만든다.
④ 등산로를 만든다.
⑤ 염전을 만들어 소금을 얻는다.

3 들을 이용하는 모습을 바르게 말한 어린이를 쓰시오.

> 연아: 해수욕을 즐겨.
> 정원: 스키장을 만들어.
> 해림: 양식장에서 미역을 길러.
> 초롱: 도로와 주택 등을 만들어.

(   )

4 다음 물건과 관련 있는 계절의 생활 모습은 어느 것입니까? (   )

> • 난로   • 온풍기   • 두꺼운 옷

①    ②
⌃ 해수욕 즐기기   ⌃ 꽃구경하기

③    ④
⌃ 단풍 구경하기   ⌃ 눈썰매 타기

5 다음 일기 예보와 관련 있는 계절의 생활 모습으로 알맞은 것은 어느 것입니까? (   )

이번 장마가 끝나면 더위가 한층 더해질 예정입니다.

① 눈사람을 만든다.
② 난로를 사용한다.
③ 얼음 썰매를 탄다.
④ 목도리와 장갑을 두른다.
⑤ 에어컨이나 선풍기를 사용한다.

6 산이 많은 고장에 사는 어린이를 두 명 고르시오.
(,   )

① 나는 근처 바닷가에 자주 가서 물놀이를 해.

② 우리 고장에는 스키장이 있어. 겨울에는 스키 캠프에 참여해.

③ 우리 고장에는 배를 만드는 조선소가 있어.

④ 우리 고장 사람들은 계단 모양의 논에서 농사를 지어.

7 다음 고장에 살고 있는 사람들이 하는 일로 알맞지 <u>않은</u> 것은 어느 것입니까? (   )

⬆ 넓은 들이 있는 고장

① 소나 돼지를 기른다.
② 논에서 벼농사를 한다.
③ 농기계를 팔거나 고친다.
④ 비닐하우스에서 채소를 재배한다.
⑤ 바닷속에 들어가서 멍게, 해삼 등을 잡는다.

8 다음 중 여가 생활을 하는 모습은 어느 것입니까?
(   )

① ⬆ 등교하기   ② ⬆ 출근하기
③ ⬆ 숙제하기   ④ ⬆ 영화 보기

9 다음은 어떤 자연환경을 이용한 여가 생활인지 보기 에서 찾아 쓰시오.

보기
• 산   • 눈   • 바다   • 하천

(1) ⬆ 해수욕 즐기기   (2) ⬆ 등산하기
(   )   (   )

10 다음 ( ) 안에 들어갈 여가 생활로 알맞은 것에 ○ 표를 하시오.

저는 친구들과 운동장에서 (래프팅 / 축구) 을/를 즐겨 합니다. 몸도 건강해지고 재미있기 때문입니다.

연습 🦉 도움말을 참고하여 내 생각을 차근차근 써 보세요.

1 다음 자연환경을 보고, 물음에 답하시오. [총 10점]

ⓐ산 　ⓐ들 　ⓐ하천 　ⓐ비

(1) 위 ㉠~㉣ 중 땅의 생김새를 나타내는 자연환경을 모두 찾아 기호를 쓰시오. [2점]

(　　 , 　　 , 　　)

(2) 위 ㉡을 이용한 인문환경을 보기 에서 두 가지 찾아 쓰시오. [2점]

보기
• 논　　• 항구　　• 염전　　• 도로

(　　 , 　　)

(3) 위 ㉠을 이용하는 모습을 쓰시오. [6점]

🦉 산에 가봤던 경험을 생각하며 써 보세요.
꼭 들어가야 할 말 공원 / 등산로

_____

_____

2 다음은 계절에 따라 달라지는 고장 사람들의 생활 모습을 정리한 것입니다. [총 10점]

봄	여름
주변의 산이나 공원으로 꽃구경을 감.	더위를 피해 ㉠ 을/를 즐김.
가을	겨울
㉡	눈썰매장에서 신나게 썰매를 탐.

(1) 위 ㉠에 들어갈 알맞은 말을 쓰시오. [2점]

(　　　　　)

(2) 다음과 관련된 계절은 무엇인지 쓰시오. [2점]

• 난로　　　• 온풍기　　　• 두꺼운 옷

(　　　　　)

(3) 위 ㉡에 들어갈 알맞은 내용을 쓰시오. [6점]

_____

3 다음은 자연환경을 이용하는 모습입니다. [총 8점]

□ ㉠ 을/를 이용하는 모습

㉡

(1) 위 ㉠에 들어갈 자연환경으로 알맞은 것에 ○표를 하시오. [2점]

㉮ ⬆ 산   ㉯ ⬆ 바다

(   )   (   )

(2) 위 ㉡에 들어갈 고장 사람들이 하는 일을 한 가지만 쓰시오. [6점]

_____

_____

4 민우는 지난 여름 방학 때 있었던 일을 다른 고장에 사는 친구들과 이야기했습니다. [총 10점]

민우: 얘들아, 그동안 잘 있었어?

주원: 민우야! 오랜만이다. 너희들은 여름 방학을 어떻게 보냈어?

민우: 나는 친구들과 근처 바닷가에 자주 가서 물놀이를 했어.

주원: 와, 정말 재미있었겠다. 우리 고장에는 산이 많아서 나는 가족들과 자주 등산을 했어.

서영: 다들 즐거웠겠다. 나는 가까운 ☐에서 영화를 봤어. 바다에 자주 갈 수 있는 민우가 부러워.

민우: 난 ☐에 자주 갈 수 있는 네가 부러워. 우리 집 가까이에는 ☐이 없어서 자주 못 가거든.

주원: 그렇구나. 겨울에는 스키장이 있는 우리 고장에 놀러 와!

(1) 산을 이용한 여가 생활을 즐긴 어린이는 누구인지 쓰시오. [2점]

(   )

(2) 위 ☐ 안에 공통으로 들어갈 인문환경을 **보기**에서 찾아 쓰시오. [2점]

보기
• 박물관   • 영화관   • 공원

(   )

(3) 위 대화를 통해 알 수 있는 고장의 환경과 여가 생활의 관계를 쓰시오. [6점]

_____

_____

1

단원

진도 완료 체크

1단원

❶ 의식주의 의미와 필요성

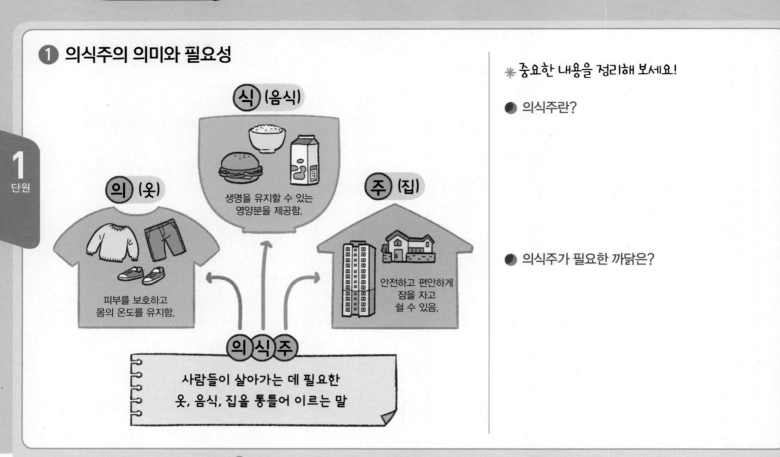

식 (음식)
생명을 유지할 수 있는 영양분을 제공함.

의 (옷)
피부를 보호하고 몸의 온도를 유지함.

주 (집)
안전하고 편안하게 잠을 자고 쉴 수 있음.

의 식 주
사람들이 살아가는 데 필요한 옷, 음식, 집을 통틀어 이르는 말

✳ 중요한 내용을 정리해 보세요!

● 의식주란?

● 의식주가 필요한 까닭은?

개념 확인하기

정답 19쪽

🍃 다음 문제를 읽고 답을 찾아 ☐ 안에 ✔표를 하시오.

1 옷, 음식, 집을 통틀어 무엇이라고 합니까?

㉠ 의식주 ☐ ㉡ 자연환경 ☐

2 바지, 신발, 양말 등과 관련된 생활은 무엇입니까?

㉠ 의생활 ☐ ㉡ 식생활 ☐ ㉢ 주생활 ☐

3 식생활과 관련된 것은 어느 것입니까?

㉠ 한옥 ☐ ㉡ 김치 ☐ ㉢ 모자 ☐

4 의생활이 필요한 까닭은 무엇입니까?

㉠ 키가 크기 위해서 ☐
㉡ 잠을 자기 위해서 ☐
㉢ 몸을 보호하기 위해서 ☐

5 주생활이 필요한 까닭은 무엇입니까?

㉠ 영양분을 얻기 위해서 ☐
㉡ 직업을 나타내기 위해서 ☐
㉢ 편안하고 안전하게 쉬기 위해서 ☐

② 세계 여러 고장의 의식주 생활 모습

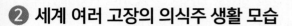

여러 고장의 식생활 모습

덥고 습한 고장	바다로 둘러싸인 고장
열대 과일을 이용한 음식	해산물을 이용한 음식

산지가 많은 고장

젖소를 키워 얻은 우유로 만든 음식

여러 고장의 주생활 모습

덥고 습한 고장	춥고 눈이 많이 오는 고장
수상 가옥	이글루

비가 적게 내리고 초원이 있는 고장

게르

여러 고장의 의생활 모습

사막	덥고 습한 고장	춥고 눈이 많이 오는 고장	낮과 밤의 기온 차가 큰 고장
온몸을 감싸는 긴 옷	바람이 잘 통하는 옷	털과 가죽으로 만든 옷	망토와 모자

고장의 날씨, 땅의 생김새 등에 따라 의식주 생활 모습이 다양함.

✽ 중요한 내용을 정리해 보세요!

● 고장의 환경에 따른 의생활 모습은?

● 고장의 환경에 따른 식생활 모습은?

● 고장의 환경에 따른 주생활 모습은?

1 단원

개념 확인하기

정답 19쪽

✍ 다음 문제를 읽고 답을 찾아 ☐ 안에 ✔표를 하시오.

1 열대 과일을 이용한 음식이 발달한 고장은 어디입니까?

ㄱ 덥고 습한 고장 ☐

ㄴ 춥고 눈이 많이 오는 고장 ☐

2 산지가 많은 고장에서 퐁뒤와 같은 음식을 즐겨 먹는 까닭은 무엇입니까?

ㄱ 젖소를 많이 키우기 때문에 ☐

ㄴ 쌀을 재배할 수 없기 때문에 ☐

ㄷ 해산물을 쉽게 구할 수 있기 때문에 ☐

3 춥고 눈이 많이 내리는 고장에서 볼 수 있는 주생활 모습은 무엇입니까?

ㄱ 게르 ☐　　ㄴ 이글루 ☐　　ㄷ 동굴집 ☐

4 수상 가옥을 짓는 까닭은 무엇입니까?

ㄱ 더위를 피하기 위해서 ☐

ㄴ 이동할 때 간편하게 설치하기 위해서 ☐

5 춥고 눈이 많이 내리는 고장 사람들의 의생활 모습은 어느 것입니까?

ㄱ 바람이 잘 통하는 얇은 옷 ☐

ㄴ 동물의 가죽으로 만든 두꺼운 옷 ☐

1 다음 중 주생활에 속하는 것은 어느 것입니까?

(   )

①
⚠ 티셔츠

②
⚠ 빵

③
⚠ 단독 주택

④
⚠ 목도리

2 다음 질문에 대한 대답으로 알맞은 것에 ○표를 하시오.

> 만약 우리가 음식을 먹지 못한다면 어떠할까요?

(1) 힘이 없어서 움직이지 못할 것입니다. (   )
(2) 비나 눈 등을 피할 수 없을 것입니다. (   )
(3) 겨울에는 춥고, 여름에는 햇볕 때문에 피부가 따가울 것입니다. (   )

3 여름철에 사람들이 바람이 잘 통하는 소재로 만든 옷을 입는 까닭은 어느 것입니까? (   )

① 모래바람을 막으려고
② 추위를 피하기 위해서
③ 더위를 피하기 위해서
④ 눈이 많이 오기 때문에
⑤ 바람이 세게 불기 때문에

천재교육, 교학사, 김영사, 동아출판, 비상교과서, 지학사

4 다음과 같은 의생활 모습을 볼 수 있는 고장의 자연환경으로 알맞은 것은 어느 것입니까? (   )

① 사막이 있다.
② 덥고 비가 많이 내린다.
③ 춥고 눈이 많이 내린다.
④ 모래바람이 자주 일어난다.
⑤ 낮에는 매우 덥고, 밤에는 매우 춥다.

천재교육, 천재교과서, 교학사, 금성출판사, 김영사, 동아출판, 미래엔, 비상교과서, 비상교육, 지학사

5 다음과 같은 자연환경에서 볼 수 있는 의생활 모습으로 알맞은 것의 기호를 쓰시오.

⚠ 춥고 눈이 많이 오는 고장

㉠   ㉡   ㉢

(   )

천재교육, 천재교과서, 교학사, 김영사, 미래엔,
비상교과서, 비상교육, 동아출판, 지학사

6 다음과 같은 음식이 발달한 고장의 모습으로 알맞은 것에 ◯표를 하시오.

> • 대게찜　　• 옥돔구이　　• 꼬막무침

(1)

(　　　　　　）

(2)

(　　　　　　）

천재교과서

7 다음 ☐ 안에 들어갈 음식으로 알맞은 것은 어느 것입니까? (　　　)

> 하동은 근처 강에서 잡은 조개를 넣어 만든 ☐☐☐이/가 유명합니다.

① 비빔밥　　　　② 재첩국
③ 간고등어　　　④ 어리굴젓
⑤ 감자옹심이

천재교육

8 러시아에서 호밀로 만든 빵을 즐겨 먹는 까닭을 보기 에서 찾아 기호를 쓰시오.

> 보기
> ㉠ 바다로 둘러싸여 있기 때문에
> ㉡ 산지에서 젖소를 많이 키우기 때문에
> ㉢ 호밀은 추운 곳에서도 자라기 때문에

(　　　　　　）

9 다음 전통 가옥을 보고 바르게 말한 어린이를 두 명 쓰시오.

㉠ 　　㉡

△ 제주도의 집　　　　　△ 울릉도의 집

> 현아: ㉠은 나뭇조각으로 지붕을 만든 집이야.
> 지현: ㉠은 바람이 많이 부는 고장에서 만든 집이야.
> 연후: ㉡은 여름철 홍수로 인한 피해를 줄이기 위해 만든 집이야.
> 아라: ㉡은 눈이 아주 많이 쌓여도 집 안을 자유롭게 다니기 위해 만든 집이야.

(　　　　,　　　　)

동아출판, 미래엔, 비상교과서, 비상교육, 지학사

10 다음 설명과 관련된 주생활 모습은 어느 것입니까?

(　　　)

> 터키에서는 화산 폭발로 만들어진 단단하지 않은 바위의 속을 파서 집을 지었습니다.

① 　　②

③ 　　④

1
단원

연습 🦉 도움말을 참고하여 내 생각을 차근차근 써 보세요.

1 다음 사진을 보고, 물음에 답하시오. [총 10점]

ㄱ

🔺 밥

ㄴ

🔺 티셔츠

ㄷ

🔺 아파트

ㄹ

🔺 빵

(1) 위와 같이 우리 생활에 필요한 옷, 음식, 집을 통틀어 무엇이라고 하는지 쓰시오. [2점]

(   )

(2) 위 ㄱ~ㄹ 중 주생활에 해당하는 것의 기호를 쓰시오. [2점]

(   )

(3) 위와 같은 것들이 우리 생활에 필요한 까닭을 쓰시오. [6점]

> 🦉 옷, 음식, 집을 우리가 언제 필요로 하는지 생각하며 써 보세요.
> **꼭 들어가야 할 말** 보호 / 영양분 / 안전

_____

_____

2 다음은 세계 여러 고장의 의생활 모습입니다. [총 10점]

ㄱ

🔺 사우디아라비아

ㄴ

🔺 베트남

ㄷ

🔺 캐나다

ㄹ

🔺 페루

(1) 사막과 관련 있는 의생활 모습의 기호를 쓰시오. [2점]

(   )

(2) 추운 고장 사람들의 의생활 모습의 기호를 쓰시오. [2점]

(   )

(3) 높은 산에 있는 고장에서 ㄹ과 같은 옷차림을 하는 까닭을 쓰시오. [6점]

_____

_____

3 다음은 각 고장에서 발달한 음식입니다. [총 10점]

고장	발달한 음식	발달한 까닭
서산	㉠	주변 바닷가에서 굴이 많이 남.
정선	곤드레나물밥	주변 ㉡ 에서 곤드레나물이 잘 자람.
전주	비빔밥	넓은 들에서 쌀과 채소가 잘 자람.
하동	재첩국	근처 ㉢ 에서 재첩이 잘 잡힘.

(1) 위 ㉠에 들어갈 알맞은 음식을 쓰시오. [2점]

( )

(2) 위 ㉡, ㉢에 들어갈 자연환경을 보기 에서 찾아 쓰시오. [2점]

보기

• 산   • 강   • 사막

㉡ ( )

㉢ ( )

(3) 위와 같이 각 고장에서 발달한 음식이 다른 까닭은 무엇인지 쓰시오. [6점]

_____

_____

4 다음은 과거 사람들이 살았던 집에 대하여 정리한 것입니다. [총 10점]

㉠	여름철에 홍수로 집이 물에 잠길 위험이 있는 고장에서는 땅 위에 터를 돋우어 높은 곳에 집을 지었음.
투막집	겨울철에 눈이 많이 내리는 고장에서는 눈이 많이 와도 집 안을 자유롭게 다닐 수 있도록 ㉡ 를 만들었음.
너와집	㉢

(1) 위 ㉠에 들어갈 집의 모습에 ○표를 하시오. [2점]

㉮    ㉯

( )   ( )

(2) 위 ㉡에 들어갈 알맞은 말을 다음 내용을 참고해서 쓰시오. [2점]

집에 눈이 들어오는 것을 막으려고 지붕의 끝에서부터 땅까지 내린 벽

( )

(3) 위 ㉢에 들어갈 알맞은 내용을 쓰시오. [6점]

_____

_____

1 단원

11종 공통

1 다음에서 설명하는 환경으로 알맞은 것은 어느 것입니까? ( )

사람들이 만든 환경

①
▲ 산

②
▲ 바다

③
▲ 밭

④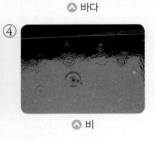
▲ 비

11종 공통

2 고장 사람들이 다음 자연환경을 이용하는 모습으로 알맞은 것은 어느 것입니까? ( )

▲ 하천

① 약초를 캔다.
② 목재를 얻는다.
③ 염전을 만든다.
④ 버섯을 재배한다.
⑤ 주변에 공원을 만든다.

11종 공통

3 산을 이용하는 모습으로 알맞은 것은 어느 것입니까?
( )

① 항구를 만든다.
② 등산로를 만든다.
③ 염전을 만들어 소금을 얻는다.
④ 양식장을 만들어 김을 기른다.
⑤ 해수욕장을 만들어 물놀이를 한다.

11종 공통

4 단풍과 관련 있는 계절은 언제입니까? ( )
① 봄　　　② 늦봄　　　③ 여름
④ 가을　　　⑤ 겨울

11종 공통

5 겨울철 사람들의 생활 모습으로 알맞은 것은 어느 것입니까? ( )

①
▲ 선풍기 사용하기

②
▲ 곡식 수확하기

③
▲ 해수욕 즐기기

④
▲ 난로 사용하기

6 11종 공통
다음과 같은 일을 주로 하는 고장의 모습으로 알맞은 것은 어느 것입니까? (   )

⬆ 물고기 양식하기

⬆ 해산물 음식 팔기

①

②

③

④

8 11종 공통
들에 논과 밭이 있는 고장에 살고 있는 사람들이 하는 일로 알맞지 <u>않은</u> 것은 어느 것입니까? (   )

① 가축을 키운다.
② 벼농사를 하고 여러 가지 채소를 재배한다.
③ 농업 기술을 연구하고 알려 주는 일을 한다.
④ 관광객들에게 농촌 체험을 할 수 있도록 한다.
⑤ 물고기를 잡는 기구를 팔거나 수리하는 일을 한다.

9 11종 공통
도시에서 볼 수 있는 것으로 알맞지 <u>않은</u> 것은 어느 것입니까? (   )

① 공장   ② 회사
③ 아파트   ④ 백화점
⑤ 계단식 논

7 11종 공통
산이 많은 고장 사람들이 주로 하는 일로 알맞지 <u>않은</u> 것은 어느 것입니까? (   )

① 버섯을 재배한다.
② 김과 미역을 기른다.
③ 목장에서 소를 키운다.
④ 산비탈에 밭을 만들어 채소를 재배한다.
⑤ 스키장 주변에서 식당이나 숙박 시설을 운영한다.

10 11종 공통
자연환경을 이용한 여가 생활은 어느 것입니까?
(   )

① 도서관에서 책을 읽는다.
② 영화관에서 영화를 본다.
③ 뒷산에 단풍 구경을 간다.
④ 박물관에서 유물을 관람한다.
⑤ 놀이공원에서 놀이 기구를 탄다.

11종 공통

11 의식주에 해당하지 <u>않는</u> 것은 어느 것입니까?
( )

①   ②  ③

④   ⑤

11종 공통

12 집이 없을 때 불편한 점을 바르게 설명한 어린이는 누구입니까? ( )

① 지원: 여가 생활을 즐길 수 없어.

② 윤미: 먹는 즐거움을 느낄 수 없어.

③ 연진: 나의 직업을 나타낼 수 없어.

④ 소라: 편안하게 쉬거나 잠을 잘 수 없어.

⑤ 연아: 생활에 필요한 영양분을 얻을 수 없어.

11종 공통

13 가을에 가벼운 외투를 걸치는 까닭은 무엇입니까?
( )

① 비가 많이 내리기 때문에

② 눈바람이 몰아치기 때문에

③ 햇볕이 매우 뜨겁기 때문에

④ 매우 춥고 바람이 세게 불기 때문에

⑤ 아침저녁으로 날씨가 쌀쌀하기 때문에

천재교육, 교학사, 금성출판사, 동아출판, 미래엔, 비상교과서, 비상교육, 지학사

14 높은 산지에 있어 낮과 밤의 기온 차가 큰 페루에서의 옷차림으로 알맞은 것은 어느 것입니까? ( )

①  ②

③  ④

천재교육, 교학사, 김영사, 동아출판, 비상교과서, 지학사

15 다음 대화의 밑줄 친 곳에 들어갈 알맞은 내용은 어느 것입니까? ( )

> 니퍼트: 내가 사는 고장은 춥고 눈이 많이 내려서 동물의 가죽과 털로 만든 두꺼운 옷을 입어.
> 므헝: 내가 사는 고장은 덥고 습해서 _____
> _____

① 망토를 걸친다.

② 천으로 머리를 감싼다.

③ 챙이 좁은 모자를 쓴다.

④ 가죽으로 만든 부츠를 신는다.

⑤ 바람이 잘 통하는 가벼운 옷을 입는다.

16 비상교과서

산지가 많아 밭농사를 주로 짓는 강원도의 고장에서 발달한 음식은 어느 것입니까? (   )

① 문어숙회   ② 옥돔구이
③ 어리굴젓   ④ 전어구이
⑤ 감자옹심이

17 천재교과서, 김영사, 동아출판

서산에서 어리굴젓이 유명한 까닭은 어느 것입니까?
(   )

① 서산은 산지가 많기 때문에
② 서산은 바다와 멀기 때문에
③ 서산은 장맛이 좋기 때문에
④ 서산은 메밀이 많이 생산되기 때문에
⑤ 서산 근처 바닷가에서 굴이 잘 자라기 때문에

18 천재교육, 교학사, 미래엔, 비상교과서, 비상교육, 지학사

산에서 젖소를 키우는 고장에서 즐겨 먹는 음식으로 가장 알맞은 것은 어느 것입니까? (   )

①
△ 파인애플 볶음밥

②
△ 초밥

③
△ 퐁뒤

④
△ 호밀빵

19 천재교육, 천재교과서, 교학사, 김영사, 동아출판, 미래엔, 비상교과서, 비상교육, 지학사

우데기를 설치한 집과 관련된 자연환경은 어느 것입니까? (   )

① 우박이 자주 온다.
② 겨울철에 눈이 많이 내린다.
③ 여름철에 비가 적게 내린다.
④ 아침과 저녁의 기온 차가 크다.
⑤ 나무를 쉽게 구할 수 있는 숲이 우거져 있다.

1 단원

진도 완료 체크

20 천재교육, 김영사, 비상교과서, 비상교육, 지학사

다음과 같은 날씨 특징이 나타나는 고장의 주생활 모습으로 알맞은 것은 어느 것입니까? (   )

> 덥고 비가 많이 내립니다.

①
△ 게르

② 흙집

③
△ 수상 가옥

④
△ 이즈바

· 답안 입력하기   · 온라인 피드백 받기

❶ 옛날 사람들의 생활 모습

동굴이나 바위 그늘에서 생활하며, 사냥을 하거나 열매를 따 먹었음.

돌을 깨뜨려 만든 도구를 사용한 시대

강가나 바닷가에 모여 살았고, 농사를 짓기 시작했음.

돌을 갈아서 만든 도구를 사용한 시대

철로 무기를 만들었고, 철로 만든 농사 도구를 사용해 농업이 크게 발달했음.

철로 만든 도구를 사용한 시대

청동으로 무기, 제사 도구를 만들었고, 농사에서는 여전히 돌과 나무를 사용했음.

청동으로 만든 도구를 사용한 시대

✳ 중요한 내용을 정리해 보세요!

● 자연에서 얻은 재료로 도구를 만들어 쓰던 시대의 생활 모습은?

● 금속으로 도구를 만들어 쓰던 시대의 생활 모습은?

개념 확인하기

정답 22쪽

🔖 다음 문제를 읽고 답을 찾아 ☐ 안에 ✔표를 하시오.

1 주먹 도끼의 재료가 되는 것은 무엇입니까?

ㄱ 돌 ☐ ㄴ 나무 ☐ ㄷ 청동 ☐

2 농사를 짓기 시작했던 시대는 언제입니까?

ㄱ 철로 도구를 만들던 시대 ☐

ㄴ 돌을 깨뜨려 도구를 만들던 시대 ☐

ㄷ 돌을 갈아서 도구를 만들던 시대 ☐

3 청동으로 만든 도구는 무엇입니까?

ㄱ 비파형 동검 ☐ ㄴ 빗살무늬 토기 ☐

4 철로 만든 도구의 특징은 무엇입니까?

ㄱ 청동보다 훨씬 단단하다. ☐

ㄴ 나무보다 훨씬 구하기 쉽다. ☐

5 철로 만든 도구를 사용한 시대의 생활 모습은 무엇입니까?

ㄱ 농사지을 때 돌과 나무를 사용했다. ☐

ㄴ 전쟁에서 철로 만든 무기를 사용했다. ☐

② 집의 모습 변화

동굴이나 바위 그늘

추위와 더위를 피하고 동물의 공격을 피했음.

움집

하나의 방에서 생활하고, 가운데에 불을 피웠음.

초가집

집에서 농사를 짓기 위한 활동을 많이 했음.

기와집

남자는 주로 사랑채, 여자는 안채에서 생활했음.

오늘날의 집

거실과 주방이 연결되어 있고, 화장실이 집 안에 있음.

✳ 중요한 내용을 정리해 보세요!

● 사람들이 사는 집의 변화 과정은?

● 집의 변화로 달라진 생활 모습은?

2
단원

개념 확인하기

정답 22쪽

🖊 다음 문제를 읽고 답을 찾아 ☐ 안에 ✔표를 하시오.

1 동굴에서의 생활 모습은 무엇입니까?

- ㉠ 먹을 것을 찾아 옮겨 다녔다. ☐
- ㉡ 사랑채에서 손님을 맞이했다. ☐
- ㉢ 농사와 관련된 여러 가지 일을 했다. ☐

2 움집을 만드는 데 주된 재료가 된 것은 무엇입니까?

㉠ 풀과 짚 ☐   ㉡ 시멘트와 철근 ☐

3 초가집에 대한 설명으로 알맞은 것은 무엇입니까?

- ㉠ 볏짚으로 지붕을 덮었다. ☐
- ㉡ 흙을 구워 만든 기와로 지붕을 덮었다. ☐

4 안채, 사랑채 등으로 구성된 집의 형태는 무엇입니까?

㉠ 외양간 ☐   ㉡ 기와집 ☐

5 오늘날 사람들이 사는 집은 무엇입니까?

㉠ 동굴 ☐   ㉡ 초가집 ☐

㉢ 바위 그늘 ☐   ㉣ 연립 주택 ☐

[1~2] 다음은 옛날 사람들의 생활 모습입니다.

㉠

🔺 돌을 갈아서 만든 도구를 사용한 시대

㉡

🔺 청동으로 만든 도구를 사용한 시대

1 위 그림의 ㉠ 시대에 대한 설명으로 알맞은 것은 어느 것입니까? (   )

① 농사를 짓지 않았다.
② 철로 만든 농기구를 사용했다.
③ 동물의 뼈로 도구를 만들었다.
④ 청동으로 도구를 만들기 시작했다.
⑤ 동굴이나 바위 그늘에서 주로 생활했다.

2 위 그림의 ㉡ 시대의 도구가 <u>아닌</u> 것을 두 가지 고르시오.
(,   )

① 청동 거울   ② 반달 돌칼
③ 비파형 동검   ④ 철로 만든 무기
⑤ 철로 만든 농기구

교학사, 지학사

3 다음 도구를 사용했던 경우로 알맞은 것은 어느 것입니까? (   )

🔺 갈돌과 갈판

① 집을 지을 때
② 제사를 지낼 때
③ 땅을 갈아 농사를 지을 때
④ 식물의 줄기를 이용해 실을 뽑을 때
⑤ 곡식의 껍질을 벗기고 가루로 만들 때

교학사, 김영사, 비상교과서, 비상교육, 아이스크림 미디어

4 낚시를 할 때 사용했던 도구로 알맞은 것은 어느 것입니까? (   )

①    ②

③    ④

천재교과서, 금성출판사, 김영사, 동아출판, 미래엔,
비상교과서, 비상교육, 아이스크림 미디어

5 돌괭이에 대한 설명으로 알맞은 것은 어느 것입니까?
（　　　）

① 곡식을 수확하는 도구이다.
② 동물을 이용한 농사 도구이다.
③ 청동으로 만든 농사 도구이다.
④ 실을 엮어 옷감을 만들 때 사용했다.
⑤ 뾰족한 돌을 나무에 연결해 만들었다.

6 농사 도구의 변화에 대해 알맞게 말한 어린이를 쓰시오.

> 현지: 오늘날에는 트랙터보다 쟁기를 더 많이
> 사용해.
> 우빈: 오늘날에는 수확할 수 있는 곡식의 양이
> 늘어났어.

（　　　）

7 다음 도구에 대한 설명으로 알맞은 것은 어느 것입니까? （　　　）

△ 가마솥

① 전기를 연결해서 사용한다.
② 음식의 재료를 갈 때 사용한다.
③ 바닥의 구멍으로 뜨거운 김이 올라온다.
④ 불을 피우지 않고 음식을 요리할 수 있다.
⑤ 철로 만든 무거운 뚜껑으로 인해 음식이 잘 익
는다.

8 다음 중 가락바퀴를 이용해 실을 만드는 모습으로 알맞은 것에 ○표를 하시오.

(1)  (2)

（　　　）　（　　　）

9 다음과 같이 볏짚으로 지붕을 덮어 만든 옛날 사람들의 집은 무엇입니까? （　　　）

① 동굴　　　　　② 움집
③ 초가집　　　　④ 기와집
⑤ 아파트

천재교육, 천재교과서, 김영사, 동아출판, 미래엔,
비상교과서, 비상교육, 아이스크림 미디어

10 방바닥 아래에 깔린 구들장을 데워 방 안을 따뜻하게 하는 오른쪽 난방 방법을 쓰시오.

（　　　）

연습 🦉 도움말을 참고하여 내 생각을 차근차근 써 보세요.

1 다음 그림을 보고, 물음에 답하시오. [총 10점]

(1) 위 시대에 사용한 도구를 [보기]에서 찾아 ○표를 하시오. [2점]

> **보기**
> • 청동 거울　　　• 빗살무늬 토기

(2) 위 ㉠ 사람이 사용하고 있는 도구로 알맞은 것에 ○표를 하시오. [2점]

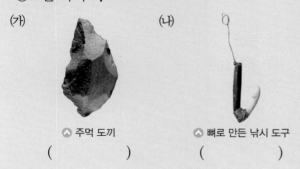

(개)　　　　　　　　　(내)
🔺 주먹 도끼　　　　🔺 뼈로 만든 낚시 도구
(　　　　　)　　　(　　　　　)

(3) 위 시대 사람들의 생활 모습을 한 가지만 쓰시오. [6점]

> 🦉 그림 속에 나타난 의식주 생활 모습을 살펴보고 써 보세요.
> **꼭 들어가야 할 말** 농사 / 흙으로 만든 그릇

_____

_____

2 다음 곡식을 수확하는 도구를 보고, 물음에 답하시오. [총 10점]

㉠

🔺 낫

㉡

🔺 탈곡기

㉢

🔺 콤바인(수확기)

㉣

🔺 반달 돌칼

(1) 곡식을 가장 편리하게 수확할 수 있는 도구의 기호를 쓰시오. [2점]

(　　　　　　　　)

(2) 돌을 날카롭게 갈아 만든 도구로, 곡식의 이삭을 딸 때 사용한 도구의 기호를 쓰시오. [2점]

(　　　　　　　　)

(3) 위 ㉢의 발달로 달라진 사람들의 생활 모습을 쓰시오. [6점]

_____

_____

3 다음 옷을 만드는 도구를 보고, 물음에 답하시오.
[총 10점]

⌒ 가락바퀴

⌒ 베틀

⌒ 방직기

⌒ 재봉틀

(1) 식물의 줄기를 꼬아서 실을 만들 때 사용하던 도구의 기호를 쓰시오. [2점]

(   )

(2) 다음과 같은 생활 모습의 변화를 가져온 도구의 기호를 쓰시오. [2점]

> 옷을 만들 때 빠르고 정확하게 바느질을 할 수 있게 되었습니다.

(   )

(3) 위 ㉢의 발달로 달라진 사람들의 생활 모습을 쓰시오.
[6점]

_____

_____

_____

4 다음 그림을 보고, 물음에 답하시오. [총 10점]

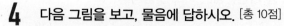

⌒ 움집의 생활 모습

⌒ 초가집의 생활 모습

⌒ 기와집의 생활 모습

⌒ 아파트의 생활 모습

(1) 한 공간에서 잠을 자고 집 가운데에 불을 피워 따뜻하게 지내던 생활 모습을 나타낸 그림의 기호를 쓰시오.
[2점]

(   )

(2) 다음 생활 모습과 관련 있는 것의 기호를 쓰시오. [2점]

> 온 가족이 같이 식사를 준비하고 거실에서 이야기를 나누며 시간을 함께 보냅니다.

(   )

(3) 위 ㉡, ㉢에 사는 사람들의 생활 모습은 어떻게 다른지 쓰시오. [6점]

_____

_____

_____

중간 범위

11종 공통

1 다음 중 자연환경은 어느 것입니까? (   )

①
▲ 공장

②
▲ 비

③
▲ 공원

④
▲ 도로

11종 공통

3 다음과 같이 이용하는 자연환경은 어느 것입니까?
(   )

> 농사를 짓거나, 도로와 주택 등을 만듭니다.

① 비   ② 들   ③ 눈
④ 바다   ⑤ 바람

11종 공통

4 다음 계절에 볼 수 있는 사람들의 생활 모습으로 가장 알맞은 것은 어느 것입니까? (   )

▲ 겨울

① 논에서 곡식을 수확한다.
② 계곡에서 물놀이를 한다.
③ 눈썰매장이나 얼음 축제에 간다.
④ 들이나 공원으로 꽃구경을 간다.
⑤ 단풍을 구경하려고 공원과 산을 찾는다.

11종 공통

2 다음에서 설명하는 것에 해당하지 <u>않는</u> 것은 어느 것입니까? (   )

> 사람들이 고장의 자연환경을 이용해 만들어 낸 환경을 말합니다.

①
▲ 논

②
▲ 과수원

③
▲ 항구

④
▲ 산

11종 공통

5 바다와 모래사장 등이 있는 고장 사람들의 생활 모습으로 알맞지 <u>않은</u> 것은 어느 것입니까? (   )

① 김, 미역, 굴 등을 양식한다.
② 관광객에게 숙소를 빌려준다.
③ 배나 물고기를 잡는 기구를 판다.
④ 주로 넓은 논에서 벼농사를 짓는다.
⑤ 해녀들은 전복, 멍게 등 해산물을 직접 구한다.

6 11종 공통
도시에 대한 설명으로 알맞지 <u>않은</u> 것은 어느 것입니까? (   )

① 많은 사람이 산다.
② 도로가 잘 발달되어 있다.
③ 들이 펼쳐진 곳에 발달한다.
④ 아파트와 같은 높은 건물이 많다.
⑤ 사람들은 주로 자연환경을 이용한 일을 한다.

7 11종 공통
다음 중 인문환경을 이용하여 여가 생활을 즐긴 어린이는 누구입니까? (   )

① 아진: 숲에서 야영을 했어.
② 민수: 계곡에서 래프팅을 했어.
③ 현이: 산에 올라 단풍 구경을 했어.
④ 선아: 바닷가에서 물놀이를 즐겼어.
⑤ 도현: 실내 수영장에서 수영을 했어.

8 11종 공통
다음에서 설명하는 우리가 살아가는 데 꼭 필요한 생활은 어느 것입니까? (   )

> • 피부를 보호하고 덥거나 추운 날씨로부터 몸의 온도를 유지할 수 있습니다.
> • 티셔츠, 바지, 신발, 목도리, 양말, 장갑 등이 포함됩니다.

① 의생활   ② 식생활
③ 주생활   ④ 문화생활
⑤ 여가 생활

9 11종 공통
겨울철 옷차림에 대한 설명으로 가장 알맞은 것은 어느 것입니까? (   )

① 얇은 옷을 입는다.
② 가벼운 외투를 입는다.
③ 햇볕을 막는 모자를 쓴다.
④ 반팔 옷과 반바지를 입는다.
⑤ 장갑을 끼거나 목도리를 두른다.

10 11종 공통
햇볕이 뜨겁고 모래바람이 많이 부는 고장의 옷차림으로 알맞은 것은 어느 것입니까? (   )

①  ②

③  ④

11 11종 공통
의식주 중 식생활에 속하는 것은 어느 것입니까?
(   )

① 바지   ② 양말   ③ 한옥
④ 김치   ⑤ 아파트

천재교육, 금성출판사, 동아출판, 비상교육, 지학사

11종 공통

12 열대 과일을 이용한 음식이 발달한 고장의 자연환경으로 알맞은 것은 어느 것입니까? (   )

① 덥고 습하다.

② 춥고 눈이 많이 온다.

③ 얼음으로 뒤덮여 있다.

④ 비가 거의 오지 않는다.

⑤ 아침과 저녁의 기온 차가 매우 크다.

천재교육, 천재교과서, 김영사, 동아출판, 비상교육

13 몽골에서 다음과 같은 집을 짓는 까닭으로 알맞은 것은 어느 것입니까? (   )

▲ 게르

① 눈과 얼음이 많기 때문에

② 더위와 벌레를 피하고 싶기 때문에

③ 숲에서 나무를 구하기 쉽기 때문에

④ 화산 폭발로 화산재가 쌓였기 때문에

⑤ 물과 풀을 찾아 이동 생활을 하기 때문에

11종 공통

14 의식주 생활 모습을 찾아보면서 알 수 있는 점으로 가장 알맞은 것은 어느 것입니까? (   )

① 우리의 일상생활은 의식주와 관련이 없다.

② 의식주 생활 모습은 환경의 영향을 받는다.

③ 의생활이 없다면 몸에 필요한 영양이 부족해진다.

④ 우리가 생활하는 데에 주생활이 가장 중요하다.

⑤ 식생활이 없다면 비나 눈, 바람을 피할 수 없다.

11종 공통

15 주먹 도끼를 사용하던 시대 사람들의 생활 모습으로 알맞지 <u>않은</u> 것은 어느 것입니까? (   )

① 철로 농사 도구를 만들어 사용했다.

② 동물의 가죽이나 풀잎으로 옷을 만들어 입었다.

③ 열매를 따거나 동물을 사냥해 먹을거리를 얻었다.

④ 자연에서 얻은 돌과 나무 등을 생활 도구로 사용했다.

⑤ 추위를 피하거나 동물들의 공격을 막기 위해 동굴이나 바위 그늘에서 살았다.

11종 공통

16 다음 도구들을 사용하기 시작했던 시대로 알맞은 것은 어느 것입니까? (   )

▲ 빗살무늬 토기

▲ 동물의 뼈로 만든 낚시 도구

① 다양한 금속을 사용한 시대

② 철로 만든 도구를 사용한 시대

③ 청동으로 만든 도구를 사용한 시대

④ 돌을 갈아서 만든 도구를 사용한 시대

⑤ 돌을 깨뜨려 만든 도구를 사용한 시대

17 다음 곡식을 수확하는 도구의 변화 순서로 알맞은 것은 어느 것입니까? (   )

ⓒ 낫

ⓒ 콤바인

ⓒ 탈곡기

ⓒ 반달 돌칼

① ㉡ → ㉣ → ㉠ → ㉢
② ㉢ → ㉡ → ㉣ → ㉠
③ ㉢ → ㉣ → ㉠ → ㉡
④ ㉣ → ㉠ → ㉡ → ㉢
⑤ ㉣ → ㉠ → ㉢ → ㉡

천재교육, 교학사, 김영사, 동아출판, 미래엔, 지학사

18 다음 도구에 대한 설명으로 알맞은 것은 어느 것입니까? (   )

ⓒ 시루

① 밥을 짓는 데 사용했다.
② 과일을 깎는 데 사용했다.
③ 곡식을 잘게 가는 데 사용했다.
④ 생선이나 떡을 쪄서 먹는 데 사용했다.
⑤ 따뜻한 국물이 있는 음식을 만드는 데 사용했다.

11종 공통

19 다음 집에 대한 설명으로 알맞은 것은 어느 것입니까?
(   )

① 움집이다.
② 매년 지붕을 바꾼다.
③ 흙을 구워 만든 기와로 지붕을 덮었다.
④ 좁은 땅에서 많은 사람이 살기에 적합하다.
⑤ 오늘날 많은 사람이 살고 있는 집의 모습이다.

진도 완료
체크

11종 공통

20 아파트에서의 생활 모습으로 알맞은 것은 어느 것입니까? (   )

① 안채와 사랑채가 있다.
② 화장실이 집 밖에 있다.
③ 넓은 마당에서 동물을 기른다.
④ 거실과 주방이 연결되어 있다.
⑤ 집 가운데에 불을 피워 따뜻하게 한다.

· 답안 입력하기   · 온라인 피드백 받기

2. ❷ 옛날과 오늘날의 세시 풍속

❶ 옛날의 세시 풍속

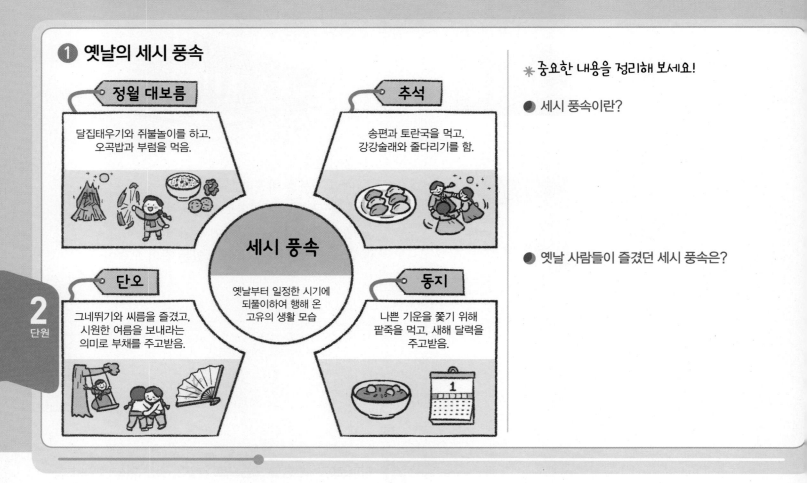

정월 대보름
달집태우기와 쥐불놀이를 하고, 오곡밥과 부럼을 먹음.

추석
송편과 토란국을 먹고, 강강술래와 줄다리기를 함.

세시 풍속
옛날부터 일정한 시기에 되풀이하여 행해 온 고유의 생활 모습

단오
그네뛰기와 씨름을 즐겼고, 시원한 여름을 보내라는 의미로 부채를 주고받음.

동지
나쁜 기운을 쫓기 위해 팥죽을 먹고, 새해 달력을 주고받음.

※ 중요한 내용을 정리해 보세요!

● 세시 풍속이란?

● 옛날 사람들이 즐겼던 세시 풍속은?

2 단원

개념 확인하기

정답 25쪽

🌱 다음 문제를 읽고 답을 찾아 ☐ 안에 ✔표를 하시오.

1 명절과 같이 옛날부터 일정한 시기에 되풀이하여 행해 온 고유의 생활 모습은 무엇입니까?

㉠ 옛이야기 ☐   ㉡ 세시 풍속 ☐

2 정월 대보름에 즐겼던 세시 풍속은 무엇입니까?

㉠ 산에 올라가 단풍을 즐겼다. ☐
㉡ 풍년을 바라며 오곡밥을 먹었다. ☐
㉢ 다가올 겨울을 대비해 김장을 했다. ☐

3 단오에 즐겼던 세시 풍속은 무엇입니까?

㉠ 부채를 주고받았다. ☐
㉡ 진달래꽃으로 전을 만들어 먹었다. ☐

4 추석은 언제입니까?

㉠ 음력 1월 15일 ☐   ㉡ 음력 8월 15일 ☐

5 옛날 사람들은 동지를 어떤 날로 생각했습니까?

㉠ 새로운 마음으로 농사를 시작하는 날 ☐
㉡ 한 해를 마무리하고 새해를 맞이하는 날 ☐
㉢ 수확을 마무리하고 조상들께 감사하는 날 ☐

② 설날의 세시 풍속 비교

옛날

- 차례 지내고 세배하기
- 복조리 걸기
- 떡국 먹기
- 신발 숨겨 두기

복을 기원하고 나쁜 기운을 몰아내는 세시 풍속이 많았음.

오늘날

- 가족끼리 모여 떡국 먹기
- 차례 지내고 세배하기

간단한 세시 풍속만 이어짐.

✳ 중요한 내용을 정리해 보세요!

● 옛날 설날의 모습은?

● 오늘날 설날의 모습은?

2 단원

개념 확인하기

정답 25쪽

🍃 다음 문제를 읽고 답을 찾아 ☐ 안에 ✔표를 하시오.

1 옛날 설날의 모습은 무엇입니까?

| ㉠ 송편을 만들어 먹었다. ☐ |
| ㉡ 아침에 차례를 지냈다. ☐ |
| ㉢ 오곡밥과 나물을 먹었다. ☐ |

2 옛날 설날에 집에 복조리를 걸어 놓았던 까닭은 무엇입니까?

| ㉠ 야광귀에게 복을 빼앗기지 않기 위해 ☐ |
| ㉡ 새해에 복이 많이 들어오게 하기 위해 ☐ |

3 옛날 설날에 야광귀에게 빼앗기지 않도록 방 안에 숨겨 두었던 것은 무엇입니까?

㉠ 신발 ☐   ㉡ 양말 ☐   ㉢ 모자 ☐

4 옛날과 오늘날의 설날에 주로 먹는 음식은 무엇입니까?

㉠ 부럼 ☐   ㉡ 팥죽 ☐   ㉢ 떡국 ☐

5 오늘날까지 전해 내려오는 설날의 모습은 무엇입니까?

| ㉠ 어른들께 세배를 드린다. ☐ |
| ㉡ 창포물에 머리를 감는다. ☐ |

천재교육, 천재교과서, 교학사, 김영사, 미래엔, 비상교과서,
비상교육, 아이스크림 미디어, 지학사

1 새해를 시작하는 시기의 세시 풍속으로 알맞은 것은 어느 것입니까? (   )

△ 그네뛰기를 함.

①
△ 세배를 드림.

②

③ △ 강강술래를 함.

④ △ 국화전을 먹음.

2 다음 ☐ 안에 들어갈 알맞은 말은 어느 것입니까?
(   )

정월 대보름에는 풍년을 기원하며 ☐☐☐을 먹고, 건강을 빌며 부럼을 깨먹기도 했습니다.

① 송편   ② 떡국
③ 오곡밥   ④ 수리취떡
⑤ 진달래꽃전

교학사, 미래엔, 비상교육, 아이스크림 미디어, 지학사

3 삼짇날에 대한 설명으로 알맞은 것은 어느 것입니까?
(   )

① 토란국을 먹었다.
② 음력 3월 3일이다.
③ 수확을 마무리하는 시기이다.
④ 국화로 만든 술과 떡을 먹었다.
⑤ 수확한 콩으로 메주를 만들어 띄웠다.

4 다음 설명에서 밑줄 친 부분에 해당하는 음식을 두 가지 고르시오. (,   )

여름철 가장 더운 시기인 삼복에는 더위를 이겨 내기 위해 영양이 풍부한 음식을 먹고, 물놀이를 했습니다.

① △ 팥죽   ② △ 육개장

③ △ 비빔밥   ④ △ 삼계탕

아이스크림 미디어

5 음력 10월로, 한 해 농사가 끝나고 먹을거리가 풍부해 사람들이 가장 좋은 달로 생각하여 불렀던 이름은 무엇입니까? (   )

① 백중   ② 상달
③ 입춘   ④ 하지
⑤ 동지

6 옛날의 세시 풍속에 대해 알맞게 말한 어린이를 쓰시오.

정연: 동지에는 부채를 주고받았어.
보미: 중양절에는 산에 올라가 단풍을 즐겼어.
희열: 추석 때는 팥죽을 먹고 강강술래를 했어.

(   )

천재교과서, 교학사, 금성출판사, 김영사, 동아출판,
비상교과서, 비상교육, 아이스크림 미디어

[7~8] 다음은 옛날에 행해졌던 세시 풍속입니다.

ㄱ

⚠ 세배 드리기

ㄴ

⚠ 가족들과 떡국 먹기

ㄷ

⚠ 복조리 걸어 놓기

ㄹ

⚠ 방 안에 신발 숨기기

천재교과서, 교학사, 김영사, 비상교과서,
비상교육, 아이스크림 미디어

7 위와 같은 세시 풍속이 행해졌던 날은 언제인지 [보기]
에서 찾아 쓰시오.

> [보기]
> • 설날 • 추석   • 동지 • 중양절

(   )

천재교과서, 교학사, 김영사, 비상교과서,
비상교육, 아이스크림 미디어

8 위 ㉠~㉣에 대한 설명으로 알맞지 <u>않은</u> 것은 어느 것
입니까? (   )

① 주로 한복이나 깨끗한 새 옷을 입고 ㉠을 했다.
② ㉡은 건강하게 오래 살라는 의미를 가지고 있다.
③ ㉢을 하며 새해에 복이 많이 들어오기를 빌었다.
④ ㉠~㉣ 중 오늘날까지 전해 내려오는 세시 풍속
은 없다.
⑤ ㉣을 했던 까닭은 야광귀에게 신발을 빼앗기지
않기 위해서이다.

9 다음 우리 조상들의 계절별 세시 풍속을 보고, 설명과 관
련 있는 그림을 찾아 기호를 쓰시오.

ㄱ

⚠ 봄

ㄴ

⚠ 여름

ㄷ

⚠ 가을

ㄹ

⚠ 겨울

(1) 수확한 곡식과 과일로 조상들께 감사드리는 차
례를 지냈습니다. (   )
(2) 더위에 지치지 않고 농사일을 할 수 있도록 영
양이 풍부한 음식을 먹었습니다.
(   )

10 다음 [보기]에서 오늘날의 세시 풍속에 대한 알맞은 설
명은 모두 몇 개입니까? (   )

> [보기]
> ㉠ 큰 명절을 중심으로만 이어져 내려옵니다.
> ㉡ 농사와 관련된 세시 풍속은 늘어났습니다.
> ㉢ 모든 세시 풍속에 담긴 의미는 전혀 변하지
> 않았습니다.
> ㉣ 계절과 날씨에 상관없이 세시 풍속을 체험할
> 수 있습니다.

① 1개   ② 2개
③ 3개   ④ 4개
⑤ 없음.

2
단원

연습 🐱 도움말을 참고하여 내 생각을 차근차근 써 보세요.

1 다음은 민준이가 추석 때 한 일입니다. [총 10점]

🔺 친척 집 방문하기

🔺 차례 지내기

(1) 추석과 같이 해마다 일정하게 지켜 즐기거나 기념하는 때를 무엇이라고 하는지 쓰시오. [2점]

( )

(2) 다음은 민준이가 추석 때 한 일을 떠올리며 그린 생각 그물입니다. ㉠에 들어갈 음식을 쓰시오. [2점]

( )

(3) 위 (2)의 생각 그물을 이용하여 세시 풍속의 의미를 쓰시오. [6점]

> 🦉 매년 같은 시기에 반복되는 특별한 날에 하는 일은 무엇이며 어떤 음식을 먹고 어떤 옷을 입는지를 생각하며 써 보세요.
> **꼭 들어가야 할 말** 일정한 / 되풀이

---

2 다음은 옛날에 행해졌던 다양한 세시 풍속입니다.
[총 10점]

㉠

🔺 쥐불놀이와 달집태우기

㉡

🔺 그네뛰기와 씨름하기

㉢

🔺 닭백숙(삼계탕) 먹기

㉣

🔺 팥죽 먹기

(1) 다음 ㉮, ㉯ 시기에 행해진 세시 풍속을 위에서 찾아 기호를 쓰시오. [2점]

> 우리 조상들은 날씨가 무더워지는 ㉮ 단오와 ㉯ 삼복에도 다양한 세시 풍속으로 건강하게 생활했습니다.

㉮ ( ) ㉯ ( )

(2) 다음과 같은 의미로 동지에 하는 일을 위에서 찾아 기호를 쓰시오. [2점]

> 나쁜 기운을 쫓는 의미로 행하였습니다.

( )

(3) 위와 같이 계절마다 세시 풍속이 서로 다른 까닭을 쓰시오. [6점]

3 다음은 옛날 사람들이 즐겼던 세시 풍속입니다. [총 10점]

㉠

㉡

🔼 거북놀이

(1) 다음 설명을 보고 위 ㉠의 이름을 보기 에서 찾아 쓰시오. [2점]

> 둥글게 모여 돌며 노래를 부르고 춤을 추는 놀이입니다.

보기
• 강강술래   • 제기차기   • 소먹이놀이

(   )

(2) 위와 같은 세시 풍속을 주로 즐겼던 날에 대해 알맞게 말한 어린이를 쓰시오. [2점]

불을 사용하지 않고 찬 음식을 먹었어.

석규

수확에 감사하는 마음으로 조상들께 차례를 지냈어.

진주

(   )

(3) 위 ㉡을 했던 까닭을 쓰시오. [6점]

_____

_____

4 다음은 계절에 따른 옛날의 세시 풍속입니다. [총 10점]

봄	여름
농사가 잘되기를 기원하며 성묘하기	영양이 풍부한 음식 먹기
가을	겨울
수확한 곡식과 과일로 차례 지내기	큰 보름달을 보며 풍년 기원하기

(1) 위와 같이 계절마다 다양하게 나타나는 세시 풍속에 담긴 의미를 ☐ 안에 알맞은 말을 넣어 완성하시오. [2점]

> 세시 풍속을 통해 ☐가 잘되기를 빌었습니다.

(   )

(2) 위와 같은 세시 풍속이 시간이 흐르면서 어떻게 변화했는지 ( ) 안의 알맞은 말에 ○표를 하시오. [2점]

> 농사와 관련된 풍속은 (사라진 / 이어져 내려온) 것이 많습니다.

(3) 위 (2)번과 같이 옛날부터 전해 내려오는 세시 풍속이 변화한 까닭을 쓰시오. [6점]

2단원

진도 완료 체크

천재교과서

1 다음 밑줄 친 부분에 해당하는 장소로 알맞은 것은 어느 것입니까? ( )

> 옛날 사람들의 생활 모습을 재현한 장소를 방문해 옛날의 생활 모습을 알 수 있습니다.

① 기차역　　　② 유적지
③ 문구점　　　④ 수영장
⑤ 소방서

11종 공통

2 돌로 주로 도구를 만들어 쓰던 시대의 생활 모습으로 알맞지 않은 것은 어느 것입니까? ( )

① 열매를 땄다.
② 청동 거울로 제사를 지냈다.
③ 동굴이나 바위 그늘에서 살았다.
④ 동물을 사냥해 먹을거리를 구했다.
⑤ 동물의 가죽으로 옷을 만들어 입었다.

11종 공통

3 다음 중 사용하기 시작했던 시대가 나머지와 다른 하나는 어느 것입니까? ( )

①
▲ 돌괭이

②
▲ 가락바퀴

③
▲ 비파형 동검

④
▲ 빗살무늬 토기

11종 공통

4 청동으로 도구를 만들던 시대에 다음과 같이 돌로 만든 도구를 사용했던 까닭은 어느 것입니까? ( )

▲ 반달 돌칼

① 청동보다 재료를 구하기 쉬웠기 때문이다.
② 청동보다 만드는 과정이 복잡했기 때문이다.
③ 청동을 다룰 줄 아는 사람이 없었기 때문이다.
④ 청동보다 더 멋있는 도구를 만들 수 있었기 때문이다.
⑤ 제사를 지내는 사람들이 청동을 사용하지 못하게 했기 때문이다.

천재교육, 교학사, 금성출판사, 김영사, 동아출판, 미래엔,
비상교과서, 비상교육, 아이스크림 미디어, 지학사

5 다음 그림에 나타난 시대에 대한 설명으로 알맞은 것은 어느 것입니까? ( )

① 철로 도구를 만들었다.
② 농업이 전혀 발달하지 않았다.
③ 농사를 지을 때 돌을 주로 이용했다.
④ 동굴이나 바위 그늘에서 주로 생활했다.
⑤ 농사짓기가 시작된 지 얼마 되지 않았다.

6 쟁기를 이용하는 모습으로 알맞은 것은 어느 것입니까? ( )

7 옛날 사람들이 식물의 줄기를 꼬아 실을 만들 때 사용한 도구는 무엇입니까? ( )

① 트랙터
② 주먹 도끼
③ 가락바퀴
④ 반달 돌칼
⑤ 비파형 동검

8 옷을 만드는 도구가 변화하면서 달라진 사람들의 생활 모습으로 알맞은 것은 어느 것입니까? ( )

① 뼈바늘을 이용해 바느질을 한다.
② 필요한 옷을 구하기가 어려워졌다.
③ 얇은 옷밖에 만들지 못하게 되었다.
④ 입을 수 있는 옷의 종류가 다양해졌다.
⑤ 실을 엮어 옷감을 만드는 데 오랜 시간이 걸린다.

9 움집에 대한 설명으로 알맞지 <u>않은</u> 것은 어느 것입니까? ( )

① 집 가운데에 불을 피우던 공간이 있었다.
② 하나의 방에서 음식을 만들고 잠을 잤다.
③ 주로 철근과 콘크리트로 만들었으며 높게 지었다.
④ 사람들이 한곳에 모여 살기 시작하면서 나타났다.
⑤ 땅을 파서 기둥을 세우고 그 위에 풀과 짚을 덮어 만들었다.

10 다음 집에 살았던 사람들의 생활 모습으로 알맞은 것은 어느 것입니까? ( )

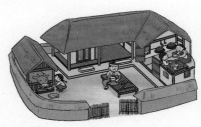

🔺 초가집

① 방, 부엌, 헛간 등을 용도에 맞게 나누어 사용했다.
② 거실과 주방이 연결되어 있고, 거실에서 식사를 했다.
③ 안채에서는 여자들이, 사랑채에서는 남자들이 생활했다.
④ 잠을 자고 요리를 하는 등 모든 일을 하나의 방에서 했다.
⑤ 화장실이 방과 연결되어 있어 겨울에도 편리하게 사용했다.

11종 공통

11 정월 대보름에 행해진 세시 풍속은 어느 것입니까?
( )

① 창포물에 머리를 감았다.
② 서로 부채를 주고받았다.
③ 조상들의 산소에 성묘를 했다.
④ 쥐불놀이와 달집태우기를 했다.
⑤ 시원한 계곡이나 산으로 놀러 갔다.

교학사, 미래엔, 비상교육, 아이스크림 미디어, 지학사

12 음력 3월 3일로, 농사를 시작하며 한 해의 건강과 풍요를 기원했던 날은 언제입니까? ( )

① 상달　　　　② 한식
③ 초복　　　　④ 중양절
⑤ 삼짇날

11종 공통

13 다음 ☐ 안에 들어갈 알맞은 물건은 어느 것입니까?
( )

> 옛날에는 무더운 여름의 시작을 알리는 단오에 여름을 건강하게 보내라는 의미에서 ☐을/를 주고받았습니다.

①
△ 달력

②
△ 짚신

③
△ 부채

④
△ 복조리

11종 공통

14 다음 중 추석과 관련이 없는 것은 어느 것입니까?
( )

①
△ 송편

②
△ 성묘

③
△ 강강술래

④
△ 부럼

천재교육, 천재교과서, 교학사, 금성출판사, 김영사, 동아출판, 미래엔, 비상교과서, 비상교육, 아이스크림 미디어

15 동지를 지내는 사람들의 모습으로 알맞은 것은 어느 것입니까? ( )

①
△ 조상들께 성묘를 함.

②
△ 팥죽을 먹음.

③
△ 삼계탕을 먹고 물놀이를 함.

④
△ 마을 사람들과 잔치를 벌임.

16 다음 그림과 같은 세시 풍속이 행해진 명절은 언제입니까? (   )

▲ 방 안에 신발 두기

① 설날
② 추석
③ 한식
④ 단오
⑤ 동지

17 옛날과 오늘날의 설날에 공통적으로 행해지는 세시 풍속으로 알맞은 것은 어느 것입니까? (   )

① 신발을 방 안에 둔다.
② 어른들께 세배를 한다.
③ 민속촌에 가서 전통 놀이를 체험한다.
④ 복조리를 걸어 놓고 복이 들어오기를 빈다.
⑤ 한 해의 운세를 점치기 위해 윷놀이를 한다.

천재교육, 미래엔

18 다음 옛날 어린이의 일기에서 알맞지 않은 것은 어느 것입니까? (   )

> 오늘은 ① 음력 8월 15일 추석이다. 아침에 일어나 아버지와 함께 ② 풍년을 바라며 벽에 복조리를 매달았다. 친척들과 함께 ③ 차례를 지낸 후, ④ 조상님들께 성묘를 하러 다녀왔다. 다녀와서는 송편을 먹고 마을 사람들끼리 모여서 하는 ⑤ 소먹이놀이를 구경했다. 매일매일이 오늘만 같았으면 좋겠다.

천재교과서, 김영사, 비상교육, 지학사

천재교과서, 교학사, 김영사, 동아출판, 비상교과서,
비상교육, 아이스크림 미디어

11종 공통

19 다음 옛날 사람들의 계절별 세시 풍속을 보고 알 수 있는 것은 어느 것입니까? (   )

▲ 봄
▲ 여름
▲ 가을
▲ 겨울

① 계절별로 하는 일이 모두 똑같았다.
② 농사와 관련된 세시 풍속이 많았다.
③ 조상들에게 감사드리는 세시 풍속은 없었다.
④ 풍년이 들기를 바랐지만 건강은 바라지 않았다.
⑤ 농사를 짓지 않는 겨울에는 풍년을 바라지 않았다.

천재교육, 김영사, 비상교과서, 비상교육, 아이스크림 미디어

20 다음에서 설명하는 세시 풍속으로 알맞은 것은 어느 것입니까? (   )

> 도, 개, 걸, 윷, 모의 점수에 따라 말을 옮겨 네 개의 말이 먼저 출발지로 돌아오면 이기는 놀이입니다.

① 씨름
② 윷놀이
③ 그네뛰기
④ 제기차기
⑤ 소먹이놀이

· 답안 입력하기   · 온라인 피드백 받기

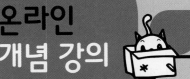
❶ 옛날과 오늘날의 혼인 풍습

옛날의 결혼식

신부의 집

나무 기러기

한복

결혼식 후 신랑의 집으로 감.

결혼식의 모습과 과정은 달라졌지만, 그 속에 담긴 의미는 변함없음.

오늘날의 결혼식

결혼식장

결혼반지

웨딩드레스   턱시도

결혼식 후 신혼여행을 떠남.

✱ 중요한 내용을 정리해 보세요!

● 옛날 혼인 풍습의 특징은?

● 오늘날 혼인 풍습의 특징은?

● 옛날과 오늘날 혼인 풍습의 공통점과 차이점은?

3
단원

개념 확인하기

정답 28쪽

✑ 다음 문제를 읽고 답을 찾아 ☐ 안에 ✔표를 하시오.

1 옛날의 결혼식에서 신랑이 신부에게 오랫동안 행복하게 살자는 의미로 주었던 것은 무엇입니까?

ㄱ 가마 ☐   ㄴ 나무 기러기 ☐

2 결혼식을 마치고 새 식구가 되었음을 알리는 뜻으로 드리는 것은 무엇입니까?

ㄱ 폐백 ☐   ㄴ 신혼여행 ☐

3 오늘날의 결혼식에서 주로 입는 옷은 무엇입니까?

ㄱ 교복 ☐   ㄴ 체육복 ☐   ㄷ 턱시도 ☐

4 오늘날 결혼식의 모습이 다양해진 까닭은 무엇입니까?

ㄱ 사람들의 생각이 다양해져서 ☐
ㄴ 사람들이 전통을 중요하게 생각해서 ☐

5 옛날과 오늘날 혼인 풍습의 공통점은 무엇입니까?

ㄱ 결혼식이 끝나고 신혼여행을 간다. ☐
ㄴ 사람들이 신랑과 신부를 축하해 준다. ☐
ㄷ 결혼식이 끝나면 신부의 집으로 간다. ☐

② 옛날과 오늘날의 가족 형태와 역할 변화

남자들은 농사일이나 바깥일을 함.

여자들은 아이를 돌보고 집안일을 함.

옛날의 가족

확대 가족이 많았음.

남자아이만 교육을 받음.

핵가족이 많음.

오늘날의 가족

부모가 모두 직장에서 일하는 경우가 많음.

부모가 함께 자녀를 돌봄.

가족 구성원 모두가 집안일을 함.

✳ 중요한 내용을 정리해 보세요!

● 확대 가족이란?

● 핵가족이란?

● 가족 구성원의 역할 변화는?

3 단원

개념 확인하기

정답 28쪽

🌱 다음 문제를 읽고 답을 찾아 ☐ 안에 ✔표를 하시오.

1 확대 가족의 특징은 무엇입니까?

ㄱ 옛날에 주로 많았다. ☐

ㄴ 가족 구성원의 수가 비교적 적다. ☐

ㄷ 주로 장사를 하는 사람들이 많다. ☐

2 오늘날 핵가족이 많아진 까닭은 무엇입니까?

ㄱ 농사를 짓는 사람이 늘어나서 ☐

ㄴ 취업을 위해 도시로 가는 사람이 많아서 ☐

3 옛날의 가족에서 남자의 역할은 무엇입니까?

ㄱ 농사 등 바깥일을 한다. ☐

ㄴ 바느질 등 집안일을 한다. ☐

4 오늘날 가족 구성원의 역할과 관련 있는 모습은 무엇입니까?

ㄱ 여자만 집안일을 한다. ☐

ㄴ 구성원 모두가 집안일을 나누어서 한다. ☐

5 오늘날에는 남녀가 어떠합니까?

ㄱ 평등하다. ☐　　ㄴ 불평등하다. ☐

천재교과서, 금성출판사, 김영사, 동아출판, 비상교과서,
비상교육, 아이스크림 미디어, 지학사

1 다음 혼인 풍습과 관련 있는 설명은 어느 것입니까?

(   )

① 오늘날의 혼인 풍습과 관련된 그림이다.
② 결혼식을 마치고 부부가 신혼여행을 떠난다.
③ 결혼식을 마치고 폐백을 드리지 않기도 한다.
④ 주로 부모님이 정해 주는 사람과 혼인을 한다.
⑤ 공원, 스키장, 물속 등 다양한 장소에서 결혼식을
   하기도 한다.

2 다음 민주의 일기에서 <u>잘못된</u> 내용은 어느 것입니까?

(   )

나는 오늘 삼촌의 결혼식에 다녀왔다. 고장의
① 결혼식장에서 만난 삼촌은 ② 턱시도를 입었
고, 숙모는 ③ 웨딩드레스를 입었다. 삼촌과 숙
모는 결혼을 약속하는 의미로 ④ 반지를 주고받
았다. 결혼식을 마친 삼촌과 숙모는 많은 사람
의 축복 속에서 ⑤ 주례가 되었다.

3 폐백을 드릴 때 던져 주는 물건으로 알맞은 것은 어느
것입니까? (   )

① △ 함   ② △ 대추와 밤
③ △ 꽃다발   ④ △ 반지

4 옛날과 오늘날 혼인 풍습의 공통점으로 알맞은 것을
보기 에서 찾아 기호를 쓰시오.

보기
㉠ 한복을 입고 신부의 집에서 결혼식을 합니다.
㉡ 신혼여행을 다녀온 후 부부가 독립해서 삽니다.
㉢ 가족, 친척, 친구들이 모여 신랑과 신부를 축
   하해 줍니다.

(   )

천재교육

5 옛날과 오늘날의 혼인 풍습이 달라진 까닭으로 알맞지
않은 것을 두 가지 고르시오. (,   )
① 외국 문화의 영향을 받았기 때문에
② 사회와 사람들의 생활 모습이 변했기 때문에
③ 결혼을 통해 새로운 가족이 만들어지기 때문에
④ 결혼식을 통해 두 사람의 결혼을 알리기 때문에
⑤ 사람들의 생각이나 중요하게 여기는 것이 바뀌
   었기 때문에

6 다음과 같은 이유로 오늘날에 많아진 가족 형태에 대한 설명으로 알맞은 것은 어느 것입니까? (   )

① 가족의 수가 상대적으로 많다.
② 옛날에 주로 많았던 가족 형태와 같다.
③ 사람들 대부분이 농사를 지으며 살아간다.
④ 개인의 자유를 중요하게 생각하지 않는다.
⑤ 결혼하지 않은 자녀와 부모 또는 부부로만 이루어졌다.

7 옛날 가족 구성원의 역할에 대해 바르게 말한 어린이를 쓰시오.

진모: 여자아이는 과거에 합격하기 위한 공부를 했어.
소림: 나이가 많은 어른이 집안의 중요한 일을 결정했어.
승준: 남자들은 주로 음식 준비나 바느질 등 집안일을 했어.

(   )

8 오늘날 가족 구성원의 역할로 알맞지 <u>않은</u> 것은 어느 것입니까? (   )

①
△ 역할을 나눠 집안일을 함.

②
△ 가족회의로 집안일을 의논함.

③
△ 부모가 함께 자녀를 돌봄.

④
△ 엄마가 집안일을 도맡아 함.

9 다음 ☐ 안에 들어갈 말을 보기 에서 찾아 쓰시오.

역할극으로 가족의 갈등 상황을 표현할 때에는 가족의 상황이 구체적으로 드러나도록 ☐☐☐을/를 작성합니다.

보기
• 일기   • 대본   • 역할 실천 계획표

(   )

10 다음과 같은 가족의 갈등 상황이 일어나는 까닭으로 알맞은 것에 ○표를 하시오.

(1) 서로의 생각을 나누고 이해했기 때문에
(   )

(2) 가족 구성원이 처한 상황이 다르기 때문에
(   )

(3) 대화를 통해 갈등의 원인을 파악했기 때문에
(   )

연습 🐱 도움말을 참고하여 내 생각을 차근차근 써 보세요.

1 다음은 윤호가 삼촌의 결혼식에 다녀와서 쓴 일기입니다. [총 10점]

> 삼촌의 결혼식에 다녀왔다. 옷을 단정하게 입고 부모님과 ⓐ ㉠ 으로 갔다. ㉠ 에서 할아버지, 할머니, 고모, 사촌 등 친척을 만났다. 결혼식에서 삼촌은 검은색 턱시도를 입었고, 숙모는 흰색 드레스를 입었다. ㉮ 신랑과 신부는 결혼반지를 주고받고 주례와 하객의 축복 속에서 부부가 되었다. 결혼식을 마친 삼촌과 숙모는 폐백실에서 신랑, 신부 양쪽 집안 어른들께 폐백을 드렸다. 그리고 삼촌과 숙모는 신혼여행을 갔다.

(1) 위 ㉠에 공통으로 들어갈 장소를 보기 에서 찾아 쓰시오. [2점]

> **보기**
> • 결혼식장   • 신부의 집

(   )

(2) 위 ㉮ 내용을 다음 ☐ 안에 알맞은 말을 넣어 옛날 결혼식의 모습으로 바꾸어 쓰시오. [2점]

> 신랑이 신부 측에 ☐ 를 건네주면 혼례가 시작됩니다.

(   )

(3) 옛날과 오늘날에 변하지 않는 결혼의 의미를 쓰시오. [6점]

> 🐱 결혼식을 하는 이유와 모습을 생각하며 써 보세요.
> **꼭 들어가야 할 말** 부부 / 가정

_____

_____

2 다음은 옛날과 오늘날의 가족 형태입니다. [총 10점]

㉠  ㉡

🔺 확대 가족   🔺 핵가족

(1) 다음에서 설명하는 가족 형태는 무엇인지 위에서 찾아 기호를 쓰시오. [2점]

㉮	㉯
결혼한 자녀와 부모가 함께 사는 가족	결혼하지 않은 자녀와 부모가 함께 사는 가족
( )	( )

(2) 다음은 옛날과 오늘날 가족의 형태를 설명한 것입니다. (   ) 안의 알맞은 말에 ○표를 하시오. [2점]

> 농사를 주로 짓던 옛날에는 ㉮ (확대 가족 / 핵가족)이 많았지만, 오늘날에는 ㉯ (확대 가족 / 핵가족)이 더 많습니다.

(3) 위 ㉡과 같은 가족이 오늘날에 더 많아진 까닭을 한 가지만 쓰시오. [6점]

_____

_____

3 다음은 옛날과 오늘날 가족 구성원의 생활 모습입니다.
[총 10점]

옛날	오늘날

(1) 위 가족 모습을 보고, 옛날과 오늘날 가족 구성원의 역할에서 ㉠, ㉡에 들어갈 알맞은 말을 쓰시오. [2점]

옛날에는 주로 ㉠ 가 바깥일을 했지만, 오늘날에는 집안일을 ㉡ 이 함께 나누어 하는 경우가 많습니다.

㉠ (   ) ㉡ (   )

(2) 다음에서 설명하는 가족 모습은 옛날과 오늘날 중 언제인지 쓰시오. [2점]

남녀의 역할 구분이 없어지고, 집안일을 가족 구성원이 함께 나누어 합니다.

(   )

(3) 옛날과 비교하여 오늘날 가족 구성원의 역할이 변화한 까닭을 한 가지만 쓰시오. [6점]

_____

_____

4 다음은 가족 구성원들 간의 갈등 상황입니다. [총 10점]

(1) 다음은 위와 같은 가족 구성원 간에 갈등이 발생하는 까닭입니다. ☐ 안에 들어갈 알맞은 말을 쓰시오. [2점]

가족 구성원의 생각이 다르고 각자의 ☐☐ 을/를 하지 않았기 때문에 갈등이 생깁니다.

(   )

(2) 위와 같은 가족 구성원 간의 갈등을 해결하는 바람직한 방법을 설명한 어린이를 쓰시오. [2점]

조은: 가족이 함께 대화를 통해 서로를 이해해야 해.
만식: 가족의 갈등 상황을 피하고 내가 하고 싶은 대로 행동해야 해.

(   )

3 단원

진도 완료 체크

(3) 행복한 가족생활을 위해 내가 할 수 있는 일을 한 가지만 쓰시오. [6점]

_____

_____

❶ 다양한 가족의 형태

한 부모 가족

조손 가족

다문화 가족

다양한 형태의 가족

입양 가족

재혼 가족

가족의 형태는 다양하지만,
가족이 서로를 사랑하며 살아가는 모습은 같음.

✳ 중요한 내용을 정리해 보세요!

● 다양한 가족의 형태는?

3 단원

개념 확인하기

정답 29쪽

🍃 다음 문제를 읽고 답을 찾아 ☐ 안에 ✔표를 하시오.

1 입양한 자녀와 그 부모로 구성된 가족은 어떤 가족입니까?

　　㉠ 입양 가족 ☐　　　㉡ 재혼 가족 ☐

2 부모님 중 한 분과 떨어져 지내는 가족은 어떤 가족입니까?

　　㉠ 조손 가족 ☐　　　㉡ 한 부모 가족 ☐

3 다문화 가족의 뜻은 무엇입니까?

　　㉠ 외국인과 우리나라 사람이 결혼한 가족 ☐

　　㉡ 할머니, 할아버지가 손주와 함께 사는 가족 ☐

4 오늘날의 가족 형태에 대한 설명으로 알맞은 것은 무엇입니까?

　　㉠ 모든 가족의 형태가 같다. ☐

　　㉡ 다양한 형태의 가족이 있다. ☐

5 변하지 않는 가족의 가치는 무엇입니까?

　　㉠ 가족이 서로를 사랑하는 모습은 같다. ☐

　　㉡ 가족이 서로를 싫어하는 모습은 같다. ☐

　　㉢ 가족 구성원이 처한 상황은 모두 같다. ☐

❷ 다양한 가족을 대하는 바람직한 태도

가족은 힘들 때 의지할 수 있는 존재임.

가족은 쉼터이자 보금자리임.

가족 안에서 규칙과 예절을 배움.

누구에게나 가족은 소중한 존재이기 때문에 다양한 가족의 모습을 존중해야 함.

✳ 중요한 내용을 정리해 보세요!

● 가족의 의미와 역할은?

● 다양한 가족을 대하는 바람직한 태도는?

3 단원

개념 확인하기

정답 30쪽

✍ 다음 문제를 읽고 답을 찾아 ☐ 안에 ✔표를 하시오.

1 가족의 의미로 알맞은 것은 무엇입니까?

　　㉠ 서로 싸우고 헐뜯는 존재이다. ☐

　　㉡ 힘들 때 의지할 수 있는 존재이다. ☐

2 가족 안에서 배울 수 있는 것은 무엇입니까?

　㉠ 규칙과 예절 ☐　　㉡ 차별과 다툼 ☐

3 가족의 형태나 생활 모습에 따라 가족의 의미는 어떻게 됩니까?

　㉠ 변한다. ☐　　㉡ 변하지 않는다. ☐

4 다양한 형태의 가족을 대하는 바람직한 태도는 무엇입니까?

　　㉠ 다른 가족과 비교하고 평가한다. ☐

　　㉡ 가족의 모습을 이해하고 존중한다. ☐

5 다양한 가족의 생활 모습을 대하는 바람직한 태도를 실천하는 방법은 무엇입니까?

　　㉠ 다른 가족의 어려움을 도와준다. ☐

　　㉡ 다른 가족의 나쁜 점을 찾아본다. ☐

[1~2] 다음 글을 읽고, 물음에 답하시오.

민선이는 다양한 가족의 생활 모습을 알아보기 위해 컴퓨터로 영상 자료를 찾아보았습니다. 민선이가 고른 영상을 통해 ㉮ 할머니, 할아버지와 함께 오순도순 살아가는 서윤이 가족의 생활을 찾아볼 수 있었습니다. 또 ㉯ 아버지와 단둘이 행복하게 살아가는 지훈이네 가족의 이야기도 찾아볼 수 있었습니다. 민선이는 영상 자료를 통해 다양한 가족의 생활 모습을 조사해 보니 다양한 가족의 [　　] 생활 모습을 살펴볼 수 있어 좋다고 생각했습니다.

1 윗글의 ㉮, ㉯ 가족의 형태를 찾아 바르게 줄로 이으시오.

(1) ㉮ •　　　　• ㉠ 한 부모 가족

(2) ㉯ •　　　　• ㉡ 조손 가족

미래엔

2 윗글의 □ 안에 들어갈 알맞은 말을 보기 에서 찾아 쓰시오.

보기
• 지루한　　• 어려운　　• 생생한

(　　　　　　　　　)

3 다음 글을 통해 알 수 있는 연수네 가족의 형태는 어느 것입니까? (　　　　)

☆☆☆☆☆☆☆☆☆☆☆☆☆☆☆☆☆☆
가족이 늘었어요!
연수네 가족은 원래 아빠, 오빠, 연수 세 명이었어요. 어느 날 엄마랑 언니가 연수네 집에 왔어요. 연수네 가족은 이제 다섯 명이에요.

① 재혼 가족　　　　② 입양 가족
③ 조손 가족　　　　④ 다문화 가족
⑤ 한 부모 가족

4 다음 ㉠, ㉡의 가족 형태에 대한 설명으로 알맞지 않은 것은 어느 것입니까? (　　　　)

㉠

저기가 엄마 고향이죠?

㉡

1주년 축하
오늘은 딸이 가족이 된 지 1년이 되는 날이야!

① ㉡은 입양 가족이다.
② ㉠은 다문화 가족이다.
③ ㉠과 ㉡ 가족의 형태는 같다.
④ ㉠, ㉡과 같은 가족이 많아지면서 가족 형태에 대한 사람들의 생각도 변화하고 있다.
⑤ ㉠ 가족 형태가 많아지면서 사회에서 다양한 나라의 문화를 가진 사람들이 활동하게 되었다.

천재교육, 김영사, 미래엔, 비상교육

5 반려동물과 함께 사는 사람들에 대해 바르게 말한 어린이를 쓰시오.

성은: 사회가 변화했지만 반려동물을 가족처럼 생각하지는 않을 거야.
지수: 반려동물을 기르는 사람은 책임감을 가지고, 안전사고에 유의해야 해.

(　　　　　　　　　)

6 오늘날의 가족 형태가 다양해진 까닭과 관련하여 ( ) 안의 알맞은 말에 ○표를 하시오.

> 결혼하지 않고 혼자 살고 싶어 하는 사람들이 많아지는 등 사회가 변화하면서 사람들의 생각이 (변화했기 / 똑같기) 때문입니다.

[7~8] 다음은 진희네 가족의 생활 모습을 역할극으로 나타낸 대본입니다.

> **동생이 생겼어요**
>
> 진희: 오늘이 드디어 그날이에요!
> 아버지: 맞아. 진희에게 동생이 생기는 날이야.
> 어머니: 준비는 다 되었니? 이제 동생을 데리러 입양원으로 출발할 거야.
> 진희: 새로운 동생이 생겨서 너무 기뻐요! 동생과 함께 사이좋게 지낼 거예요.

7 위 역할극 대본에 드러난 진희네 가족의 형태를 보기에서 찾아 쓰시오.

> 보기
> • 입양 가족   • 한 부모 가족

( )

8 위와 같은 방법으로 진희네 가족의 생활 모습을 나타낼 때 좋은 점에 ○표를 하시오.

(1) 진희네 가족의 생활 모습을 실감 나게 표현할 수는 없습니다. ( )

(2) 다양한 역할을 맡아 표현하면서 가족 구성원의 마음을 이해하고 존중할 수 있습니다. ( )

9 다음 어린이가 충전기에 빗대어 표현한 것은 어느 것입니까? ( )

> 우리 가족은 충전기입니다. 힘이 없을 때 가족이 안아 주면 충전이 되는 것처럼 힘이 납니다.

① 가족의 형태
② 충전기의 의미
③ 가족의 소중함
④ 가족 간의 갈등
⑤ 우리 가족 구성원의 수

3
단원

10 다양한 가족을 대하는 바람직한 태도를 보기에서 찾아 기호를 쓰시오.

> 보기
> ㉠ 다른 가족의 생활 모습을 존중합니다.
> ㉡ 가족의 형태에 따라 다른 가족을 차별하고 싶어합니다.
> ㉢ 다른 가족의 어려운 점을 찾아보고 불쌍하게 생각합니다.

( )

연습 🐱 도움말을 참고하여 내 생각을 차근차근 써 보세요.

1 다음은 두리네 집에 놀러 가서 점심을 먹은 하은이가 가족과 이야기를 나누는 모습입니다. [총 10점]

두리 어머니 고향이 베트남이어서 그런지 해 주신 쌀국수가 정말 맛있었어요.

(1) 두리의 어머니는 어느 나라 사람인지 쓰시오. [2점]

(   )

(2) 위 대화를 통해 알 수 있는 두리네 가족 형태로 알 맞은 것에 ○표를 하시오. [2점]

> 나라와 문화가 다른 가족 구성원이 포함된 (재혼 / 다문화) 가족입니다.

(3) 위 (2)번과 같은 가족을 대하는 바른 태도를 쓰시오. [6점]

🐱 서로 다른 문화를 가진 가족이 겪는 어려움을 생각하며 써 보세요.
꼭 들어가야 할 말 어려움 / 편견

_____

_____

2 다음은 오늘날 우리 사회에서 볼 수 있는 가족의 모습 입니다. [총 10점]

㉠

한 가족이 된 기념으로 함께 사진을 찍어요.

▲ 재혼 가족

㉡

우리 세 식구가 같이 일을 나누어 하니까 식사 준비가 즐거워요.

▲ 한 부모 가족

㉢

이제 우리 딸이 된 거죠?
○○ 입양원

▲ 입양 가족

㉣

▲ 핵가족

(1) 다음에서 설명하는 가족의 모습을 위에서 찾아 기호를 쓰시오. [2점]

> 어머니가 돌아가셔서 저는 아버지, 동생과 함께 살고 있어요.

(   )

(2) 위 ㉢ 가족 형태가 오늘날에 늘어나고 있는 까닭을 쓰시오. [2점]

> 출산이 아닌 [   ]으로도 행복한 가족을 만들 수 있다고 생각하기 때문입니다.

(   )

(3) 위의 가족 모습을 통해 알 수 있는 오늘날 우리 사회를 구성하는 가족의 특징을 쓰시오. [6점]

_____

_____

1 오늘날의 결혼식에서 결혼을 약속하는 의미로 신랑 신부가 주고받는 것은 어느 것입니까? (   )

11종 공통

① 함   ② 반지   ③ 꽃다발
④ 밤과 대추   ⑤ 나무 기러기

2 오늘날의 결혼식 모습으로 알맞지 <u>않은</u> 것은 어느 것입니까? (   )

11종 공통

① △ 야외 결혼식

② △ 신랑 집으로 이동하기

③ △ 폐백 드리기

④ △ 이색 결혼식

3 옛날과 오늘날의 혼인 풍습이 달라진 까닭으로 알맞은 것은 어느 것입니까? (   )

천재교육

① 사람들의 생활 모습이 변해서
② 사회의 모습이 변하지 않아서
③ 외국 문화의 영향을 받지 않아서
④ 오늘날의 결혼식 모습이 정해져 있어서
⑤ 전통문화를 중요하게 생각하는 사람들이 많아져서

4 옛날과 오늘날 결혼식의 공통점으로 알맞은 것은 어느 것입니까? (   )

11종 공통

① 결혼식 장소   ② 결혼식의 의미
③ 결혼식의 과정   ④ 주고받는 물건
⑤ 결혼식 때 입는 옷

5 핵가족에 대한 설명으로 알맞은 것은 어느 것입니까?
(   )

11종 공통

① 가족의 수가 많은 편이다.
② 결혼한 후에도 부모와 함께 산다.
③ 가족의 수가 상대적으로 적은 편이다.
④ 대부분 농사를 짓는 가족의 형태이다.
⑤ 오늘날에는 볼 수 없는 가족의 형태이다.

6 다음 그림과 관련 있는 오늘날 가족 형태가 변화한 까닭은 어느 것입니까? (   )

11종 공통

학교가 너무 멀어서 도시로 이사했어요.

① 일손이 많이 필요하기 때문이다.
② 공기가 좋은 곳에서 살기 위해서이다.
③ 새로운 일자리를 찾아 도시로 오기 때문이다.
④ 자녀 교육을 위해 도시로 이사를 가기 때문이다.
⑤ 장사를 하려고 사람들이 많은 도시로 이사를 가기 때문이다.

7 옛날 가족 구성원의 모습으로 알맞은 것은 어느 것입니까? (   )

11종 공통

① 아버지는 주로 집안일을 했다.
② 성별과 관계없이 같은 교육을 받았다.
③ 어머니는 주로 농사 등 바깥일을 했다.
④ 집안의 중요한 일은 남자아이가 결정했다.
⑤ 여자아이는 주로 집안일이나 바느질을 했다.

3 단원

8 옛날과 달라진 오늘날 가족 구성원의 모습이 <u>아닌</u> 것은 어느 것입니까? ( )

①
△ 자녀를 혼자 돌보는 엄마

②
△ 가족 간 집안일 역할 분담

③
△ 맞벌이 가정의 증가

④
△ 가족회의를 통한 의사 결정

9 가족 구성원의 역할이 변화한 까닭으로 알맞은 것은 어느 것입니까? ( )

① 가족 구성원의 수가 늘었기 때문에
② 교육받을 기회가 줄어들었기 때문에
③ 남녀가 평등하다는 의식이 높아졌기 때문에
④ 나이가 많은 사람들을 존중하지 않기 때문에
⑤ 여성의 사회 진출이 옛날보다 적어졌기 때문에

10 가족 간에 다음과 같은 갈등이 일어나는 까닭으로 알맞은 것은 어느 것입니까? ( )

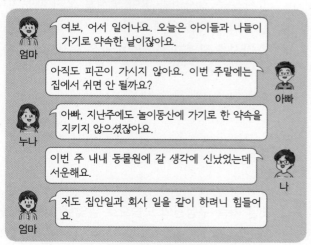

① 가족 모두가 서로 협력하기 때문이다.
② 가족끼리 대화를 자주 하기 때문이다.
③ 가족 구성원들이 서로 이해하기 때문이다.
④ 가족 구성원들이 서로 배려하기 때문이다.
⑤ 가족 구성원들의 생각이 서로 다르기 때문이다.

11 한 부모 가족에 대한 설명으로 알맞은 것은 어느 것입니까? ( )

① 부부와 결혼한 자녀가 함께 사는 가족
② 부모님이 아이를 입양하여 기르는 가족
③ 부모님이 재혼을 하면서 만들어진 가족
④ 어머니, 아버지 중 어느 한 분과 자녀가 사는 가족
⑤ 6·25 전쟁이 터지면서 남한과 북한을 자유롭게 오고 갈 수 없게 된 가족

12 다음 대화를 통해 알 수 있는 수명이네 가족의 형태는 어느 것입니까? ( )

> 수명: 오늘은 기다리던 새로운 동생이 생기는 날이에요!
> 아빠: 그래. 준비가 다 되면 입양원으로 출발하자. 동생에게 잘 대해 주어야 한다.

① 조손 가족
② 입양 가족
③ 확대 가족
④ 다문화 가족
⑤ 한 부모 가족

13 다음 ☐ 안에 들어갈 말로 알맞은 것은 어느 것입니까? ( )

> 성환이네 가족은 할머니, 할아버지, 성환이, 동생으로 구성되어 있습니다. 성환이네 가족은 ☐ 가족입니다.

① 이산
② 입양
③ 조손
④ 다문화
⑤ 한 부모

14 다양한 가족의 생활 모습으로 알맞지 <u>않은</u> 것은 어느 것입니까? ( )

① 아이를 입양해서 키우고 있다.
② 좋아하는 가수의 콘서트에 다녀왔다.
③ 두 가족이 한 가족이 되어 행복해 보인다.
④ 어머니 없이 아버지와 함께 생활하고 있다.
⑤ 어머니가 외국인이어서 어려움을 겪고 있다.

15 다음과 같이 가족의 생활 모습을 나타낸 자료는 어느 것입니까? (   )

<교학사, 김영사, 미래엔>

> **우리 엄마**
>
> 우리가 서로 다른 나라 사람이래요.
> 엄마랑 나는
> 생긴 것도 비슷하고 같이 사는데
> 우리가 서로 다른 나라 사람이래요. (중략)

① 시   ② 일기   ③ 신문
④ 영화   ⑤ 만화

16 성균이가 다음과 같은 숙제를 할 수 있는 방법으로 알 맞지 <u>않은</u> 것은 어느 것입니까? (   )

<미래엔>

> 숙제: 오늘날 다양한 가족의 생활 모습 조사하기

① 소설이나 동시 등을 찾아본다.
② 고장의 모습이 나타난 지도를 살펴본다.
③ 신문 기사에 나오는 가족의 모습을 조사한다.
④ 도서관에서 가족과 관련된 그림책을 살펴본다.
⑤ 텔레비전이나 영화 속에 나오는 가족의 모습을 조사한다.

17 다음 ☐ 안에 들어갈 알맞은 말은 어느 것입니까?
(   )

<천재교육>

> 역할극을 통해 다양한 가족을 표현할 때, 가족이 서로 ☐ 모습을 표현하는 것이 좋습니다.

① 다투는   ② 갈등하는
③ 싫어하는   ④ 배려하는
⑤ 지루해 하는

18 다음은 가족의 생활 모습 표현 방법 중 어느 것입니까?
(   )

<교학사, 비상교과서, 비상교육>

△ 알록달록 무지개 마을

① 시   ② 만화   ③ 그림
④ 노랫말   ⑤ 역할극 대본

19 다양한 가족이 어울려 살기 위해 가져야 할 태도는 어느 것입니까? (   )

<11종 공통>

① 다른 가족을 이해하고 존중한다.
② 다른 가족의 생활 모습을 따라 한다.
③ 친구들과 서로의 가족 형태를 비교해 본다.
④ 나와 다른 형태의 가족을 불쌍하게 생각한다.
⑤ 나와 같은 형태의 가족을 가진 친구들만 함께 어울린다.

20 다음 ☐ 안에 들어갈 알맞은 말은 어느 것입니까?
(   )

<천재교육, 금성출판사>

> 가족은 ☐ 입니다. 왜냐하면 다양한 가족 구성원이 모여서 하나의 가정을 이루기 때문입니다.

① 여름   ② 우산   ③ 비빔밥
④ 솜사탕   ⑤ 자동차

· 답안 입력하기   · 온라인 피드백 받기

3
단원

1 다음 ☐ 안에 들어갈 알맞은 말은 어느 것입니까?

( )

> ☐에는 불을 사용하지 않는 풍속이 있습니다. 그래서 그날에는 찬 음식을 먹었습니다.

① 동지 　　　　② 한식
③ 추석 　　　　④ 설날
⑤ 중양절

천재교육, 천재교과서, 교학사, 금성출판사, 김영사, 동아출판,
미래엔, 비상교과서, 비상교육, 아이스크림 미디어

2 다음 동지의 세시 풍속에 대한 설명에서 ㉠, ㉡에 들어갈 말이 알맞게 짝 지어진 것은 어느 것입니까? ( )

> 동지에 우리 조상들은 나쁜 기운을 쫓는 의미로 ㉠ 을 만들어 먹고, ㉡ 을/를 주고받았습니다.

	㉠	㉡		㉠	㉡
①	떡국	부채	②	팥죽	달력
③	송편	신발	④	부럼	부채
⑤	삼계탕	달력			

천재교과서, 교학사, 김영사, 동아출판, 비상교과서,
비상교육, 아이스크림 미디어

3 설날에 복이 많이 들어오기를 바라는 마음으로 행해진 세시 풍속은 어느 것입니까? ( )

①
윷놀이하기

②
복조리 걸어 놓기

③

단풍이 든 산으로 나들이 가기

④
방 안에 신발 두기

4 옛날과 오늘날의 설날에 대한 설명으로 알맞지 <u>않은</u> 것은 어느 것입니까? ( )

① 오늘날에는 윷놀이를 하면서 운세를 점친다.
② 옛날에는 오늘날보다 세시 풍속이 더 다양했다.
③ 옛날과 오늘날 모두 설날에 서로의 복을 기원한다.
④ 설날에 차례를 지내는 풍속은 오늘날까지 이어지고 있다.
⑤ 옛날에는 나쁜 기운을 몰아내는 다양한 세시 풍속이 있었다.

천재교과서, 교학사, 금성출판사, 김영사, 동아출판,
비상교과서, 비상교육, 아이스크림 미디어

5 우리 조상들이 봄에 행하였던 세시 풍속은 어느 것입니까? ( )

①
농사가 잘되기를 기원하며 성묘를 함.

②
더운 날씨를 이겨 내기 위해 영양이 풍부한 음식을 먹음.

③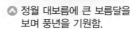
정월 대보름에 큰 보름달을 보며 풍년을 기원함.

④
추수한 곡식과 과일로 차례를 지냄.

11종 공통

6 오늘날까지 행해지는 세시 풍속으로 알맞은 것은 어느 것입니까? ( )

① 설날에 윷놀이를 한다.
② 동지에 쥐불놀이를 한다.
③ 중양절에 부채를 주고받는다.
④ 추석에 복조리를 걸어 놓는다.
⑤ 한식에 창포물로 머리를 감는다.

7 옛날부터 전해 내려오는 세시 풍속이 시간이 흐르면서 많이 바뀐 까닭은 어느 것입니까? (   )

① 전통 놀이가 재미없기 때문이다.

② 옛날보다 농사를 짓는 사람들이 늘었기 때문이다.

③ 오늘날에는 할 수 있는 세시 풍속이 없기 때문이다.

④ 오늘날에는 사람들이 하는 일이 날씨의 영향을 많이 받기 때문이다.

⑤ 오늘날에는 교통과 통신, 과학 기술의 발달로 직업이 다양해졌기 때문이다.

8 다음은 옛날의 결혼식 과정입니다. ☐ 안에 들어갈 알맞은 말은 어느 것입니까? (   )

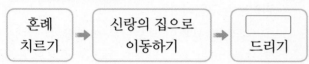

| 혼례 치르기 | → | 신랑의 집으로 이동하기 | → | ☐ 드리기 |

① 함   ② 반지

③ 폐백   ④ 혼인 서약서

⑤ 나무 기러기

9 오늘날 결혼식 모습에 대한 설명으로 알맞지 <u>않은</u> 것은 어느 것입니까? (   )

① 주로 결혼식장에서 결혼식을 한다.

② 주례와 하객의 축복 속에서 부부가 된다.

③ 신랑은 턱시도, 신부는 웨딩드레스를 입는다.

④ 물속 등 다양한 장소에서 결혼식을 하기도 한다.

⑤ 결혼식 후에 신부의 집에서 며칠을 지내야 한다.

10 오늘날에 핵가족이 더 많아진 까닭 중 다음 글과 관련 있는 것은 어느 것입니까? (   )

> 도시에 직장을 구해 부모님과 떨어져 살아요.

① 취업을 하기 위해 이사하기 때문이다.

② 자녀 교육을 위해 이사하기 때문이다.

③ 농사를 지을 일손이 많이 필요하기 때문이다.

④ 독립을 싫어하는 사람들이 많아졌기 때문이다.

⑤ 개인의 자유를 중요하게 여기는 사람이 줄었기 때문이다.

11 다음 그림을 보고 옛날 가족 구성원의 모습을 알맞게 설명한 것은 어느 것입니까? (   )

① 여자는 집안일을 주로 했다.

② 남자는 교육을 받지 못했다.

③ 여자는 바깥일을 주로 했다.

④ 남자와 여자의 역할 구분이 없었다.

⑤ 집안의 중요한 일을 가족 구성원이 함께 결정했다.

12 오늘날에 남녀가 평등하다는 의식이 높아지면서 달라진 점은 어느 것입니까? (   )

① 남성의 사회 진출이 활발해졌다.

② 집안일을 하는 여성이 많아졌다.

③ 집안일에 남녀의 구분이 없어졌다.

④ 역할 분담이 필요하지 않게 되었다.

⑤ 결혼한 자녀와 함께 사는 가족이 많아졌다.

13 다음 ☐ 안에 들어갈 알맞은 말은 어느 것입니까?

(   )

> 우리 가정에서 가족 구성원 간에 일어나는 갈등을 ☐☐☐(으)로 꾸며서 직접 인물이 되어 보면, 가족 구성원 간 각자의 입장이 다름을 발견할 수 있습니다.

① 만화   ② 역할극

③ 청문회   ④ 지역 방송

⑤ 가족 신문

기말 범위

11종 공통

14 가족 구성원 간의 갈등 해결을 위해 필요한 자세를 알맞게 말한 어린이는 누구입니까? (   )

① 진서: 갈등이 생기면 서로 피하는 것이 좋아.

② 해인: 자신의 역할을 부모님께 넘기는 것이 좋아.

③ 유찬: 서로의 생각은 되도록 표현하지 않아야 해.

④ 소영: 자신의 편안함을 가장 우선으로 생각해야 해.

⑤ 민우: 가족 모두가 서로 존중하고 배려하는 마음을 가져야 해.

11종 공통

15 핏줄로 연결되어 있지 않지만, 서로를 아끼고 사랑하는 가족의 형태로 알맞은 것은 어느 것입니까?

(   )

① 이산가족   ② 입양 가족

③ 조손 가족   ④ 다문화 가족

⑤ 한 부모 가족

11종 공통

16 다음 자료를 통해 알 수 있는 두리네 가족의 형태로 알맞은 것은 어느 것입니까? (   )

두리 어머니 고향이 베트남이어서 그런지 해 주신 쌀국수가 맛있었어요!

① 조손 가족   ② 입양 가족

③ 확대 가족   ④ 다문화 가족

⑤ 한 부모 가족

기말 범위

진도 완료 체크

천재교육, 김영사, 미래엔, 비상교육

17 다음 가족의 생활 모습을 설명한 것으로 알맞은 것은 어느 것입니까? (   )

> 부부: 우리에게 자녀는 고양이 마리뿐이에요.

① 문화가 다른 나라에서 살고 있다.

② 동물을 가족 구성원처럼 생각한다.

③ 많은 아이를 입양해서 키우고 있다.

④ 가족 구성원이 많아서 심심하지 않다.

⑤ 할머니와 손자가 함께 생활하고 있다.

11종 공통

18 다양한 가족의 생활 모습을 표현하는 방법에 대한 설명으로 알맞지 않은 것은 어느 것입니까? (   )

① 가족 정원은 모둠 구성원들과 함께 만든다.

② 역할극은 주로 가족의 갈등을 담아 표현한다.

③ 뉴스로도 가족의 생활 모습을 표현할 수 있다.

④ 그림으로 가족의 모습을 자유롭게 표현할 수 있다.

⑤ 다양한 가족의 생활 모습을 표현하면 다양한 가족이 살아가는 모습을 구체적으로 알 수 있다.

11종 공통

19 다양한 가족을 대하는 태도에 대해 알맞게 설명한 어린이는 누구입니까? (   )

① 은우: 한 분뿐인 부모님은 의지할 수 없어.

② 주현: 따로 사는 가족은 가족이라 부를 수 없어.

③ 태형: 어떤 형태의 가족이든 존중하려 노력해야 해.

④ 윤아: 우리나라 사람이 아닌 부모님은 소중하지 않아.

⑤ 연준: 가족의 생활 모습이 달라지면 가족이 지닌 의미도 변해.

11종 공통

20 다양한 가족의 생활 모습을 나타낸 작품을 감상한 후에 느낀 점으로 알맞지 않은 것은 어느 것입니까?

(   )

① 또 다른 가족의 모습이 궁금하다.

② 각 가족마다 생활 모습이 똑같이 표현된다.

③ 다양한 가족들의 삶의 모습을 존중해야 한다.

④ 우리 가족과 같은 점도 있고, 다른 점도 있다.

⑤ 여러 가지 표현으로 다양한 가족의 모습을 나타낼 수 있다.

· 답안 입력하기   · 온라인 피드백 받기

우리 아이의 실력을 정확히 점검하는 기회

40년의 역사
전국 초·중학생 213만 명의 선택

HME 학력평가

해법수학 · 해법국어

응시 학년
수학 | 초등 1학년 ~ 중학 3학년
국어 | 초등 1학년 ~ 초등 6학년

응시 횟수
수학 | 연 2회 (6월 / 11월)
국어 | 연 1회 (11월)

주최 **천재교육** | 주관 **한국학력평가 인증연구소** | 후원 **서울교육대학교**

*응시 날짜는 변동될 수 있으며, 더 자세한 내용은 HME 홈페이지에서 확인 바랍니다.

온라인
학습북

수학 전문 교재

● 연산 학습
빅터연산　　　　　　　　　　예비초~6학년, 총 20권
창의융합 빅터연산　　　　　　예비초~4학년, 총 16권

● 개념 학습
개념클릭 해법수학　　　　　　1~6학년, 학기용

● 수준별 수학 전문서
해결의법칙(개념/유형/응용)　　1~6학년, 학기용

● 단원평가 대비
수학 단원평가　　　　　　　　1~6학년, 학기용

● 단기완성 학습
초등 수학전략　　　　　　　　1~6학년, 학기용

● 상위권 학습
최고수준 S 수학　　　　　　　1~6학년, 학기용
최고수준 수학　　　　　　　　1~6학년, 학기용
최강 TOT 수학　　　　　　　　1~6학년, 학년용

● 경시대회 대비
해법 수학경시대회 기출문제　　1~6학년, 학기용

예비 중등 교재

● **해법 반편성 배치고사 예상문제**　　6학년
● **해법 신입생 시리즈(수학/영어)**　　6학년

맞춤형 학교 시험대비 교재

● **열공 전과목 단원평가**　　1~6학년, 학기용(1학기 2~6년)

한자 교재

● **해법 NEW 한자능력검정시험 자격증 한번에 따기**　　6~3급, 총 8권
● **씽씽 한자 자격시험**　　8~7급, 총 2권
● **한자전략**　　1~6학년, 총 6단계

배움으로 행복한 내일을 꿈꾸는
천재교육 커뮤니티 안내 ...

교재 안내부터 구매까지 한 번에!
천재교육 홈페이지

자사가 발행하는 참고서, 교과서에 대한 소개는 물론
도서 구매도 할 수 있습니다. 회원에게 지급되는 별을 모아
다양한 상품 응모에도 도전해 보세요!

다양한 교육 꿀팁에 깜짝 이벤트는 덤!
천재교육 인스타그램

천재교육의 새롭고 중요한 소식을 가장 먼저 접하고 싶다면?
천재교육 인스타그램 팔로우가 필수!
깜짝 이벤트도 수시로 진행되니 놓치지 마세요!

수업이 편리해지는
천재교육 ACA 사이트

오직 선생님만을 위한, 천재교육 모든 교재에 대한 정보가 담긴
아카 사이트에서는 다양한 수업자료 및 부가 자료는 물론
시험 출제에 필요한 문제도 다운로드하실 수 있습니다.

https://aca.chunjae.co.kr

천재교육을 사랑하는 샘들의 모임
천사샘

학원 강사, 공부방 선생님이시라면 누구나 가입할 수 있는 천사샘!
교재 개발 및 평가를 통해 교재 검토진으로 참여할 수 있는 기회는 물론
다양한 교사용 교재 증정 이벤트가 선생님을 기다립니다.

아이와 함께 성장하는 학부모들의 모임공간
튠맘 학습연구소

튠맘 학습연구소는 초·중등 학부모를 대상으로 다양한 이벤트와 함께
교재 리뷰 및 학습 정보를 제공하는 네이버 카페입니다.
초등학생, 중학생 자녀를 둔 학부모님이라면 튠맘 학습연구소로 오세요!

단계별 수학 전문서

[개념·유형·응용]

수학의 해법이 풀리다!

해결의 법칙
시리즈

단계별 맞춤 학습

개념, 유형, 응용의 단계별 교재로
교과서 차시에 맞춘 쉬운 개념부터
응용·심화까지 수학 완전 정복

혼자서도 OK!

이미지로 구성된 핵심 개념과 셀프 체크,
모바일 코칭 시스템과 동영상 강의로
자기주도 학습 및 홈 스쿨링에 최적화

300여 명의 검증

수학의 메카 천재교육 집필진과
300여 명의 교사·학부모의
검증을 거쳐 탄생한 친절한 교재

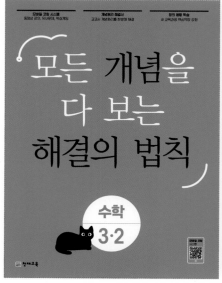

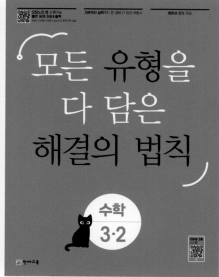

흔들리지 않는 탄탄한 수학의 완성! (초등 1~6학년 / 학기별)

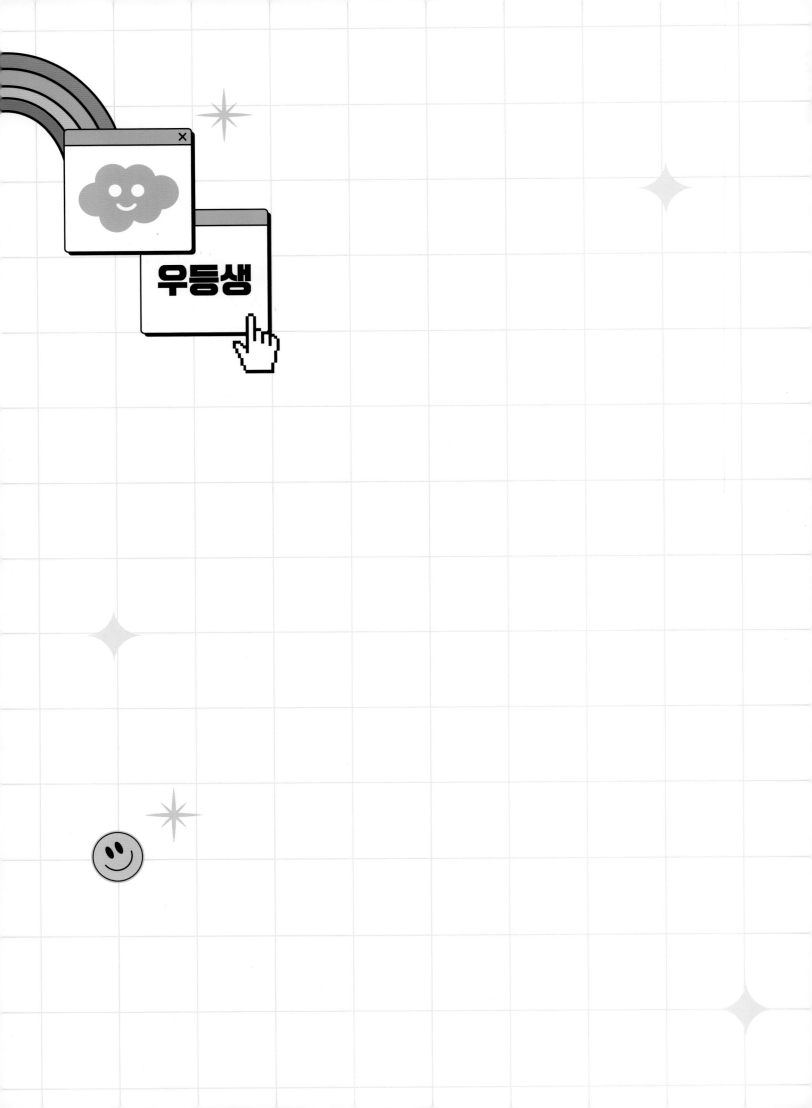
우등생

#홈스쿨링

우등생

정답은 정확하게
풀이는 자세하게

홈홈
풀이집

사회 3·2

꼼꼼 풀이집

정답과 풀이

3-2

1. 환경에 따라 다른 삶의 모습

① 우리 고장의 환경과 생활 모습

개념 다지기 11쪽

1 ③　　**2** ①　　**3** ④　　**4** (1) ⓒ (2) ⓐ
5 운용　　**6** ②, ③

1 자연환경은 사람이 만들지 않은 자연적인 것으로, 산, 들, 하천, 바다와 같은 땅의 생김새와 눈, 비, 바람, 기온 등 날씨에 영향을 주는 것으로 나뉩니다. ③ 과수원은 사람이 만든 인문환경입니다.

2 사람들은 자연환경을 이용해 여러 가지 인문환경을 만듭니다.

> **왜 틀렸을까?**
> ② 도로: 어디든지 편리하게 가기 위해서 만듭니다.
> ③ 항구: 배가 안전하게 드나들게 하기 위해서 만듭니다.
> ④ 도서관: 다양한 책을 빌려 읽기 위해서 만듭니다.
> ⑤ 영화관: 영화를 보기 위해서 만듭니다.

3 고장의 환경을 살펴보는 방법에는 디지털 영상 지도 살펴보기, 고장 안내 책자 살펴보기, 직접 찾아가서 살펴보기 등의 방법이 있습니다.

4 산은 공원이나 등산로를 만들어 이용하고, 바다는 물고기를 잡거나 염전을 만들어 소금을 얻습니다.

5 평균 기온은 7월에 가장 높고 1월에 가장 낮으며, 평균 강수량은 7월에 가장 많고 1월에 가장 적습니다.

> **더 알아보기**
> **막대그래프 읽는 법**
> ❶ 그래프의 제목을 확인합니다.
> ❷ 그래프의 가로와 세로가 무엇을 나타내는지 확인합니다.
> ❸ 그래프에서 눈금 한 칸의 양이 얼마인지 확인합니다.
> ❹ 각각의 막대가 나타내는 양을 확인합니다.

6 춥고 눈이 오는 겨울 날씨와 관련된 생활 모습을 찾습니다. 겨울에는 날씨가 추워 두꺼운 옷을 입고, 난로를 사용하며 스키나 눈썰매를 즐깁니다.

△ 난로 사용하기

△ 눈썰매 타기

개념 다지기 15쪽

1 ④　　**2** ①, ②　　**3** ④　　**4** ⑤　　**5** ⓒ
6 ④

1 방파제, 항구, 등대 등은 바다가 있는 고장에서 볼 수 있는 인문환경입니다.

2 산이 많은 고장 사람들은 버섯 재배하기, 약초 캐기 등 주로 산을 이용해 살아갑니다.

> **왜 틀렸을까?**
> ③ 고기잡이, ④ 해산물 따기는 바다가 있는 고장 사람들이 주로 하는 일입니다.

3 넓은 들이 있는 고장의 사람들은 주로 논과 밭에서 곡식과 채소 등을 재배합니다. 가축을 기르거나 농업 기술을 연구하고 농민들에게 알려 주는 일을 하기도 합니다.

4 도시에 사는 사람들은 인문환경을 이용해 다양한 일을 하며 살아갑니다.

5 여가 생활이란 스스로 즐거움을 얻고자 남는 시간에 하는 자유로운 활동입니다.

6 공원, 박물관, 도서관은 인문환경입니다.

단원 실력 쌓기 16~19쪽

Step ①
1 자연　　**2** 바다　　**3** 여름　　**4** 논밭　　**5** 여가 생활
6 ②　　**7** ②　　**8** 주아, 세영　　**9** ①
10 ③, ⑤　　**11** ③　　**12** ⑤　　**13** ④　　**14** ⑤

Step ②
15 (1) 산 (2) 염전
16 (1) 여름
(2) ⑳ 덥고 비가 많이 내린다.
17 ⑳ 논과 밭에서 농사를 짓는다. 농업 기술을 연구하고 알려 주는 일을 한다.

> **15** (1) 산
> 　　(2) 소금
> **16** (1) 선풍기
> 　　(2) 비
> **17** 들

Step ③
18 바다　　**19** 논
20 ⑳ 각 고장마다 자연환경과 인문환경이 다르기 때문이다.

1 자연환경은 사람이 만들지 않은 자연 그대로의 환경입니다.

2 바다에 항구, 염전, 양식장 등을 만들어 이용합니다.

3 더운 여름에는 더위를 피하기 위해 해수욕을 즐기거나 에어컨을 사용합니다.

4 넓은 들은 논밭을 만들어 농사를 짓기에 좋습니다. 염전은 소금을 만들기 위해 바닷물을 끌어 들여 논처럼 만든 곳입니다.

5 여가 생활은 스스로 즐거움을 얻고자 남는 시간에 하는 자유로운 활동입니다.

6 자연환경은 산, 들, 하천, 눈, 바람 등과 같이 자연 그대로의 환경입니다. 학교와 과수원은 사람들이 만든 인문환경입니다.

7 도로가 생기면 다른 고장으로 이동하기 편리합니다.

8 산을 이용해 등산로나 산림욕장 등을 만듭니다. 성희는 바다를 이용하는 모습, 예림이는 하천을 이용하는 모습을 이야기했습니다.

9 봄에는 날씨가 따뜻해 주변의 산과 공원으로 꽃구경을 가기도 합니다.

10 바다가 있는 고장에 사는 사람들은 주로 물고기를 잡거나 김과 미역을 기르는 일 등을 합니다.

> **더 알아보기**
>
> **바다가 있는 고장 사람들이 하는 일**
> • 바다에 나가 물고기를 잡습니다.
> • 식당이나 숙박 시설을 운영합니다.
> • 수산물 직판장에서 해산물을 팝니다.
> • 물고기 잡는 도구를 팔거나 고칩니다.
> • 바닷속에서 직접 전복, 문어 등을 잡습니다.

11 산이 많은 고장의 사람들은 숲에서 목재 얻기, 나물이나 약초 캐기, 버섯 재배하기, 벌을 키워 꿀 얻기 등의 일을 하며 살아갑니다.

12 도시에 사는 사람들은 공장이나 회사에서 일하기도 하고 백화점이나 마트에서 물건이나 음식을 팔기도 합니다.

△ 회사에서 일하기　　△ 백화점에서 물건 팔기

13 래프팅은 보트를 타고 강을 내려오는 운동입니다.

> **더 알아보기**
>
> **자연환경을 이용한 여가 생활**
> • 산: 등산, 캠핑, 패러글라이딩 등
> • 강: 낚시, 래프팅, 물놀이 등
> • 바다: 서핑, 물놀이, 낚시 등

14 면담이 끝나고 나면 감사의 인사를 전합니다.

> **더 알아보기**
>
> **고장 사람들의 여가 생활 모습을 면담으로 조사하기**
> • 면담: 알아보고자 하는 내용을 면담 대상자를 만나 직접 물어보는 방법
> • 조사 방법
>
> > 면담 내용, 면담 대상자 등을 정하기 ➡ 면담 대상자와 면담할 시간과 장소를 약속하기 ➡ 사진기, 녹음기, 수첩 등 준비물을 가지고 면담 대상자를 방문하여 면담하기 ➡ 면담 결과 정리하기

15 사람들은 산, 들, 바다와 같은 자연환경을 이용해 다양한 인문환경을 만듭니다.

16 여름의 날씨는 덥고 비가 많이 내립니다. 여름에는 더위를 피하려고 에어컨을 사용하고, 물놀이를 합니다.

채점 기준		
(1)	'여름'이라고 정확히 씀.	
(2)	**정답 키워드** 덥다 | 많은 비 '덥고 비가 많이 내린다.'라는 내용을 정확히 씀.	상
	'덥다.', '비가 많이 내린다.' 중 한 가지 내용만 씀.	하

17 넓은 들이 있는 고장 사람들은 주로 들에 논과 밭, 비닐하우스 등을 만들어 농사를 지으며 살아갑니다.

채점 기준		
정답 키워드 논밭 | 농사 | 농업 기술		
'논과 밭에서 농사를 짓는다.', '농업 기술을 연구하고 알려 주는 일을 한다.' 등 넓은 들이 있는 고장 사람들이 하는 일을 알맞게 씀.		상
넓은 들이 있는 고장 사람들이 주로 하는 일을 썼으나 구체적이지 않음.		하

18 다빈이네 고장 사람들은 고기잡이, 해산물 따기, 해산물을 이용한 음식을 파는 식당 운영하기 등 바다와 관련된 일을 하며 살아갑니다.

19 산이 많은 고장에서는 농사지을 땅이 부족해 계단 모양 논에서 농사를 짓습니다.

20 사람들은 주로 고장의 환경과 관련 있는 일을 하며 살아갑니다.

❷ 환경에 따른 의식주 생활 모습

개념 다지기 23쪽

1 (1) ㉠, ㉥ (2) ㉡, ㉣ (3) ㉢, ㉤ **2** ㉢, ㉤ **3** ④
4 ① **5** ③ **6** (1) ○

1 의생활은 입는 옷, 식생활은 먹는 음식, 주생활은 자거나 쉴 수 있는 집과 관련된 것입니다.

2 집은 안전하고 편하게 쉴 수 있는 장소입니다.

더 알아보기

의식주의 필요성

의	피부를 보호하고 몸의 온도를 유지하기 위해 옷을 입음.
식	몸을 건강하게 유지하기 위한 영양분을 얻기 위해 음식을 먹음.
주	더위와 추위를 피하고 안전하고 편안하게 쉬기 위해 집이 필요함.

3 날씨가 더울 때에는 더위를 피하기 위해 얇은 옷을 입고, 햇볕을 막는 모자를 쓰기도 합니다.

더 알아보기

계절에 따라 다른 옷차림

봄	활동하기에 편안하고 가벼운 옷을 입거나 가벼운 외투를 걸치기도 함.
여름	바람이 잘 통하는 재료로 만든 반팔 옷과 반바지를 입고, 햇볕을 막는 모자를 쓰기도 함.
가을	얇은 옷을 여러 겹 껴입거나 가벼운 외투를 입음.
겨울	추위를 막으려고 두꺼운 옷을 입고, 장갑을 끼거나 목도리를 두르기도 함.

4 설피는 산간 지역에서 눈밭을 걸을 때 눈에 빠지지 않도록 신던 일종의 덧신입니다.

5 덥고 비가 많이 내리는 고장에서는 바람이 잘 통하는 긴 옷을 입고 챙이 넓은 모자를 씁니다.

왜 틀렸을까?

① 낮과 밤의 기온 차가 큰 고장의 의생활 모습입니다.
② 햇볕이 뜨겁고 모래바람이 부는 고장의 의생활 모습입니다.
④ 춥고 눈이 많이 오는 고장의 의생활 모습입니다.

6 고장의 환경에 따라 다양한 의생활 모습이 나타납니다. 고장의 환경에 따라 옷의 재료나 두께가 다르고 사람들이 입는 옷의 모양이 다릅니다.

개념 다지기 27쪽

1 (1) ㉡ (2) ㉢ (3) ㉠ **2** ② **3** ① **4** ③
5 ㉢ **6** 아람

1 고장의 자연환경에 따라 생산되는 음식 재료가 다릅니다.

2 전주는 주변의 넓은 들에서 쌀과 채소를 쉽게 구할 수 있어 비빔밥이 발달했습니다.

3 바다로 둘러싸인 고장은 바다에서 얻은 해산물을 이용한 음식을 즐겨 먹습니다.

4 우데기는 울릉도 지역에서 집에 눈이 들어오는 것을 막으려고 만든 벽입니다.

5 추운 고장에 사는 사람들은 주변 숲에서 쉽게 구할 수 있는 통나무로 집을 지었습니다.

6 자연환경에 따라 고장 사람들의 주생활 모습이 다양합니다.

왜 틀렸을까?

• 서아: 자연환경은 고장 사람들의 주생활에 영향을 줍니다.
• 주희: 몽골에서는 가축에게 먹일 물과 풀을 찾아 이동할 때 간편하게 설치할 수 있는 이동식 집인 게르를 지었습니다.

단원 실력 쌓기 28~31쪽

Step 1

1 의식주 **2** 신발 **3** 더울 **4** 강 **5** 너와집
6 세영 **7** ④ **8** ⑤ **9** ㉡ **10** ③
11 (2) ○ **12** ② **13** ④ **14** ②

Step 2

15 (1) ㉠ (2) 예 영양분
16 (1) ㉠
(2) 예 춥고 눈이 많이 내린다.
17 예 바람이 많이 불기 때문에 지붕이 날아가지 않도록 지붕을 줄로 고정했고, 돌담을 쌓아 바람을 막았다.

15 (1) 주생활
(2) 식생활
16 (1) 전체
(2) 털
17 바람

Step 3

18 갯벌 **19** ❶ 한라산 ❷ 따뜻해서
20 예 고장의 땅의 생김새나 날씨, 고장에서 나는 음식 재료들이 다르기 때문이다.

1 사람이 살아가는 데에는 반드시 입을 옷과 먹을 음식, 자거나 쉴 수 있는 집이 필요합니다.

2 의생활은 입는 옷과 관련된 생활입니다.

3 날씨가 더울 때에는 더위를 피하려고 바람이 잘 통하는 옷을 입고, 햇볕을 막으려고 모자를 씁니다.

4 하동은 근처 강에서 잡은 조개를 넣어 만든 재첩국이 유명합니다.

5 너와는 지붕을 덮기 위해 만든 나뭇조각을 말합니다.

6 집은 눈, 비, 바람 등을 피해 편하게 쉬거나 잠을 잘 수 있게 해 줍니다.

7 날씨가 추운 겨울철에는 몸을 따뜻하게 하기 위해 목도리를 두르고 장갑을 끼기도 합니다.

왜 틀렸을까?
①은 봄철, ②는 여름철, ③은 가을철 사람들의 의생활 모습입니다.

8 사막의 뜨거운 햇볕과 모래바람을 막기 위해 몸 전체를 감싸는 옷을 입습니다.

더 알아보기
세계 여러 고장 사람들의 의생활 모습

🔺 모래바람이 부는 고장

🔺 덥고 습한 고장

🔺 춥고 눈이 많이 오는 고장

🔺 낮과 밤의 기온 차가 큰 고장

9 춥고 눈이 많이 오는 고장은 추위로부터 몸을 보호하기 위해 동물의 털과 가죽으로 만든 두꺼운 옷을 입고 발목을 감싸는 신발을 신습니다.

10 보성에는 갯벌이 넓게 펼쳐져 있어 꼬막을 구하기가 쉬워 꼬막무침이 발달했습니다.

11 산지에서 젖소를 키우는 사람들은 젖소를 키워 얻은 우유로 음식을 만듭니다. 퐁뒤는 빵, 고기 등을 우유로 만든 치즈에 찍어 먹는 음식입니다. (1) 초밥은 바다가 있어 해산물이 많이 잡히는 고장에서 발달한 음식입니다.

12 홍수로 물에 잠길 위험이 있는 집을 보호하기 위해 땅 위에 터를 돋우어 집을 지었습니다.

왜 틀렸을까?
① 너와집: 나무를 쉽게 구할 수 있는 강원도 산지에서는 너와집을 지었습니다.
③ 투막집: 눈이 많이 내리는 울릉도에서는 눈이 많이 쌓여도 집 안을 자유롭게 다니기 위해 우데기를 만들었습니다.
④ 동굴집: 화산 폭발이 있었던 고장에서는 화산재가 쌓여 만들어진 단단하지 않은 바위를 파서 그 속에 집을 지었습니다.

13 게르는 나무로 뼈대를 만들고 그 위에 동물의 털로 짠 천이나 가죽을 덮어서 만든 몽골의 전통 가옥입니다.

14 일 년 내내 춥고 눈으로 둘러싸인 고장에서는 사냥을 나왔을 때 추위를 피하려고 눈과 얼음으로 이글루를 지었습니다.

15 의식주는 사람들이 생활하는 데 필요한 옷, 음식, 집을 뜻합니다. 의생활은 입는 옷, 식생활은 먹는 음식, 주생활은 자거나 쉴 수 있는 집과 관련된 것입니다.

16 고장의 환경에 따라 사람들의 의생활 모습이 다릅니다. 고장 사람들은 고장의 환경에 맞게 옷의 모양이나 옷을 만드는 재료를 정합니다.

채점 기준

(1)	'⊙'이라고 정확히 씀.	
(2)	**정답 키워드** 춥다 │ 눈이 내린다 '춥고 눈이 많이 내린다.'라는 내용을 정확히 씀.	상
	'춥다.', '눈이 많이 내린다.' 중 한 가지만 씀.	하

17 바람이 많이 부는 제주도에서는 지붕을 낮고 동그랗게 만들었으며 돌담을 쌓아 바람을 막았습니다.

채점 기준

정답 키워드 바람 │ 지붕 │ 고정하다 │ 돌담	
'바람이 많이 불기 때문에 지붕이 날아가지 않도록 지붕을 줄로 고정했고, 돌담을 쌓아 바람을 막았다.'라는 내용을 정확히 씀.	상
바람이 많이 분다는 내용이 없이 '지붕이 날아가지 않게 하기 위해서' 등과 같이 구체적으로 쓰지 못함.	하

18 갯벌이 넓게 펼쳐진 보성에서는 꼬막을 구하기가 쉽기 때문에 꼬막무침이 발달했습니다.

19 제주도는 따뜻해서 한라봉이 잘 자라기 때문에 한라봉으로 만든 음식이 발달했습니다.

20 고장마다 주변에서 쉽게 구할 수 있는 음식의 재료가 다르기 때문에 고장 사람들이 즐겨 먹는 음식이 다릅니다.

대단원 평가 32~35 쪽

1 ④ **2** ② **3** ⑤ **4** (1) 7월 (2) 7월
5 예 더위를 피하려고 에어컨이나 선풍기를 사용한다. 해수욕장에서 물놀이를 한다. **6** 겨울 **7** ④ **8** ①, ④
9 (1) 연아 (2) 예 공장에서 물건을 만들거나 회사를 다닌다. 백화점과 마트에서 물건을 판다. **10** ③, ④ **11** ③
12 (1) ⓒ (2) ⑤ (3) ⓛ **13** ⑤ **14** ④ **15** ③
16 ③ **17** (1) 날씨가 덥고 습한 고장 (2) 예 생선 등이 많이 잡히기 때문에 해산물을 이용한 음식이 발달했다.
18 (2) ○ **19** ① **20** ③

1 자연환경은 사람이 만들지 않은 자연 그대로의 환경입니다. 산, 들, 하천, 바다와 같은 땅의 생김새와 눈, 비, 바람, 우박, 기온 등 날씨에 영향을 주는 것으로 나뉩니다.

2 하천 주변에 공원을 만들어 운동이나 산책을 하고 하천의 물을 생활용수나 공업용수로 이용합니다.

> **왜 틀렸을까?**
> ① 염전은 바다를 이용하는 모습, ③ 등산로와 ④ 산림욕장은 산을 이용하는 모습입니다.

3 바다에서 물고기를 잡거나 바다에 양식장을 만들어 물고기를 키우기도 합니다.

4 각 그래프에서 막대가 가장 높은 달을 찾아봅니다.

5 7월은 여름철로, 기온이 높고 강수량이 많습니다.

> **채점 기준**
>
> | 정답 키워드 에어컨 \| 물놀이 | |
> |---|---|
> | '더위를 피하려고 에어컨이나 선풍기를 사용한다.', '해수욕장에서 물놀이를 한다.' 등 여름철 생활 모습을 알맞게 씀. | 10점 |
> | 여름철 사람들의 생활 모습을 썼으나 구체적이지 않음. | 5점 |

6 기온이 뚝 떨어져 춥고, 많은 눈이 내리는 계절은 겨울입니다.

7 겨울철에는 두꺼운 옷을 입고, 난로를 사용하며 스키를 타기도 합니다.

> **왜 틀렸을까?**
> ①은 봄철, ②는 가을철, ③과 ⑤는 여름철의 생활 모습입니다.

8 바다, 갯벌, 모래사장이 있는 고장 사람들은 바다에서 고기잡이, 갯벌에서 조개 캐기, 배나 고기잡이 도구 고치기, 수산물 직판장에서 해산물 팔기 등의 일을 하며 살아갑니다.

9 도시에 사는 사람들은 자연환경을 이용한 일보다는 인문환경을 이용해 다양한 일을 하며 살아갑니다.

> **채점 기준**
>
> | (1) | '연아'라고 정확히 씀. | 3점 |
> |---|---|---|
> | (2) | 정답 키워드 공장 \| 만들다 \| 백화점 \| 팔다
'공장에서 물건을 만들거나 회사를 다닌다.', '백화점과 마트에서 물건을 판다.' 등 도시에 사는 사람들이 주로 하는 일을 알맞게 씀. | 7점 |
> | | 도시에 사는 사람들이 주로 하는 일을 썼으나 구체적이지 않음. | 3점 |

10 ①은 강, ②는 산을 이용한 여가 생활입니다.

11 의식주는 사람이 살아가는 데 반드시 필요한 입을 옷과 먹을 음식, 자거나 쉴 수 있는 집을 뜻합니다.

12 의는 옷, 식은 음식, 주는 집과 관련된 것입니다.

13 가을에는 날이 쌀쌀해지면서 가벼운 외투를 입습니다.

14 낮과 밤의 기온 차가 큰 고장에서는 낮의 뜨거운 햇볕을 막기 위해 모자를 쓰고 밤의 추위를 견디려고 망토와 같은 옷을 입습니다.

15 정선은 주변 산에서 자란 곤드레나물을 넣어 만든 밥이 유명합니다.

16 서산은 주변 바닷가에서 많이 나는 굴로 만든 음식이 유명합니다.

17 고장의 환경은 고장의 식생활에 영향을 미칩니다.

> **채점 기준**
>
> | (1) | '날씨가 덥고 습한 고장'이라고 정확히 씀. | 3점 |
> |---|---|---|
> | (2) | 정답 키워드 생선 \| 해산물
'생선 등이 많이 잡히기 때문에 해산물을 이용한 음식이 발달했다.'라는 내용을 정확히 씀. | 7점 |
> | | '바다에서 나는 재료로 음식을 만든다.' 등과 같이 구체적으로 쓰지 못함. | 3점 |

18 나무를 쉽게 구할 수 있는 지역의 고장에서는 나뭇조각으로 지붕을 얹은 집을 지었습니다.

> **왜 틀렸을까?**
> (1) 터돋움집은 여름철 비가 많이 내리는 고장에서 홍수로 집이 물에 잠기는 것을 막기 위해 지은 집입니다.

19 화산 폭발이 있었던 고장에서는 화산 폭발로 만들어진 단단하지 않은 바위의 속을 파서 집을 지었습니다.

20 사막이 있고 건조한 고장에서는 주로 흙을 재료로 집을 짓고, 햇볕을 막기 위해 창문을 작게 냈습니다.

2. 시대마다 다른 삶의 모습

1 옛날과 오늘날의 생활 모습

개념 다지기 41쪽

1 ② **2** ④ **3** ④ **4** 석규 **5** (1) ○
6 ①

1 박물관에서는 문화유산 관람뿐만 아니라 다양한 활동을 할 수 있습니다.

2 돌을 깨뜨려 만든 주먹 도끼는 사냥, 음식 손질, 도구 제작 등 다양한 용도로 사용되었습니다.

3 ④는 청동으로 만든 도구를 사용한 시대의 생활 모습입니다.

4 옛날 사람들은 가락바퀴로 뽑은 실을 가지고 동물 가죽을 꿰매 튼튼한 옷을 만들 수 있었습니다.

5 사람들은 점차 청동으로 만든 도구를 사용하기 시작했지만, 재료를 구하기 어렵고 만드는 과정이 복잡해 일상생활에서는 여전히 돌과 나무로 만든 도구를 사용했습니다.

6 철로 만든 농사 도구를 사용하면서 농업이 크게 발달했습니다.

> **왜 틀렸을까?**
> ③, ④ 돌을 깨뜨려 만든 도구를 사용한 시대의 생활 모습입니다.

개념 다지기 45쪽

1 ⓒ, ⓔ, ⓖ, ⓒ **2** ③ **3** 맷돌 **4** ①
5 ⓒ **6** ②

1 농사 도구를 만드는 재료는 돌에서 철로 점차 바뀌었고, 오늘날에는 농기계를 이용해 편리하게 농사를 짓습니다.

2 농사 도구의 변화로 이전보다 편리하게, 많은 양의 곡식을 얻을 수 있게 되었습니다.

3 맷돌은 위아래 두 짝으로 구성되며, 위에 있는 구멍에 곡식을 집어넣고 곡식을 갈아 가루로 만드는 데 사용했습니다.

4 옛날부터 사람들은 옷을 만들기 위해 여러 가지 도구를 만들어 사용했습니다.

5 초가집 지붕의 재료인 볏짚은 차가운 공기를 막아 주었지만, 불에 타기 쉬웠고 잘 썩었기 때문에 매년 지붕을 새로 덮어야 했습니다.

6 온돌은 방바닥 아래에 있는 구들장을 따뜻하게 데우는 난방 방법으로, 우리 조상들의 지혜가 담겨 있습니다.

단원 실력 쌓기 46~49쪽

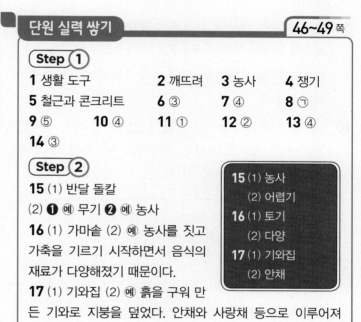

Step 1
1 생활 도구 **2** 깨뜨려 **3** 농사 **4** 쟁기
5 철근과 콘크리트 **6** ③ **7** ④ **8** ㉠
9 ⑤ **10** ④ **11** ① **12** ② **13** ④
14 ③

Step 2
15 (1) 반달 돌칼
(2) ❶ 예 무기 ❷ 예 농사
16 (1) 가마솥 (2) 예 농사를 짓고 가축을 기르기 시작하면서 음식의 재료가 다양해졌기 때문이다.
17 (1) 기와집 (2) 예 흙을 구워 만든 기와로 지붕을 덮었다. 안채와 사랑채 등으로 이루어져 있다.

15 (1) 농사
(2) 어렵기
16 (1) 토기
(2) 다양
17 (1) 기와집
(2) 안채

Step 3
18 (1) ⓗ, ⓒ, ⓛ (2) ⓜ, ㉠, ⓔ **19** ㉠
20 예 음식을 만드는 시간이 줄어들었다. 빠르고 편리하게 음식 재료를 갈 수 있다.

1 옛날 사람들은 다양한 재료로 생활 도구를 만들어 사용했습니다.

2 주먹 도끼는 손에 쥐고 사용하는 도끼 형태의 도구입니다.

3 농경문 청동기에는 따비로 땅을 갈고, 괭이로 땅을 파는 등 농사짓는 모습이 새겨져 있어 당시의 생활 모습을 알 수 있습니다.

4 쟁기의 발달로 동물의 힘을 이용해 힘을 덜 들이고도 논이나 밭을 갈 수 있게 되었습니다.

5 오늘날에는 많은 사람들이 아파트, 단독 주택, 연립 주택 등 철근과 콘크리트로 만든 집에 살고 있습니다.

6 학예 연구사는 박물관에 필요한 문화유산을 모으고 전시를 기획하는 일을 합니다.

> **더 알아보기**
> **박물관과 관련 있는 직업**
> • 고고학자: 문화유산을 찾아 발굴하고, 사용 시대와 용도 등을 연구합니다.
> • 문화 관광 해설사: 관람객들이 문화유산을 잘 이해할 수 있도록 해설하고, 관람객에게 바람직한 관람 예절을 안내합니다.

7 돌을 갈아서 도구를 만들었던 시대에는 가락바퀴, 빗살무늬 토기, 동물의 뼈로 만든 낚시 도구 등을 사용했습니다.

8 반달 돌칼은 옛날에 곡식을 수확할 때 쓰던 도구이고, 비파형 동검은 무기나 제사용으로 사용했던 도구입니다.

9 철로 만든 농사 도구를 사용하면서 농업이 크게 발달하게 되었습니다.

10 곡식을 수확하는 도구는 반달 돌칼, 낫, 탈곡기, 콤바인의 순서로 변화했습니다. 콤바인을 이용하면 한 번에 많은 곡식을 수확할 수 있습니다.

> **왜 틀렸을까?**
> ① 오늘날에 땅을 갈 때 사용하는 농사 도구입니다.
> ② 옛날에 곡식을 수확할 때 사용했던 농사 도구입니다.
> ③ 옛날에 땅을 갈 때 사용했던 농사 도구입니다.

11 시루 바닥의 구멍에서 올라오는 뜨거운 김으로 시루 안의 음식을 쪄서 먹었습니다.

12 오늘날 옷을 만드는 도구의 변화로 입을 수 있는 옷의 종류가 다양해졌고, 필요한 옷을 쉽게 구할 수 있게 되었습니다.

13 움집은 사람들이 한곳에 모여 살며 풀과 짚으로 만든 집입니다. 움집은 추위와 비바람을 막아 주어 동굴보다 더 따뜻하고 안락하게 생활할 수 있었습니다.

> **왜 틀렸을까?**
> ① 동굴이나 바위 그늘에서의 생활 모습입니다.
> ② 기와집에서의 생활 모습입니다.
> ③ 기와집과 같은 옛날의 집에 대한 설명입니다.
> ⑤ 초가집이나 기와집 등에 대한 설명입니다.

14 오늘날 사람들이 많이 사는 집은 거실과 주방이 연결되어 있고 화장실이 집 안에 있습니다. 가족이 함께 식사를 준비하고, 거실에서 이야기를 나누기도 합니다.

15 사람들은 시간이 지나면서 청동과 같은 금속으로 만든 도구를 사용했습니다. 하지만 청동은 재료를 구하기 어려웠기 때문에 무기, 장신구, 제사 지내는 도구 등을 만들 때 주로 사용되었습니다.

16 음식을 만드는 도구가 발달하면서 다양한 음식을 더욱 쉽게 만들 수 있게 되었고, 오늘날에는 불을 피우지 않고도 전기를 이용해 요리를 할 수 있게 되었습니다.

채점 기준

(1)	'가마솥'이라고 정확히 씀.

	정답 키워드 농사 | 재료 | 다양	
(2)	'농사를 짓고 가축을 기르기 시작하면서 음식의 재료가 다양해졌기 때문이다.'라는 내용을 정확히 씀.	상
	음식을 만드는 도구가 변화한 까닭을 썼으나 구체적이지 않음.	하

17 기와집은 나무, 흙 등 자연에서 얻은 재료를 이용해서 만든 집입니다. 기와는 불에 잘 타지 않았고, 썩지 않아서 오랜 시간 지붕을 바꾸지 않아도 되었습니다.

채점 기준

(1)	'기와집'이라고 정확히 씀.

	정답 키워드 기와 | 지붕 | 안채 | 사랑채	
(2)	'흙을 구워 만든 기와로 지붕을 덮었다.', '안채와 사랑채 등으로 이루어져 있다.'라는 내용을 정확히 씀.	상
	기와집의 특징을 썼으나 구체적이지 않음.	하

> **더 알아보기**
> **기와집에서의 생활 모습**
> • 남자와 여자가 생활하는 공간이 따로 분리되어 있었습니다.
> • 안채에서는 주로 여자들이 생활했고, 사랑채에서는 남자들이 글공부를 하거나 찾아온 손님을 맞이했습니다.

18 사람들이 사용하는 생활 도구가 달라지면서 사람들의 생활 모습에도 큰 변화가 생겼습니다.

19 옛날에는 실을 만들 수 있는 식물을 재배해 베틀로 옷감을 만들었습니다.

20 믹서는 곡식이나 과일 등을 갈아 가루나 즙을 내는 도구로, 믹서를 이용하면 힘을 많이 들이지 않고 더 빠르고 곱게 음식 재료를 갈 수 있습니다.

> **더 알아보기**
> **오늘날 음식을 만드는 도구**
> • 김치냉장고: 김치를 신선하게 보관하는 냉장고입니다.
> • 가스레인지: 가스를 연료로 사용하여 음식을 조리하는 도구입니다.

❷ 옛날과 오늘날의 세시 풍속

개념 다지기 　　　　　　　　　　 53 쪽

1 ⑤	2 ⑤	3 ③	4 ③	5 ③
6 ㉡				

1 매년 같은 시기에 반복되는 날을 세시라고 하고, 옛날부터 전해 내려오는 생활 습관을 풍속이라고 합니다.

2 가족들과 놀이공원에 다녀온 것은 명절과 같은 일정한 시기가 되어 되풀이하는 생활 모습이 아니기 때문에 세시 풍속이라고 할 수 없습니다.

3 설날에는 떡국을 먹고 연날리기, 윷놀이, 제기차기 등의 놀이를 즐깁니다. 찬 음식을 먹는 날은 한식입니다.

4 옛날 사람들은 한 해 농사가 잘되기를 기원하며 계절과 시기에 따라 다양한 세시 풍속을 즐겼습니다.

5 백중은 호미를 씻어 헛간에 넣어 두는 날로, 논밭의 잡초를 없애는 김매기가 끝난 시기입니다.

6 동지에는 나쁜 기운을 쫓는 의미로 팥죽을 먹었습니다. 삼계탕은 더위에도 지치지 않고 농사일을 하기 위해 삼복에 먹었던 음식입니다.

개념 다지기 　　　　　　　　　　 57 쪽

1 ④	2 ④	3 가을	4 ④	5 ②
6 ①				

1 옛날의 설날에는 오늘날의 설날보다 다양한 모습을 볼 수 있었습니다. 송편을 만들어 먹는 것은 추석 때 볼 수 있는 모습입니다.

2 옛날 사람들은 추석에 풍년을 바라며 올게심니를 매달아 놓고, 소먹이놀이를 즐겼습니다. 올게심니는 추석에 방문, 벽, 기둥에 매달아 놓는 벼, 수수, 조 등의 곡식입니다.

3 옛날에는 계절마다 사람들이 하는 일이 다르기 때문에 다양한 세시 풍속이 있었습니다. 가을에는 수확한 곡식과 과일로 조상들께 감사드리는 차례를 지냈습니다.

4 옛날 사람들은 물에 사는 거북이 농사에 중요한 물을 상징하고, 오래 사는 동물이라 귀한 동물로 여겼습니다.

농사와 관련된 다양한 세시 풍속
• 볏가릿대 세우기: 정월 대보름에 마을 사람들이 풍년을 바라며 한지나 헝겊에 싼 여러 곡식을 긴 막대기의 끝에 매달아 세워 놓는 것입니다.
• 소먹이놀이: 주로 추석에 했던 놀이로, 두 사람 위에 멍석을 덮어 소처럼 꾸미고 즐겼던 놀이입니다.

5 옛날에는 농사를 짓고 사는 사람들이 많아 날씨와 계절의 변화를 중요하게 생각했고, 농사와 관련된 다양한 세시 풍속을 즐겼습니다.

6 씨름은 두 사람이 샅바를 잡고 힘과 기술을 겨루어 상대를 넘어뜨리는 것으로 승부를 겨루는 놀이입니다.

단원 실력 쌓기 　　　　　　　　 58~61 쪽

Step 1

1 되풀이하여	2 부채	3 더위
4 정월 대보름	5 사라졌습니다	6 ③
7 ㉠	8 한식	9 ④　10 ④
11 (1) ㉡ (2) ㉠ (3) ㉢	12 ③	13 ②
14 ④		

Step 2

15 (1) 단오
(2) ❶ 예 그네뛰기 ❷ 창포물
16 (1) ㉡ (2) 예 더운 여름을 이겨 내기 위해서이다. 더위에 지치지 않고 농사일을 하기 위해서이다.
17 예 야광귀에게 신발을 빼앗기지 않기 위해서이다. 야광귀에게 신발을 빼앗기면 그해 운이 나쁘다고 믿었기 때문이다.

15 (1) 5월 5일
(2) 창포물
16 (1) 중양절
(2) 삼계탕
17 설날

Step 3

18 떡국　　19 ㉠, ㉡
20 예 옛날에 비해 간단한 세시 풍속만 이어져 오고 그 의미도 약해졌다.

1 세시 풍속에는 명절날에 하는 일, 입는 옷, 하는 놀이, 먹는 음식 등이 포함됩니다.

2 단오에는 창포물에 머리를 감고 그네뛰기와 씨름을 즐기기도 했습니다.

3 여름철 가장 더운 시기를 초복, 중복, 말복 세 개로 나눈 것을 삼복이라고 합니다.

4 음력 1월 15일 경인 정월 대보름에는 한 해의 건강을 빌며 부럼을 깨 먹고 풍년을 빌며 오곡밥과 나물을 먹습니다.

⚫ 오곡밥

⚫ 달집태우기

5 오늘날에는 직업이 다양해지며 농사를 짓는 사람들이 줄어들어서 농사와 관련된 세시 풍속이 많이 사라지는 등 세시 풍속에 많은 변화가 생겼습니다.

6 세시 풍속은 옛날부터 명절과 같이 일정한 시기에 되풀이하여 행해 온 고유의 생활 모습입니다.

7 정월 대보름은 새해 첫 보름달이 뜨는 날로, 사람들은 나쁜 기운을 쫓기 위해 쥐불놀이와 달집태우기 등을 즐겼습니다. 물놀이하기는 옛날 사람들이 삼복에 주로 즐겼던 세시 풍속입니다.

8 한식은 동지에서 105일째 되는 날인 4월 5일 무렵으로, 씨를 뿌리는 시기였기 때문에 한 해 농사가 잘되기를 바라며 조상들의 산소에 찾아가 성묘를 하는 풍속이 있었습니다.

9 한식에는 불을 사용하지 않고 찬 음식을 먹는 풍속이 있었기 때문에 '한식'이라는 이름이 붙었습니다.

10 삼복에는 더위를 피해 물놀이를 하고, 삼계탕이나 육개장처럼 영양이 풍부한 음식을 먹으면서 더위를 이겨 냈습니다.

> **왜 틀렸을까?**
> ① 단오, 추석과 같은 큰 명절에 주로 행해졌던 세시 풍속입니다.
> ② 단오에 주로 행해졌던 세시 풍속입니다.
> ③ 추석에 주로 행해졌던 세시 풍속입니다.
> ⑤ 정월 대보름에 행해졌던 세시 풍속입니다.

11 옛날부터 우리나라에는 계절에 따라 다양한 세시 풍속이 있었습니다.

12 동지에 팥죽 먹기, 설날에 세배 드리기, 정월 대보름에 쥐불놀이하기는 겨울철에 즐겼던 세시 풍속입니다.

> **왜 틀렸을까?**
> ③ 삼짇날에 꽃으로 전을 만들어 먹는 것은 농사를 시작하는 시기의 세시 풍속입니다.

13 옛날의 세시 풍속은 주로 한 해의 풍년을 바라고, 조상들께 감사드리는 풍속이 많았습니다. 옛날 사람들은 여름이 되면 잠시 농사일을 쉬며 더위를 피했습니다.

14 윷놀이는 윷을 던져 말을 움직이며 노는 놀이입니다.

15 더위와 잦은 비가 시작되는 시기인 단오에는 나쁜 기운과 병을 쫓고 건강을 기원하는 풍속이 많았습니다.

> **더 알아보기**
> **단오의 세시 풍속**
> • 여름을 시원하게 지내라는 의미로 부채를 주고받았습니다.
> • 산에서 자라는 풀인 수리취를 뜯어 만든 수리취떡을 먹었습니다.

16 ㉠은 삼복, ㉡은 중양절에 행해졌던 세시 풍속입니다. 삼복에는 더운 여름을 나기 위해 계곡에 가서 물놀이를 하고 삼계탕이나 육개장 같은 영양이 풍부한 음식을 먹었습니다. 중양절에는 산에 올라가 단풍을 즐기고 국화로 만든 술과 떡을 먹었습니다. 이처럼 옛날 사람들은 계절과 날씨에 따라 다양한 세시 풍속을 즐겼습니다.

채점 기준		
(1)	'ㄴ'이라고 정확히 씀.	
(2)	**정답 키워드** 여름 | 더위 | 농사 '더운 여름을 이겨 내기 위해서이다.', '더위에 지치지 않고 농사일을 하기 위해서이다.' 등의 내용을 정확히 씀.	상
	삼복에 세시 풍속을 즐겼던 까닭을 썼으나 구체적이지 않음.	하

17 야광귀는 설날 밤에 사람들의 신발을 훔쳐가는 귀신으로, 옛날 사람들은 신발을 방 안에 숨겨 둠으로써 야광귀에게 신발을 빼앗기지 않고 행복한 한 해를 보내길 바랐습니다.

채점 기준	
정답 키워드 야광귀 | 빼앗기다 | 운 '야광귀에게 신발을 빼앗기지 않기 위해서이다.', '야광귀에게 신발을 빼앗기면 그해 운이 나쁘다고 믿었기 때문이다.' 등의 내용을 정확히 씀.	상
옛날 설날에 신발을 방 안에 두었던 까닭을 썼으나 구체적이지 않음.	하

18 옛날에는 설날에 가족이 함께 모여 떡국을 먹었고, 이는 오늘날 설날에서도 볼 수 있는 모습입니다.

19 오늘날에는 차례를 지낸 후 세배하고 떡국을 먹는 것과 같은 간단한 세시 풍속만 이어지고 있습니다.

20 오늘날에는 교통과 통신, 과학 기술의 발달로 직업이 다양해지며 세시 풍속에 많은 변화가 생겼습니다.

대단원 평가 **62~65쪽**

1 ①   **2** ④   **3** ⓒ   **4** ③, ④   **5** ⑤
6 ⑤   **7** 예 한 사람이 갈 수 있는 논밭의 넓이가 넓어졌다. 수확할 수 있는 곡식의 양이 늘어났다.   **8** (1) ㉠ (2) ㉡
9 ④   **10** ①   **11** 윤주   **12** ⓒ   **13** 삼진날
14 ①   **15** (1) 동지 (2) 예 나쁜 기운을 쫓는 의미로 팥죽을 먹는다. 새해 달력을 주고받는다.   **16** (1) 복조리 (2) 예 새해에 복이 많이 들어오기를 바랐기 때문이다.
17 ①, ④   **18** 봄   **19** ③   **20** ④, ⑤

1 돌을 갈아 도구를 만들던 시대에는 강가나 바닷가에 모여 살며 농사를 짓기 시작했습니다.

2 철로 만든 농사 도구는 금속으로 도구를 만들던 시대에 사용되었습니다.

3 청동 거울은 제사를 지낼 때 사용했던 도구입니다.

4 농경문 청동기는 농사짓는 모습이 새겨져 있는 청동기로, 이를 통해 당시의 생활 모습을 파악할 수 있습니다.

5 사람들은 시간이 지나며 점차 청동보다 단단한 철로 농사 도구와 무기를 만들기 시작했습니다. 철을 이용하면 돌에 비해서 용도에 따라 다양한 모양의 도구를 만들 수 있었습니다.

6 오늘날에는 과학 기술의 발달로 농사용 무인기로 논밭에 농약을 뿌리는 등 다양한 기계를 사용해 농사를 짓습니다.

7 농사 도구가 발달하면서 사람들의 생활 모습도 변화하게 되었습니다.

채점 기준	
정답 키워드 논밭의 넓이 | 곡식의 양 '한 사람이 갈 수 있는 논밭의 넓이가 넓어졌다.', '수확할 수 있는 곡식의 양이 늘어났다.' 등의 내용을 정확히 씀.	8점
오늘날 농사 도구의 발달로 달라진 생활 모습을 썼으나 구체적이지 않음.	4점

8 옛날 사람들이 사용했던 도구를 통해 옛날의 생활 모습을 알 수 있습니다.

9 재봉틀은 오늘날 사람들이 사용하는 도구로, 바느질을 해 주는 기계입니다.

10 움집은 땅을 파서 평평하게 한 후 기둥을 세우고 풀과 짚을 덮어서 만든 집으로, 움집에 살던 사람들은 하나의 방에서 도구를 손질하고 음식을 만들어 먹었습니다.

11 옛날에는 계절과 날씨에 따라 다양한 세시 풍속을 즐겼습니다.

12 정월 대보름은 음력 1월 15일로, 한 해의 건강과 풍년을 빌며 다양한 세시 풍속을 즐겼던 명절입니다.

13 삼진날은 겨우내 움츠렸던 마음을 펴고 새로운 농사일을 시작할 시점에서 마음을 다 잡고 한 해의 건강과 평화를 비는 날입니다.

14 단오에는 더운 여름을 시원하게 지내라는 의미로 부채를 주고받고, 그네뛰기와 씨름을 즐기며 수리취떡을 먹기도 했습니다.

15 동지는 일 년 중 밤이 가장 길고, 낮이 가장 짧은 날입니다. 옛날 사람들은 동지가 되면 나쁜 기운을 쫓는 의미로 팥죽을 먹고, 새해 달력을 주고받기도 했습니다.

채점 기준		
(1)	'동지'라고 정확히 씀.	3점
(2)	**정답 키워드** 팥죽 | 달력 '나쁜 기운을 쫓는 의미로 팥죽을 먹는다.', '새해 달력을 주고받는다.' 등의 내용을 정확히 씀.	7점
	동지에 즐겼던 세시 풍속을 썼으나 구체적이지 않음.	3점

16 옛날에는 설날에 복을 기원하고 나쁜 기운을 몰아내는 세시 풍속이 많았습니다. 설날에 복조리를 걸어 놓는다는 것은 쌀알을 가려내는 도구인 조리처럼 복을 얻는다는 뜻을 지닙니다.

채점 기준		
(1)	'복조리'라고 정확히 씀.	3점
(2)	**정답 키워드** 새해 | 복 '새해에 복이 많이 들어오기를 바랐기 때문이다.' 등의 내용을 정확히 씀.	7점
	옛날 설날에 복조리를 걸어 놓았던 까닭을 썼으나 구체적이지 않음.	3점

17 옛날 사람들은 추석이 되면 거북놀이, 강강술래, 줄다리기 등의 놀이를 즐겼습니다.

왜 틀렸을까?
② 달집태우기는 정월 대보름에 즐겼던 세시 풍속입니다.
③ 연날리기는 설날에 주로 즐겼던 세시 풍속입니다.

18 옛날에는 계절별로 사람들이 하는 농사일이 다양했고, 농사와 관련된 세시 풍속이 많았습니다.

19 오늘날 과학 기술의 발달로 다양한 직업들이 생기고 농업에 종사하는 사람들이 줄어들면서 세시 풍속에 많은 변화가 생겼습니다.

20 윷놀이는 네 개의 윷말이 먼저 출발지로 들어오는 편이 이기는 놀이로, 윷을 던졌을 때 윷 또는 모가 나오거나 상대편의 윷말을 잡으면 윷을 한 번 더 던질 수 있습니다.

3. 가족의 모습과 역할 변화

① 가족의 구성과 역할 변화

개념 다지기 71쪽

1 가족 **2** ④ **3** 혜지 **4** ③
5 (1) ⓛ (2) ⓐ **6** (3) ○

1 가족은 결혼, 출산, 입양 등으로 만들어지는 사회의 기본 단위로, 여러 가족이 모여서 우리 사회를 이룹니다.

2 옛날에 신랑은 신부에게 오랫동안 행복하게 살자는 의미에서 혼례를 치를 때 나무 기러기를 주었습니다. 결혼식 때 신부가 손에 드는 꽃다발을 부케라고 합니다.

> **더 알아보기**
>
> **부케**
> • 결혼식 때 신부가 손에 드는 작은 꽃다발을 '부케'라고 합니다.
> • 결혼식 때 신부가 친한 친지나 결혼을 앞둔 사람에게 부케를 뒤로 던져 받으면, 다음에 바로 결혼할 수 있다는 속설이 전해 내려오고 있습니다.
>
>
> ⬆ 오늘날의 결혼식에서 신부가 든 부케

3 오늘날 결혼식에 대한 사람들의 생각이 다양해지면서 결혼식의 모습도 달라지고 있습니다.

4 오늘날에는 결혼식이 끝난 후 한복으로 갈아입고 결혼식장에 마련된 폐백실에서 신랑과 신부 측 어른들께 큰절을 올리고 폐백을 드리거나, 폐백을 드리지 않기도 합니다.

> **왜 틀렸을까?**
>
> ① 주례는 결혼식에서 부부에게 도움이 되는 이야기를 하고 결혼 선서 등을 하는 사람입니다.
> ② 축가는 축하의 뜻을 담은 노래입니다.
> ④ 피로연은 기쁜 일을 널리 알리기 위해 베푸는 연회입니다.
> ⑤ 신혼여행은 결혼식이 끝나고 신랑과 신부가 함께 가는 여행으로, 오늘날에 볼 수 있는 모습입니다.

5 옛날에는 신부의 집에서, 오늘날에는 주로 결혼식장에서 결혼식을 합니다.

6 결혼식의 모습과 과정은 옛날과 달라졌지만, 그 속에 담긴 의미는 변함없이 이어져 오고 있습니다.

개념 다지기 75쪽

1 ⓛ, ⓐ **2** ① **3** ❶ 바깥일 ❷ 집안일 **4** ②
5 민규 **6** (2) ○

1 결혼한 자녀와 부모가 함께 사는 가족을 확대 가족이라고 합니다. 옛날에는 주로 가족들이 한곳에 모여 사는 확대 가족이 많았습니다.

2 오늘날에는 취업, 자녀 교육 등의 이유로 도시로 이사를 하는 사람들이 많아 핵가족이 늘어났습니다.

3 옛날에는 남자가 바깥일, 여자가 집안일을 하는 등 성별에 따라 가족 구성원의 역할이 구분되어 있었습니다.

4 오늘날에는 가족 구성원의 역할을 모두가 함께 나누는 경우가 많습니다.

5 가족 구성원 간의 갈등 상황에서는 서로의 생각을 나누고 이해하며 해결 방법을 찾아야 합니다.

6 가족 구성원으로서 할 수 있는 일을 스스로 찾아서 하려는 자세가 필요합니다.

단원 실력 쌓기 76~79쪽

Step ①
1 가족 **2** 폐백 **3** 핵가족 **4** 함께 **5** 대화
6 ③ **7** ①, ④ **8** 지수 **9** ①
10 확대 가족 **11** ② **12** ③, ④ **13** (3) ○
14 ②

Step ②
15 (1) 예 턱시도, 웨딩드레스
(2) 예 행복
16 (1) 확대 가족 (2) 예 산업이 발달하면서 직업이 다양해지고 취업을 위해 가족과 떨어져 사는 경우가 많아졌다. 자녀 교육을 위해 이사하는 일이 늘었다.

> **15** (1) 턱시도
> (2) 기러기
> **16** (1) 확대
> (2) 예 취업
> **17** 스스로

17 예 가족들에게 사랑과 애정이 담긴 말을 한다. 빨래 널기나 신발 정리 같은 집안일을 돕는다.

Step ③
18 (1) ⓐ, ⓐ, ⓑ (2) ⓛ, ⓒ, ⓓ **19** ❶ 예 역할 ❷ 예 모두
20 예 교육의 기회가 증가하면서 성별과 관계없이 누구나 교육을 받을 수 있기 때문이다.

1 가족은 힘든 일이 있을 때 서로 도와주고, 기쁜 일이 있을 때 행복을 함께 나누는 존재입니다.

2 폐백은 신부가 신랑의 집에서 집안 어른들께 처음으로 인사를 드리는 것을 말합니다.

3 핵가족은 오늘날에 주로 많으며 가족 구성원의 수가 상대적으로 적은 편입니다.

4 오늘날에는 가족 구성원의 역할을 모두가 함께 나누는 경우가 많습니다.

5 가족 구성원 모두가 서로를 배려하고 존중하는 마음을 가져야 합니다.

6 가족은 결혼, 출산, 입양 등으로 만들어지는 사회의 기본 단위입니다.

7 ② 신혼여행, ③ 결혼식장, ⑤ 턱시도와 웨딩드레스는 모두 오늘날의 결혼식과 관련 있습니다.

8 신랑은 신부에게 오랫동안 행복하게 살자는 의미로 나무 기러기를 주었습니다.

9 오늘날에는 야외 결혼식, 온라인 결혼식 등 다양한 형태의 결혼식들이 많아졌습니다.

10 확대 가족은 옛날에 주로 많았던 가족 형태입니다.

11 확대 가족과 핵가족을 구분하는 방법은 가족 구성원의 수가 아닌 가족 구성원입니다.

12 오늘날에는 가족 구성원의 성별이나 나이에 따른 역할 구분이 많이 사라졌습니다.

> **왜 틀렸을까?**
> ① 옛날에 여자는 주로 집안일을 했습니다.
> ② 옛날에는 남자가 주로 농사일 등 바깥일을 했습니다.
> ⑤ 옛날에 가족의 중요한 일은 나이 많은 남자 어른이 결정했습니다.

13 가족 구성원의 생각과 처한 상황이 다르고, 각자의 역할을 하지 않았기 때문에 가족 간에 갈등이 생깁니다.

14 가족이 행복하게 생활하려면 가족 구성원 모두가 서로 배려하며 협력해야 합니다.

15 사회와 사람들의 생활 모습이 변하면서 오늘날의 혼인 풍습이 달라졌습니다.

> **더 알아보기**
> **턱시도와 웨딩드레스**
> • 턱시도: 중요한 일이 있을 때 남자가 입는 예복
> • 웨딩드레스: 결혼식 때 신부가 입는 서양식 혼례복

16 새로운 직업을 구하기 위해, 장사가 잘되는 곳을 찾아, 자녀의 교육을 위해 가족이 이동하기도 합니다. 또 어른이 된 자녀가 독립을 하면서 부모만 남게 되는 등 사회의 변화에 따라 오늘날에는 핵가족이 많아지고, 가족 구성이 점차 다양해지고 있습니다.

채점 기준		
(1)	'확대 가족'이라고 정확히 씀.	
(2)	**정답 키워드** 직업 | 취업 | 교육 '산업이 발달하면서 직업이 다양해지고 취업을 위해 가족과 떨어져 사는 경우가 많아졌다.', '자녀 교육을 위해 이사하는 일이 늘었다.' 등의 내용을 정확히 씀.	상
	오늘날 핵가족이 많아진 까닭에 대해 썼으나 구체적이지 않음.	하

17 가족이 행복하게 생활하려면 가족 구성원 모두가 서로 배려하여 협력해야 합니다. 또한 가족 구성원으로서 나의 역할을 알고 실천하는 태도를 가져야 합니다.

채점 기준		
정답 키워드 사랑 | 집안일 | 돕는다 '가족들에게 사랑과 애정이 담긴 말을 한다.', '빨래 널기나 신발 정리 같은 집안일을 돕는다.' 등의 내용을 알맞게 씀.		상
행복한 가족생활을 위해 내가 할 수 있는 일을 썼으나 구체적이지 않음.		하

18 옛날에는 남자들이 주로 바깥일을 하고 여자들은 집안일을 했습니다.

19 옛날에는 가족 구성원의 역할이 성별에 따라 구분되어 남자들은 바깥일, 여자들은 집안일을 했습니다. 오늘날에는 가족 구성원 모두가 함께 집안의 중요한 일을 의논하고, 역할을 분담합니다.

20 오늘날에는 남녀가 평등하다는 의식이 높아지고, 성별과 관계없이 누구나 교육을 받을 수 있습니다. 이처럼 사람을 동등하게 대우하는 것이 중요하다고 생각하는 사회가 되었기 때문에 오늘날 가족 구성원의 역할이 변화했습니다.

> **더 알아보기**
> **오늘날 가족 구성원의 역할이 변화한 까닭**
> • 교육을 받을 기회가 늘어나 성별과 관계없이 누구나 교육을 받을 수 있기 때문입니다.
> • 사람들의 사회 활동이 활발해지면서 누구나 원한다면 사회 활동에 참여할 수 있기 때문입니다.
> • 남녀가 평등하다는 의식이 높아지면서 직업에 대한 구분이 사라졌고, 집안일을 위해 역할 분담이 필요하게 되었기 때문입니다.

② 다양한 가족이 살아가는 모습

개념 다지기 83쪽

1 (2) ○   **2** ㉢   **3** ③   **4** 조손 가족
5 ④   **6** 승아

1 오늘날에는 다양한 형태의 가족들이 있습니다.

2 다른 나라 사람과 우리나라 사람이 결혼하여 다문화 가족을 이루기도 합니다.

> **왜 틀렸을까?**
> ㉠ 확대 가족은 결혼한 자녀와 부모가 함께 사는 옛날에 주로 많았던 가족 형태입니다.
> ㉢ 조손 가족은 할머니, 할아버지가 손주와 함께 사는 가족 형태입니다.
> ㉣ 한 부모 가족은 어머니와 아버지 어느 한 분과 자녀가 사는 가족 형태입니다.

3 자녀를 입양하여 만들어진 가족은 입양 가족입니다.

4 부모의 여러 가지 사정으로 할머니, 할아버지가 아이를 돌봐 주시는 조손 가족이 늘어나고 있습니다.

5 엄마와 아빠가 결혼해서 언니가 생겼다는 것으로 보아, 지윤이네 가족은 부모님이 재혼한 재혼 가족이라는 것을 알 수 있습니다.

6 도서 자료를 통해 가족과 관련된 여러 가지 이야기와 그림을 살펴볼 수 있습니다.

개념 다지기 87쪽

1 실감 나게   **2** ⑤   **3** ㉠, ㉢, ㉡   **4** 그림
5 (2) ○   **6** ②

1 역할극을 통해 가족의 상황과 가족 구성원의 마음을 이해하고 존중할 수 있습니다.

2 가족의 생활 모습이 잘 드러나도록 대본을 작성하여 역할극을 만듭니다.

3 '㉠ → ㉢ → ㉡'의 순서로 다양한 가족의 생활 모습을 가족 정원으로 표현할 수 있습니다.

4 다양한 가족의 생활 모습을 담은 그림을 그려 표현할 수도 있습니다.

> **더 알아보기**
> **다양한 가족의 생활 모습을 표현하는 방법**
> • 노랫말 바꾸기: 가락과 음이 익숙한 곡을 선정하여 가족의 생활 장면을 떠올리며 노랫말을 바꿔 볼 수 있습니다.
> • 만화 그리기: 각 컷에 들어갈 가족의 형태와 내용을 생각하며 그림을 그리고 알맞은 대화 내용을 씁니다.
> • 기사 쓰기: 내가 기자라면 어떤 가족을 취재할지 상상하며 질문지를 쓰고 생각한 대답을 정리합니다.

5 가족의 형태와 생활 모습이 달라져도 가족이 지닌 의미는 변하지 않습니다.

6 가족의 모습이 다르다는 것을 이해하고 서로를 존중하는 태도를 가져야 합니다.

단원 실력 쌓기 88~91쪽

Step ①
1 조손   **2** 다문화 가족   **3** 같습니다   **4** 대본
5 존중   **6** ③, ④   **7** ㉢   **8** ㉡   **9** ②
10 ⑤   **11** 지영   **12** ⑤   **13** ⑤   **14** ②

Step ②
15 (1) 입양 가족 (2) ⑩ 나라
16 (1) ⑩ 반려동물 (2) ⑩ 반려동물을 끝까지 보살피는 책임감을 가져야 한다. 안전사고에 유의해야 한다.
17 ⑩ 다양한 가족의 모습을 사실적이고 정확하게 전달할 수 있다.

> **15** (1) 입양
>   (2) 다문화
> **16** (1) 반려동물
>   (2) 책임감
> **17** 뉴스

Step ③
18 한 부모 가족   **19** ❶ ⑩ 등장인물 ❷ ⑩ 생활 모습
20 ⑩ 다양한 가족이 살아가는 모습을 이해하고 존중한다. 다양한 가족이 살아가는 모습을 우리 가족이 살아가는 모습과 비교하지 않는다.

1 최근 여러 가지 이유로 조부모가 아이를 양육하는 조손 가족이 많아지고 있습니다.

2 다문화 가족의 자녀는 두 나라의 서로 다른 문화와 말을 이해하고 배우면서 자랄 수 있습니다.

3 가족 형태에 따라 가족의 생활 모습은 달라져도 가족이 지닌 의미는 변하지 않습니다.

4 뉴스, 그림, 역할극 등 다양한 방법으로 가족의 생활 모습을 표현할 수 있습니다.

5 다른 가족이 살아가는 모습을 이해하고 존중하려는 노력이 필요합니다.

6 다양한 형태의 가족이 모여 우리 사회를 이루고 있습니다. 오늘날에는 사회가 변화하면서 사람들의 생각도 바뀌어 가족의 형태가 다양해졌습니다.

> **왜 틀렸을까?**
> ① 결혼, 출산, 입양 등으로 가족이 이루어집니다.
> ② 입양을 통해 만들어진 가족을 입양 가족이라고 합니다.
> ⑤ 자녀를 낳거나 입양을 하면 가족의 수가 늘어납니다.

7 여러 가지 이유로 부부가 따로 살게 되는 경우도 있습니다.

8 다른 나라 사람과 우리나라 사람의 결혼으로 이루어진 가족을 다문화 가족이라고 합니다.

9 오늘날에는 입양에 대해 긍정적으로 생각하는 사람이 많아지고 있습니다.

10 가족 형태에 따라 가족이 살아가는 모습은 조금씩 다르지만, 가족이 서로를 아끼고 사랑하며 살아가는 모습은 모두 같습니다.

11 역할극을 만들 때에는 가족의 형태와 생활 모습, 등장인물 등을 먼저 정해야 합니다.

> **왜 틀렸을까?**
> 경민: 그림으로 표현하기에 대한 설명입니다.
> 승현: 가족 정원 만들기에 대한 설명입니다.

12 우리 주변에서 볼 수 있는 가족 형태를 가족 나무로 만들고, 한곳에 모아 다양한 가족의 모습이 어우러진 가족 정원을 만들 수 있습니다.

13 가족은 힘들 때 의지할 수 있는 쉼터이자 보금자리와 같은 존재입니다. 또한 가족 내에서 사회생활에 필요한 규칙과 예절을 배울 수 있습니다.

14 나와 다른 형태의 가족을 비교하기보다는 존중하고 배려하는 태도를 가져야 합니다.

15 사회가 변화하면서 다양한 형태의 가족이 늘어나고 있습니다.

16 오늘날 개, 고양이, 물고기 등 반려동물을 기르는 사람들은 자신이 기르는 반려동물을 가족처럼 생각하기도 합니다.

채점 기준		
(1)	'반려동물'이라고 정확히 씀.	
(2)	**정답 키워드** 반려동물 | 책임감 | 안전사고 '반려동물을 끝까지 보살피는 책임감을 가져야 한다.', '안전사고에 유의해야 한다.' 등의 내용을 정확히 씀.	상
	반려동물과 함께 살아갈 때 가져야 할 태도에 대해 썼으나 구체적이지 않음.	하

> **더 알아보기**
> **반려동물과 함께 사는 '펫팸족'**
> • 반려동물을 가족처럼 생각하며 살아가는 사람들을 '펫팸족'이라고 부르기도 합니다.
> • 반려동물과 함께 살아가기 위해서는 동물을 끝까지 보살피는 책임감을 갖고, 반려동물로 인한 안전사고가 일어나지 않도록 주의를 기울여야 합니다.

17 다양한 가족의 모습을 표현하는 활동을 통해 가족의 생활 모습을 구체적으로 알아볼 수 있습니다.

채점 기준	
정답 키워드 사실적 | 정확하게 '다양한 가족의 모습을 사실적이고 정확하게 전달할 수 있다.' 등의 내용을 정확히 씀.	상
다양한 가족의 생활 모습을 뉴스로 표현할 때 좋은 점을 썼으나 구체적이지 않음.	하

18 민우네 가족은 평소에는 아빠와 생활하지만, 한 번씩 엄마의 집에 가서 생활하는 한 부모 가족입니다.

19 역할극으로 다양한 가족의 생활 모습을 표현하기 위해서는 가족의 형태, 등장인물, 표현할 생활 모습 등을 먼저 결정해야 합니다.

> **더 알아보기**
> **다양한 가족의 모습을 역할극으로 표현할 때 주의할 점**
> • 가족의 생활 모습이 드러나도록 대본을 작성해야 합니다.
> • 다양한 가족의 형태를 나쁘게 표현하지 않아야 합니다.
> • 가족들이 다투고 갈등하는 장면보다 서로 존중하고 배려하는 모습이 드러나는 것이 좋습니다.
> • 대사와 동작을 연습해야 합니다.

20 다른 가족의 생활 모습을 이상하다고 생각하지 않아야 합니다. 대신 가족의 모습이 다르다는 것을 이해하고 서로를 존중하는 태도를 가져야 합니다.

대단원 평가 92~95쪽

1 ⑤　**2** ③, ⑤　**3** 기러기　**4** 예 가족, 친구들이 모여 신랑과 신부의 행복한 미래를 축하해 준다. 결혼식을 통해 새로운 가족이 만들어진다.　**5** ④　**6** ③
7 예 자녀의 교육을 위해 이사하는 사람이 많아졌기 때문이다.
8 ㉡, ㉢　**9** (1) ○　**10** ②　**11** ㉣　**12** ⑤
13 재혼 가족　**14** ❶ 다르지만 ❷ 같습니다
15 ⑤　**16** ④　**17** ①, ③　**18** 예 다양한 가족의 생활 모습을 실감 나게 표현할 수 있다.　**19** ③
20 ⑤

1 옛날에는 혼례 날 신랑이 말을 타고 신부의 집으로 가서 혼례를 치렀습니다.

2 오늘날에는 결혼식장에 있는 폐백실에서 양쪽 집안 어른들께 폐백을 드리기도 합니다.

3 옛날의 혼례에서는 신랑이 신부에게 나무로 만든 기러기를 건네주면서 혼례가 시작되었습니다.

4 사람들은 신랑과 신부가 오랫동안 행복하기를 바라고 축복하는 마음으로 결혼식에 참석합니다.

채점 기준

정답 키워드 축하 | 가족	
'가족, 친척, 친구들이 모여 신랑과 신부의 행복한 미래를 축하해 준다.', '결혼식을 통해 새로운 가족이 만들어진다.' 등의 내용을 정확히 씀.	10점
옛날과 오늘날 혼인 풍습의 공통점에 대해 썼으나 구체적이지 않음.	5점

5 결혼식의 모습과 과정은 달라졌지만, 그 속에 담긴 의미는 변함없이 이어져 오고 있습니다.

6 확대 가족은 농사를 지으며 살았던 옛날에 주로 많았던 가족 형태입니다.

7 교육, 취업, 가치관 등의 이유로 가족이 이동하면서 오늘날에는 핵가족이 많아졌습니다.

채점 기준

정답 키워드 교육 | 이사 | 취업	
'자녀의 교육을 위해 이사하는 사람이 많아졌기 때문이다.', '사람들이 취업을 위해 가족을 떠나 도시로 가기 때문이다.' 등의 내용을 정확히 씀.	10점
오늘날 핵가족이 많아진 까닭에 대해 썼으나 구체적이지 않음.	5점

8 ㉠, ㉣은 오늘날 가족 구성원의 특징입니다.

9 오늘날에는 나이나 성별에 따라 사람을 차별하지 않고 동등하게 대우하는 것이 중요하다고 생각하는 사회가 되었습니다.

10 가족 구성원 간의 갈등을 해결하기 위해서는 대화를 통해 갈등의 원인을 파악하고 생각을 나누면서 해결 방법을 찾도록 노력해야 합니다.

11 오늘날에는 국적이 다른 남녀가 만나 만들어진 다문화 가족이 많아졌습니다.

12 다양한 형태의 가족이 늘어나면서 가족 형태에 대한 사람들의 생각도 변화하고 있습니다.

왜 틀렸을까?
① 입양을 통해 가족 구성원의 수가 늘었습니다.
② ㉣과 관련 있는 설명입니다.
③ 가족의 형태가 다양해지면서 다양한 가족에 대한 사람들의 생각도 변화했습니다.
④ 1인 가구와 관련 있는 설명입니다.

13 세빈이네 어머니가 재혼을 하셔서 세빈이네 가족이 커졌습니다.

14 오늘날에는 다양한 가족 형태가 있지만, 모두가 같은 소중한 가족이며 서로 존중하는 마음을 가져야 합니다.

15 신문 기사에 나타난 혼자 아이를 키우는 정훈 씨의 이야기를 통해 정훈 씨네 가족의 형태가 한 부모 가족임을 알 수 있습니다.

16 그림 문자로 표현할 때는 가족의 형태가 잘 드러나도록 표현해야 합니다.

17 다양한 가족들의 생활 모습을 역할극으로 표현할 때는 가족의 갈등보다는 서로 존중하고 배려하는 모습을 담습니다.

18 가족의 생활 모습이 드러나도록 대본을 작성하여 역할극을 만들 수 있습니다.

채점 기준

정답 키워드 실감 나게 | 이해 | 존중	
'다양한 가족의 생활 모습을 실감 나게 표현할 수 있다.', '가족의 상황과 가족 구성원의 마음을 이해하고 존중할 수 있다.' 등의 내용을 정확히 씀.	10점
역할극을 통해 다양한 가족의 모습을 표현할 때 좋은 점을 썼으나 구체적이지 않음.	5점

19 가족의 형태가 달라도 서로 돌봐 주고 사랑하는 마음은 같습니다.

20 가족은 누구에게나 소중한 존재라는 것을 잊지 않고 모든 가족을 존중하는 태도를 가져야 합니다.

온라인 학습북 정답과 풀이

1. 환경에 따라 다른 삶의 모습

❶ 우리 고장의 환경과 생활 모습

개념 확인하기   4쪽

1 ⓒ   **2** ⓒ   **3** ⓒ   **4** ⓒ   **5** ⓒ

1 자연환경은 산, 들, 바다, 하천, 눈, 비, 우박, 바람 등 사람이 만들지 않은 자연 그대로의 환경입니다.

△산   △바다   △비

2 사람들은 산에 등산로나 산림욕장, 캠핑장 등을 만들어 이용합니다.

3 들에 논과 밭을 만들어 농사를 짓거나 도로, 학교, 공장 등을 만듭니다.

4 항구는 배가 안전하게 드나들고 머물며, 짐과 사람을 싣고 내릴 수 있는 곳입니다.

5 하천 주변에 공원을 만들거나, 하천의 물을 생활용수나 공업용수로 이용합니다.

개념 확인하기   5쪽

1 ㉠   **2** ⓒ   **3** ㉠   **4** ㉠   **5** ⓒ

1 바다가 있는 고장에서는 고기잡이, 김 양식 등의 일을 합니다.

2 들이 있는 고장 사람들은 주로 들에 논과 밭을 만들어 농사를 짓습니다.

> **왜 틀렸을까?**
> ㉠ 조선소에서 배 만들기는 바다가 있는 고장 사람들이 하는 일과 관계가 있습니다.

3 버섯이나 약초는 산에서 구할 수 있습니다.

4 도시 사람들은 주로 인문환경을 이용한 일을 합니다.

5 고장 사람들은 고장의 자연환경과 인문환경을 이용한 일을 하며 살아갑니다.

실력 평가   6~7쪽

1 ⑤   **2** ⑤   **3** 초롱   **4** ④   **5** ⑤
6 ②, ④   **7** ⑤   **8** ④   **9** (1) 바다 (2) 산
10 축구

1 산, 들, 하천, 바다 등과 같은 땅의 생김새와 눈, 비, 우박 등 날씨와 관련된 것들은 자연환경이며, 과수원은 사람이 만든 인문환경입니다.

2 바다에 염전을 만들어 소금을 얻습니다.

> **더 알아보기**
>
> **자연환경을 이용하는 모습**
>
> | 산 | • 산림욕장, 등산로 등을 만듦.
• 전망대나 케이블카를 설치함. |
> |---|---|
> | 들 | • 논과 밭을 만들어 농사를 지음.
• 도로, 학교, 공장, 공항처럼 사람들의 생활에 필요한 시설을 지음. |
> | 바다 | • 염전을 만들어 소금을 얻음.
• 해수욕장을 만들어 물놀이를 함. |
> | 하천 | • 하천 주변에 공원을 만듦.
• 하천의 물을 생활용수와 공업용수로 이용함. |

3 들에 논과 밭을 만들어 농사를 짓거나, 도로와 주택 등을 만듭니다.

> **왜 틀렸을까?**
> • 연아: 해수욕 즐기기는 바다를 이용하는 모습입니다.
> • 정원: 스키장 만들기는 산을 이용하는 모습입니다.
> • 해림: 양식장에서 미역을 기르는 것은 바다를 이용하는 모습입니다.

4 춥고 눈이 오는 겨울에는 온풍기나 난로를 사용하고 두꺼운 옷을 입습니다.

> **왜 틀렸을까?**
> ① 해수욕 즐기기는 여름철, ② 꽃구경하기는 봄철, ③ 단풍 구경하기는 가을철에 주로 볼 수 있는 생활 모습입니다.

5 여름에는 더위를 피하기 위해 해수욕을 즐기며 에어컨이나 선풍기 등을 사용합니다.

△해수욕 즐기기   △선풍기 사용하기

6 산이 많은 고장에서는 산비탈을 이용해 스키장을 만들고 그 주변에서 식당이나 숙박 시설을 운영하기도 합니다.

7 넓은 들을 논과 밭으로 이용하고 있는 농촌의 생활 모습이 아닌 것을 찾아봅니다. ⑤는 바다가 있는 고장 사람들이 하는 일입니다.

8 여가 생활은 스스로 즐거움을 얻으려고 남는 시간에 하는 자유로운 활동입니다.

9 ⑴은 바다에서 물놀이를 하는 모습이고, ⑵는 산에 올라가는 모습입니다.

10 래프팅은 여러 사람이 고무보트를 타고 계곡의 물을 헤쳐 나가는 수상 스포츠입니다.

서술형·논술형 평가 　　　　　　8~9쪽

1 (1) ㉠, ㉡, ㉢　　　　(2) 논, 도로
(3) 예 공원이나 등산로를 만들어 이용한다.
2 (1) 예 해수욕　　　　(2) 겨울
(3) 예 논과 밭에서 곡식이나 열매를 수확한다.
3 (1) ㉯ ○
(2) 예 양식장에서 김을 기른다. 바닷속에서 멍게, 해삼 등을 잡는다.
4 (1) 주원　　　　(2) 영화관
(3) 예 사람들은 주로 자신이 살고 있는 고장의 환경을 이용해 여가 생활을 즐기지만 주변의 환경에서 원하는 여가 생활을 하지 못할 경우, 다른 고장으로 이동해 즐기기도 한다.

1 (1) 자연환경은 산, 들, 하천, 바다와 같은 땅의 생김새와 눈, 비, 바람, 기온 등 날씨에 영향을 주는 것으로 나뉩니다.
(2) 항구, 염전은 바다를 이용한 인문환경입니다.
(3) 산에 공원이나 등산로를 만들어 이용합니다.

채점 기준

(1)	'㉠, ㉡, ㉢'이라고 정확히 씀.	2점
(2)	'논, 도로'라고 정확히 씀.	2점
(3)	**정답 키워드** 공원 | 등산로 '공원이나 등산로를 만들어 이용한다.' 등 산을 이용하는 모습을 알맞게 씀.	6점
	산을 이용하는 모습을 썼으나 구체적이지 않음.	3점

2 (1) 여름에는 더위를 피해 바다에서 해수욕을 즐깁니다.
(2) 겨울에는 추위를 피하기 위해 난로나 온풍기를 사용하고 두꺼운 옷을 입습니다.
(3) 가을철에는 곡식 수확, 단풍 구경 등을 합니다.

채점 기준

(1)	'해수욕'이라고 정확히 씀.	2점
(2)	'겨울'이라고 정확히 씀.	2점
(3)	**정답 키워드** 곡식 수확 | 단풍 구경 '논과 밭에서 곡식이나 열매를 수확한다.', '단풍 구경을 간다.' 등 가을철 생활 모습을 알맞게 씀.	6점
	가을철 생활 모습을 썼으나 구체적이지 않음.	3점

3 (1) 고기잡이, 염전에서 소금 얻기 등은 바다를 이용하는 모습입니다.
(2) 바다가 있는 고장 사람들은 고기잡이, 염전에서 소금 얻기, 갯벌에서 조개 캐기, 양식장에서 김 기르기, 소규모로 농사짓기, 고기잡이 도구나 배 수리하기, 수산물 직판장에서 해산물 팔기 등의 일을 합니다.

채점 기준

(1)	'㉯'에 ○표를 함.	2점
(2)	**정답 키워드** 양식장 | 바다 '양식장에서 김을 기른다.', '바닷속에서 멍게, 해삼 등을 잡는다.' 등 바다가 있는 고장 사람들이 하는 일을 알맞게 씀.	6점
	바다가 있는 고장 사람들이 하는 일을 썼으나 구체적이지 않음.	3점

4 (1) 산에서 등산을 하거나 캠핑 등을 하며 여가를 보낼 수 있습니다.
(2) 영화를 볼 수 있는 인문환경은 영화관입니다.
(3) 사람들은 살고 있는 고장의 환경을 이용해 여가 생활도 하지만 다른 고장에 가서 그 고장의 환경을 이용해 여가 생활을 하기도 합니다.

채점 기준

(1)	'주원'이라고 정확히 씀.	2점
(2)	'영화관'이라고 정확히 씀.	2점
(3)	**정답 키워드** 고장의 환경 | 여가 생활 '사람들은 주로 자신이 살고 있는 고장의 환경을 이용해 여가 생활을 즐기지만 주변의 환경에서 원하는 여가 생활을 하지 못할 경우, 다른 고장으로 이동해 즐기기도 한다.'라고 정확히 씀.	6점
	고장의 환경과 여가 생활의 관계를 썼으나 구체적이지 않음.	3점

❷ 환경에 따른 의식주 생활 모습

개념 확인하기 　　　　　　　10쪽

1 ㉠　　**2** ㉠　　**3** ㉡　　**4** ㉢　　**5** ㉢

1 의식주는 인간이 살아가는 데 가장 필수적이고 기본적인 요소인 옷, 음식, 집을 통틀어 이르는 말입니다.

> **더 알아보기**
>
> **의식주의 사례**
>
> | 의 | 바지, 신발, 목도리, 모자, 귀마개, 장갑 등 |
> |---|---|
> | 식 | 밥, 빵, 과일, 김치, 음료수, 아이스크림 등 |
> | 주 | 아파트, 한옥, 통나무집, 수상 가옥 등 |

2 의생활은 입는 옷과 관련된 생활입니다.

3 식생활은 먹는 음식과 관련된 생활입니다.

4 피부를 보호하고 몸의 온도를 유지하기 위해 옷을 입습니다.

5 더위와 추위를 피하고 안전하고 편안하게 쉬기 위해 집이 필요합니다.

개념 확인하기 　　　　　　　11쪽

1 ㉠　　**2** ㉠　　**3** ㉡　　**4** ㉠　　**5** ㉡

1 덥고 습한 고장에서는 열대 과일이 잘 자라기 때문에 파인애플 볶음밥과 같은 음식을 즐겨 먹습니다.

2 산지에서 젖소를 키우는 고장에서는 젖소를 키워 얻은 우유로 만든 음식을 즐겨 먹습니다.

3 이글루는 눈과 얼음으로 만든 집입니다.

4 덥고 습한 고장에서는 더위와 해충을 피하기 위해 물 위에 집을 지었습니다.

5 춥고 눈이 많이 오는 고장은 추위로부터 몸을 보호하기 위해 동물의 털과 가죽으로 만든 두꺼운 옷을 입고 발목을 감싸는 신발을 신습니다.

실력 평가 　　　　　　　12~13쪽

1 ③　　**2** (1) ○　　**3** ③　　**4** ②　　**5** ㉡
6 (2) ○　　**7** ②　　**8** ㉢　　**9** 지현, 아라
10 ①

1 '주'는 아파트, 한옥, 단독 주택 등과 같이 집과 관련된 것입니다.

> **왜 틀렸을까?**
>
> ① 티셔츠, ④ 목도리는 의생활과 관련된 것이고, ② 빵은 식생활과 관련된 것입니다.

2 사람이 생활하려면 기본적으로 필요한 것들이 있습니다. 사람은 어디에 가더라도 옷을 입고, 음식을 먹고, 집을 지어 삽니다. 만약 우리가 음식을 먹지 못한다면 생활에 필요한 영양분을 얻지 못해 힘이 없어서 움직이지 못할 것입니다. (2)는 주생활이 없을 때, (3)은 의생활이 없을 때의 문제점입니다.

3 날씨가 더운 여름에는 바람이 잘 통하는 모시와 같은 소재의 옷을 입어 더위를 피합니다.

4 덥고 습한 고장 사람들은 바람이 잘 통하는 얇은 옷을 입고, 햇볕과 비를 피하기 위해 챙이 넓은 모자를 씁니다.

5 춥고 눈이 많이 오는 고장은 동물의 털과 가죽으로 만든 두꺼운 옷을 입고 발목까지 감싸는 부츠를 신어 추위로부터 몸을 보호합니다.

6 음식은 각 고장의 환경에서 쉽게 구할 수 있는 재료를 중심으로 발달했습니다. 바다가 있는 고장에서는 물고기, 조개 등 해산물로 만든 요리가 발달했습니다.

> **더 알아보기**
>
> **고장에서 나는 음식 재료**
>
> | 바다가 있는 고장 | 생선, 김, 미역 등의 해산물이 많이 남. |
> |---|---|
> | 산이 있는 고장 | 버섯, 나물과 같은 재료들이 많이 남. |
> | 논과 밭이 있는 고장 | 쌀, 채소 등의 농산물이 많이 남. |

7 하동에 흐르는 섬진강에는 재첩이 많이 납니다. 그래서 하동 사람들은 강에서 잡은 재첩을 넣어 재첩국을 만들어 먹습니다.

> **왜 틀렸을까?**
>
> ① 비빔밥은 전주, ③ 간고등어는 안동, ④ 어리굴젓은 서산, ⑤ 감자옹심이는 영월을 대표하는 음식입니다.

8 추운 고장에서는 추운 곳에서도 자라는 호밀과 같은 곡식을 길러 음식의 재료로 이용합니다.

9 제주도에서는 지붕이 바람에 날아가지 않도록 그물 모양으로 지붕을 줄로 엮어 고정했고 돌담을 쌓아 바람을 막았습니다. 울릉도에서는 눈이 많이 쌓여도 집 안을 자유롭게 다니기 위해 우데기를 만들었습니다.

10 화산 폭발이 있었던 고장에서는 화산재가 쌓여 만들어진 단단하지 않은 바위를 파서 그 속에 집을 지었습니다.

서술형·논술형 평가 14~15쪽

1 (1) 의식주　　　　　　(2) ㉢
　　(3) 예 옷은 몸을 보호하기 위해, 음식은 영양분을 얻기 위해, 집은 안전하고 편안하게 쉬기 위해 필요하다.

2 (1) ㉠　　　　　　(2) ㉢
　　(3) 예 낮과 밤의 기온 차가 커 낮의 뜨거운 햇볕을 막고, 밤의 추위를 견디려고 망토와 같은 옷을 입고 모자를 쓴다.

3 (1) 예 어리굴젓　　　　(2) ㉡ 산 ㉢ 강
　　(3) 예 고장의 땅 모양이나 날씨와 같은 자연환경이 고장 사람들의 식생활에 영향을 끼치기 때문이다.

4 (1) ㉮ ○　　　　　　(2) 우데기
　　(3) 예 나무를 쉽게 구할 수 있는 고장에서는 나뭇조각으로 지붕을 얹은 집을 지었다.

1 (1) 의식주는 옷, 음식, 집을 통틀어 이르는 말입니다.
　　(2) 주생활은 집과 관련된 생활입니다.
　　(3) 사람이 살아가려면 몸을 보호하기 위한 옷과 영양분을 얻기 위한 음식, 안전하고 편안하게 쉴 수 있는 집이 필요합니다.

채점 기준

(1)	'의식주'라고 정확히 씀.	2점
(2)	'㉢'이라고 정확히 씀.	2점
(3)	**정답 키워드** 보호 | 영양분 | 안전 '옷은 몸을 보호하기 위해, 음식은 영양분을 얻기 위해, 집은 안전하고 편안하게 쉬기 위해 필요하다.'라고 정확히 씀.	6점
	'살아가는 데 필수적이기 때문이다.' 등과 같이 의식주 생활의 필요성을 썼으나 구체적이지 않음.	3점

2 (1) 사막이 있는 고장은 뜨거운 햇볕과 모래바람을 막으려고 몸 전체를 감싸는 옷을 입습니다.
　　(2) 춥고 눈이 많이 오는 고장은 추위로부터 몸을 보호하기 위한 옷차림을 합니다.
　　(3) 낮과 밤의 기온 차가 큰 고장에서는 낮의 뜨거운 햇볕을 막기 위해 모자를 쓰고, 밤의 추위를 견디기 위해 여러 가지 옷을 겹쳐 입습니다.

채점 기준

(1)	'㉠'이라고 정확히 씀.	2점
(2)	'㉢'이라고 정확히 씀.	2점
(3)	**정답 키워드** 기온 차 | 햇볕 | 추위 '낮과 밤의 기온 차가 커 낮의 뜨거운 햇볕을 막고, 밤의 추위를 견디려고 망토와 같은 옷을 입고 모자를 쓴다.'라고 정확히 씀.	6점
	'낮과 밤의 기온 차가 크기 때문이다.' 등과 같이 구체적으로 쓰지 못함.	3점

3 (1) 서산에서는 굴로 만든 음식이 유명합니다.
　　(2) 곤드레나물은 산, 재첩은 강에서 납니다.
　　(3) 고장의 식생활 모습은 고장의 자연환경에 영향을 받습니다.

채점 기준

(1)	'어리굴젓'이라고 정확히 씀.	2점
(2)	㉡ '산', ㉢ '강'이라고 모두 정확히 씀.	2점
(3)	**정답 키워드** 자연환경 | 식생활 | 영향 '고장의 땅 모양이나 날씨와 같은 자연환경이 고장 사람들의 식생활에 영향을 끼치기 때문이다.'라고 정확히 씀.	6점
	'고장에서 나는 재료가 다르기 때문이다.' 등과 같이 구체적으로 쓰지 못함.	3점

4 (1) ㉯는 이즈바입니다.
　　(2) 울릉도에서는 집에 우데기를 설치해 눈이 와도 집 안을 자유롭게 다닐 수 있도록 했습니다.
　　(3) 사람들은 주변에서 쉽게 구할 수 있는 재료로 집을 만들었습니다.

채점 기준

(1)	'㉮'에 ○표를 함.	2점
(2)	'우데기'라고 정확히 씀.	2점
(3)	**정답 키워드** 나무 | 쉽게 구하다 '나무를 쉽게 구할 수 있는 고장에서는 나뭇조각으로 지붕을 얹은 집을 지었다.'라고 정확히 씀.	6점
	너와집에 대해 썼으나 구체적이지 않음.	3점

온라인 학습 단원평가의 **정답**과 함께 **문항 분석**도 확인하세요.

단원평가

16~19쪽

문항 번호	정답	평가 내용	난이도
1	③	자연환경 알기	쉬움
2	⑤	하천을 이용하는 모습 알기	보통
3	②	산을 이용하는 모습 알기	보통
4	④	가을철 사람들의 생활 모습 알기	쉬움
5	④	겨울철 사람들의 생활 모습 알기	쉬움
6	③	바다가 있는 고장 사람들이 하는 일 알기	어려움
7	②	산이 많이 있는 고장 사람들이 하는 일 알기	보통
8	⑤	넓은 들이 있는 고장 사람들이 하는 일 알기	보통
9	⑤	도시의 환경 알기	쉬움
10	③	자연환경을 이용한 여가 생활 알기	보통
11	③	의식주에 대해 알기	쉬움
12	④	주생활이 필요한 까닭 알기	보통
13	⑤	가을철 의생활 모습 알기	보통
14	④	높은 산지에 있는 고장 사람들의 의생활 모습 알기	보통
15	⑤	덥고 습한 고장 사람들의 의생활 모습 알기	어려움
16	⑤	산지가 많은 고장에서 발달한 음식 알기	쉬움
17	⑤	바다가 있는 고장에서 발달한 음식 알기	보통
18	③	산지가 많은 고장에서 발달한 음식 알기	어려움
19	②	우데기를 만든 까닭 알기	보통
20	③	덥고 비가 많이 내리는 고장의 주생활 모습 알기	어려움

1 논과 밭, 과수원, 공장, 도로 등은 사람이 만든 인문환경입니다.

2 하천의 물을 생활용수와 공업용수로 이용하거나, 하천 주변에 공원을 만들어 이용합니다.

3 산은 등산로, 공원 등을 만들어 이용합니다.

4 가을에 단풍 구경을 갑니다.

5 춥고 눈이 내리기도 하는 겨울에는 눈썰매, 스키 등을 타고 난로나 온풍기를 사용합니다.

6 바다가 있는 고장 사람들은 고기잡이, 해산물 팔기, 고기 잡는 도구 판매 및 수리하기 등 바다와 관련된 일을 하며 살아갑니다.

7 산이 많은 고장에 사는 사람들은 산비탈에 농사짓기, 버섯 재배하기, 약초 캐기, 벌 기르기 등의 일을 하며 살아갑니다.

8 ⑤는 바다가 있는 고장 사람들의 생활 모습입니다.

9 도시에는 많은 사람이 살고 높은 건물, 넓은 도로 등이 있습니다.

10 도서관, 영화관, 박물관, 놀이공원은 인문환경입니다.

11 의식주는 사람이 살아가는 데 반드시 필요한 입을 옷과 먹을 음식, 자거나 쉴 수 있는 집을 통틀어 말합니다.

12 집은 더위와 추위를 피할 수 있고, 편안하게 쉬거나 잠을 잘 수 있게 해 줍니다.

13 가을철에는 쌀쌀해지고 아침과 저녁, 낮의 기온 차가 생기면서 가벼운 외투를 입습니다.

14 페루에서는 챙이 넓은 모자를 쓰고, 쉽게 덧입을 수 있는 옷을 걸칩니다.

15 덥고 습한 고장에서는 챙이 넓은 모자를 써 햇볕을 가리고, 바람이 잘 통하는 옷을 입습니다.

16 산지가 많아서 감자를 많이 재배하는 지역에서는 감자옹심이와 같은 음식이 유명합니다.

17 서산 근처 바닷가에서는 굴이 잘 자랍니다.

18 산지에서 젖소를 키우는 고장에서는 젖소를 키워 얻은 우유로 퐁뒤와 같은 음식을 만들어 먹습니다.

19 겨울철에 눈이 많이 내리는 고장에서는 눈이 많이 와도 집 안을 자유롭게 다닐 수 있도록 우데기를 만들었습니다.

20 일 년 내내 덥고 비가 많이 내리는 고장에서는 더위와 해충을 피하기 위해 수상 가옥을 짓습니다.

2. 시대마다 다른 삶의 모습

① 옛날과 오늘날의 생활 모습

개념 확인하기　　　　20쪽

| 1 ㉠ | 2 ㉢ | 3 ㉠ | 4 ㉠ | 5 ㉡ |

1 주먹 도끼는 돌을 깨뜨려 만든 도구를 사용한 시대의 도구입니다.

2 돌을 갈아서 만든 도구를 사용한 시대에는 강가나 바닷가에 모여 살았고, 땅을 갈아 농사를 짓기 시작했습니다.

3 빗살무늬 토기는 흙으로 만든 그릇입니다.

4 철은 청동보다 단단하고 돌에 비해서 용도에 따라 다양한 모양의 도구를 만들 수 있었습니다.

5 철로 만든 도구를 사용한 시대에는 철로 무기를 만들었고, 철로 만든 농사 도구를 사용하는 등 일상생활에서도 철을 널리 사용했습니다.

개념 확인하기　　　　21쪽

| 1 ㉠ | 2 ㉠ | 3 ㉠ | 4 ㉡ | 5 ㉣ |

1 동굴에 살던 사람들은 먹을 것을 찾아 이동 생활을 했고 동굴에서 추위와 더위, 동물의 공격을 피했습니다.

2 움집은 땅을 파서 바닥을 평평하게 한 후, 기둥을 세우고 풀과 짚을 덮어 만든 집입니다.

3 초가집은 볏짚으로 지붕을 덮고 나무와 흙 등을 이용해 만든 집입니다.

4 기와집의 안채에서는 주로 여자들이 생활했고, 사랑채에서는 남자들이 글공부를 하거나 찾아온 손님을 맞이했습니다.

> **왜 틀렸을까?**
> ㉠은 농가에서 말이나 소를 키우는 공간입니다.

5 오늘날 사람들은 주로 단독 주택이나 연립 주택, 아파트와 같은 집에서 살아갑니다.

실력 평가　　　　22~23쪽

| 1 ③ | 2 ④, ⑤ | 3 ⑤ | 4 ② | 5 ⑤ |
| 6 우빈 | 7 ⑤ | 8 (2) ○ | 9 ③ | 10 온돌 |

1 ㉠은 돌을 갈아 도구를 만들었던 시대로, 강가나 바닷가에 모여 살며 농사를 짓기 시작했습니다.

2 ㉡ 시대의 사람들은 다양한 도구를 청동으로 만들기 시작했지만 일상생활에서는 여전히 돌로 만든 도구를 사용했습니다.

3 옛날 사람들은 갈판에 열매나 곡식을 올려 갈돌로 갈았습니다.

4 옛날 사람들은 동물의 뼈를 갈아 낚시 도구로 사용하기도 했습니다.

> **왜 틀렸을까?**
> ① 옛날 사람들이 제사를 지낼 때 사용했던 청동 거울입니다.
> ③ 바닥의 구멍에서 올라오는 뜨거운 김으로 음식을 쪄서 요리할 때 사용했던 시루입니다.
> ④ 재료를 넣고 끓여 음식을 만들 때 사용했던 토기입니다.

5 돌괭이는 긴 나무 막대기 끝에 뾰족한 돌을 묶어 만든 도구로, 옛날 사람들은 돌괭이를 이용해 땅을 부드럽게 만들었습니다.

6 오늘날에는 주로 기계를 이용해 넓은 땅에 더욱 편리하게 농사를 짓습니다.

7 옛날에는 아궁이에 불을 때고, 철로 만든 가마솥에 열을 가해 음식을 요리했습니다. 가마솥의 뚜껑이 무거워 솥 안의 열기가 잘 빠져나가지 않아 음식이 잘 익을 수 있었습니다.

8 가락바퀴는 식물의 줄기를 꼬아서 실을 만들 때 사용했던 도구입니다.

> **왜 틀렸을까?**
> (1)은 베틀을 이용해 옷감을 짜는 모습입니다.

9 초가집 지붕의 재료인 볏짚은 차가운 공기를 막아 주었지만 불에 타기 쉬웠고, 잘 썩었기 때문에 지붕을 자주 갈아야 했습니다.

10 온돌은 아궁이에 불을 피우면 뜨거운 공기가 이동하면서 구들장을 데우고, 굴뚝으로 나가는 원리입니다. 옛날 사람들은 온돌을 이용해 추운 겨울을 따뜻하게 보낼 수 있었습니다.

1 (1) 빗살무늬 토기　(2) (나) ○
　(3) 예 농사를 지었고, 흙으로 만든 그릇에 음식을 저장했다.
2 (1) ㉢　(2) ㉣
　(3) 예 농기계를 이용해 쉽고 편리하게 농사를 지을 수 있다. 많은 양의 곡식을 빠르게 수확할 수 있다.
3 (1) ㉠　(2) ㉣
　(3) 예 기계를 이용해 다양한 옷감을 빠르고 편리하게 만들 수 있게 되었다.
4 (1) ㉠　(2) ㉣
　(3) 예 초가집에 사는 사람들은 농사를 짓기 위한 활동을 많이 했지만, 기와집에 사는 사람들은 손님을 맞이하거나 글공부를 했다.

1 (1) 청동 거울은 청동으로 만든 도구를 사용한 시대의 도구입니다. 빗살무늬 토기는 음식이나 곡식을 저장하는 데 쓰였던 도구입니다.

(2) 사람들은 점차 쓰임새에 맞게 돌이나 동물의 뼈를 갈아 더 좋은 도구를 만들어 사용했습니다. 주먹 도끼는 짐승을 사냥하거나 짐승의 가죽을 벗길 때 사용했던 도구입니다.

(3) 돌을 갈아서 만든 도구를 사용한 시대의 사람들은 강가나 해안가에 집을 지어 모여 살고, 농사를 짓기 시작했습니다.

채점 기준		
(1)	'빗살무늬 토기'에 ○표를 함.	2점
(2)	'(나)'에 ○표를 함.	2점
(3)	**정답 키워드** 농사 | 흙으로 만든 그릇 '농사를 지었고, 흙으로 만든 그릇에 음식을 저장했다.' 등의 내용을 정확히 씀.	6점
	돌을 갈아서 만든 도구를 사용한 시대의 생활 모습을 썼으나 구체적이지 않음.	3점

2 (1) 콤바인은 기계의 힘을 이용하므로 옛날의 도구들보다 편리하게 곡식을 수확하게 해 줍니다.

(2) 사람들은 농사를 짓기 시작하면서 돌을 날카롭게 갈아 돌칼을 만들어 농사 도구로 사용했습니다.

(3) 농사 도구의 발달로 사람들이 하는 일이 줄어들어 생활이 훨씬 편리해졌습니다. 오늘날에는 예전보다 힘을 덜 들이고 농사를 짓고, 많은 양의 곡식을 얻을 수 있게 되었습니다.

채점 기준		
(1)	'㉢'이라고 정확히 씀.	2점
(2)	'㉣'이라고 정확히 씀.	2점
(3)	**정답 키워드** 농기계 | 편리 | 빠르게 '농기계를 이용해 쉽고 편리하게 농사를 지을 수 있다.', '많은 양의 곡식을 빠르게 수확할 수 있다.' 등의 내용을 정확히 씀.	6점
	곡식을 수확하는 기계의 발달로 달라진 사람들의 생활 모습을 썼으나 구체적이지 않음.	3점

3 (1) 옛날 사람들은 가락바퀴로 식물의 줄기를 꼬아 실을 만들었습니다.

(2) 바느질을 해 주는 기계인 재봉틀을 이용하면 빠르고 정확하게 옷감을 꿰맬 수 있습니다.

(3) 실과 옷감을 만드는 도구가 발달하면서 사람들은 다양한 종류의 옷을 쉽고 빠르게 만들 수 있게 되었습니다.

채점 기준		
(1)	'㉠'이라고 정확히 씀.	2점
(2)	'㉣'이라고 정확히 씀.	2점
(3)	**정답 키워드** 기계 | 다양한 | 편리 '기계를 이용해 다양한 옷감을 빠르고 편리하게 만들 수 있게 되었다.' 등의 내용을 정확히 씀.	6점
	옷감을 만드는 도구의 변화로 달라진 사람들의 생활 모습을 썼으나 구체적이지 않음.	3점

4 (1) 움집에 살던 사람들은 하나의 방에서 도구를 손질하고 음식을 만들어 먹었습니다.

(2) 오늘날의 집은 보통 거실과 주방이 연결되어 있고, 화장실이 집 안에 있습니다. 오늘날의 집에서는 가족이 같이 식사를 준비하고, 거실에서 이야기를 나누며 함께 시간을 보내기도 합니다.

(3) 초가집과 기와집은 모두 나무, 흙 등 자연에서 얻은 재료를 이용해 만든 집입니다.

채점 기준		
(1)	'㉠'이라고 정확히 씀.	2점
(2)	'㉣'이라고 정확히 씀.	2점
(3)	**정답 키워드** 농사 | 글공부 '초가집에 사는 사람들은 농사를 짓기 위한 활동을 많이 했지만, 기와집에 사는 사람들은 손님을 맞이하거나 글공부를 했다.' 등의 내용을 정확히 씀.	6점
	초가집에서와 기와집에서의 생활 모습의 차이점을 썼으나 구체적이지 않음.	3점

온라인 학습북 20~25쪽

온라인 학습 단원평가의 **정답**과 함께 **문항 분석**도 확인하세요.

단원평가 (중간 범위)   26~29쪽

문항 번호	정답	평가 내용	난이도
1	②	자연환경의 사례 알기	보통
2	④	인문환경의 사례 알기	보통
3	②	들을 이용하는 모습 알기	쉬움
4	③	사람들의 겨울철 생활 모습 알기	보통
5	④	바다를 이용하는 모습 알기	보통
6	⑤	도시의 특징 알기	쉬움
7	⑤	인문환경을 이용한 여가 생활 알기	보통
8	①	의생활의 필요성 알기	쉬움
9	⑤	겨울철의 옷차림 알기	쉬움
10	③	햇볕이 뜨겁고 모래바람이 많이 부는 고장 사람들의 의생활 모습 알기	보통
11	④	식생활의 사례 알기	쉬움
12	①	덥고 습한 고장 사람들의 식생활 모습 알기	보통
13	⑤	몽골 사람들이 게르를 짓는 까닭 알기	어려움
14	②	의식주에 대해 알기	보통
15	①	돌을 깨뜨려 만든 도구를 사용한 시대의 생활 모습 알기	어려움
16	④	돌을 갈아서 만든 도구를 사용한 시대의 도구 알기	어려움
17	⑤	곡식을 수확하는 도구의 변화 알기	보통
18	④	시루의 쓰임새 알기	보통
19	③	기와집의 특징 알기	어려움
20	④	아파트에서 사는 사람들의 생활 모습 알기	쉬움

1 산, 들, 하천, 바다와 같은 땅의 생김새와 비, 바람, 기온 등 날씨에 영향을 주는 것을 자연환경이라고 합니다.

2 사람들은 고장의 자연환경을 이용해 논, 과수원, 항구 등과 같은 인문환경을 만듭니다.

3 사람들은 들을 논과 밭으로 만들기도 하고, 들에 발달한 도시에서 다양한 일을 합니다.

4 겨울은 기온이 매우 낮고 눈이 내리는 계절로 고장 사람들은 겨울에 눈썰매장이나 얼음 축제에 갑니다.

5 ④는 넓은 들이 있는 고장 사람들의 생활 모습입니다.

6 도시 사람들은 인문환경을 이용해 다양한 일을 합니다.

7 실내 수영장은 사람들이 만든 인문환경으로 도현이는 인문환경을 이용해 여가 생활을 했습니다.

8 사람의 몸을 보호하는 옷은 꼭 필요합니다.

9 겨울에는 추위를 막으려고 두꺼운 옷을 입고, 장갑을 끼거나 목도리를 두르기도 합니다.

10 햇볕이 뜨겁고 모래바람이 많이 부는 고장의 사람들은 위아래가 하나로 된 긴 옷을 입고, 천을 머리에 둘러쌉니다.

11 식생활은 먹는 음식과 관련된 것입니다.

12 열대 과일은 일 년 내내 무덥고 비가 많이 오는 열대 기후 지역에서 자라는 과일입니다.

13 몽골은 비가 적게 내려 가축에게 먹일 물과 풀이 부족합니다.

14 우리가 일상생활을 하는 데에 필요한 의식주는 환경에 따라 다양하게 나타납니다.

15 돌을 깨뜨려서 만든 도구를 사용하던 시대에는 철과 같은 금속을 사용하지 않았습니다.

16 돌을 갈아 다듬어 사용했던 시대의 사람들은 빗살무늬 토기를 이용해 음식을 담아 두고, 동물의 **뼈**를 갈아서 낚시 도구로 사용했습니다.

17 '반달 돌칼 → 낫 → 탈곡기 → 콤바인' 순으로 도구가 변화하여 수확할 수 있는 곡식의 양이 늘어났습니다.

18 시루는 바닥의 구멍에서 올라오는 뜨거운 김으로 생선이나 떡을 쪄서 먹는 도구입니다.

19 기와집은 초가집과 달리 기와가 썩지 않아 지붕을 바꾸지 않고 오래 살 수 있었습니다.

20 아파트는 거실과 주방이 연결되어 있고 화장실이 집 안에 있어 사용하기 편리합니다.

❷ 옛날과 오늘날의 세시 풍속

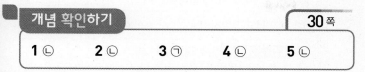

개념 확인하기   30쪽

| 1 ㉡ | 2 ㉡ | 3 ㉠ | 4 ㉡ | 5 ㉡ |

1 명절 때 먹는 음식, 입는 옷, 하는 일과 놀이 등 여러 가지 생활 모습은 모두 세시 풍속에 해당됩니다.

2 정월 대보름에는 한 해의 건강을 빌며 부럼을 깨 먹고, 풍년을 바라며 다섯 가지 곡식으로 지은 오곡밥을 먹는 풍속이 있었습니다.

3 더위가 시작되는 때인 단오에는 여름을 시원하게 지내라는 의미로 부채를 주고받았습니다. 또한 나쁜 기운을 쫓으려고 창포물에 머리를 감고, 그네뛰기와 씨름 등의 다양한 놀이를 즐겼습니다.

> **왜 틀렸을까?**
> ㉡은 삼짇날에 주로 행해졌던 세시 풍속입니다.

4 추석은 음력 8월 15일로, 한가위라고도 합니다.

5 12월 22일경인 동지는 일 년 중 밤이 가장 긴 날로, 한 해를 마무리하고 새해를 맞이하는 날입니다.

개념 확인하기   31쪽

| 1 ㉡ | 2 ㉡ | 3 ㉠ | 4 ㉢ | 5 ㉠ |

1 옛날 설날에는 아침에 차례를 지낸 후 복을 기원하는 새해 인사로 어른들께 세배를 드렸습니다.

> **왜 틀렸을까?**
> ㉠은 추석, ㉢은 정월 대보름의 세시 풍속입니다.

2 복조리는 쌀알을 가려내는 도구인 조리처럼 복을 얻는다는 뜻을 지닙니다. 옛날에는 설날이 되면 벽에 복조리를 걸어 놓고 새해에 복이 많이 들어오기를 빌었습니다.

3 야광귀는 설날 밤에 사람들의 신발을 훔쳐가는 귀신으로, 야광귀에게 신발을 빼앗긴 사람은 그해 운이 나쁘다고 생각했습니다.

4 옛날과 오늘날 모두 가족들과 함께 설날 아침에 떡국을 만들어 먹습니다.

5 오늘날에는 차례를 지낸 후 세배하고 떡국을 먹는 것과 같은 간단한 세시 풍속만 이어지고 있습니다.

실력 평가   32~33쪽

1 ②	2 ③	3 ②	4 ②, ④	5 ②
6 보미	7 설날	8 ④	9 (1) ㉢ (2) ㉡	
10 ②				

1 세배를 드리는 것은 새해를 시작하는 시기인 설날의 세시 풍속입니다.

2 정월 대보름에는 풍년을 기원하며 오곡밥과 나물을 먹었습니다.

> **왜 틀렸을까?**
> ①은 추석, ②는 설날, ④는 단오, ⑤는 삼짇날에 주로 먹었던 음식입니다.

3 삼짇날은 음력 3월 3일로 농사를 새로 시작하며 한 해의 건강과 풍요를 기원했던 날입니다.

> **더 알아보기**
> **삼짇날의 세시 풍속**
> • 들판에서 꽃놀이를 즐겼습니다.
> • 진달래꽃으로 전을 만들어 먹었습니다.

4 삼복은 여름철 가장 더운 시기를 초복, 중복, 말복 세 개로 나눈 것입니다.

5 상달에는 다가올 겨울을 대비해 김장을 하고, 수확한 콩으로 메주를 만들어 띄웠습니다.

6 중양절에는 단풍을 즐기며 국화로 만든 술과 떡을 먹었습니다.

> **왜 틀렸을까?**
> 정연: 동지에는 새해 달력을 주고받았습니다.
> 희열: 추석 때는 송편과 토란국을 먹고 강강술래를 했습니다.

7 옛날에는 설날에 복을 기원하고 나쁜 기운을 몰아내는 세시 풍속이 많았습니다.

8 오늘날에는 떡국을 만들어 먹거나 세배를 드리는 간단한 세시 풍속만 이어져 오고 있습니다.

9 옛날에는 주로 한 해의 풍년을 바라고, 조상들께 감사드리는 세시 풍속이 많았습니다.

10 오늘날에는 직업이 다양해지면서 농사를 짓는 사람들이 많이 줄어들었고, 이에 따라 농사와 관련된 세시 풍속도 많이 사라지게 되었습니다.

> **왜 틀렸을까?**
> ㉡ 농사와 관련된 세시 풍속은 줄어들었습니다.
> ㉢ 세시 풍속에 담긴 의미는 오늘날 변하기도 하였습니다.

서술형·논술형 평가　　　34~35쪽

> **1** (1) 명절　　　　　　　(2) 예 송편, 토란국
> (3) 예 명절날에 하는 일과 놀이, 먹는 음식, 입는 옷과 같이 해마다 일정한 시기에 되풀이하여 행해 온 고유의 생활 모습이다.
> **2** (1) ㈎ ㉡ ㈏ ㉢　　　(2) ㉣
> (3) 예 계절마다 사람들이 하는 일이 다르기 때문이다.
> **3** (1) 강강술래　　　　　(2) 진주
> (3) 예 마을에 나쁜 일이 생기지 않고 농사가 잘되기를 바랐기 때문이다.
> **4** (1) 예 농사　　　　　　(2) 사라진
> (3) 예 오늘날에는 교통과 통신, 과학 기술의 발달로 직업이 다양해졌기 때문이다.

1 (1) 사람들이 기념하는 대표적인 명절에는 설날, 정월 대보름, 단오, 추석 등이 있습니다.

(2) 추석은 한 해 동안 농사하여 거둔 곡식과 과일로 조상들께 고마움을 표현하는 날로, 송편과 토란국을 먹습니다. 또한 마을 사람들끼리 모여 줄다리기나 강강술래 같은 놀이를 즐기기도 했습니다.

(3) 풍속은 옛날부터 전해 내려오는 생활 습관을 말합니다.

채점 기준

(1)	'명절'이라고 정확히 씀.	2점
(2)	'송편', '토란국' 등을 정확히 씀.	2점
(3)	**정답 키워드** 일정한 | 되풀이 '명절날에 하는 일과 놀이, 먹는 음식, 입는 옷과 같이 해마다 일정한 시기에 되풀이하여 행해 온 고유의 생활 모습이다.' 등의 내용을 정확히 씀.	6점
	세시 풍속의 의미를 썼으나 구체적이지 않음.	3점

2 (1) 음력 5월 5일 단오에는 여름을 잘 지내라는 의미로 서로 부채를 주고받았으며 창포물에 머리를 감고, 그네뛰기와 씨름 등의 놀이를 즐겼습니다. 여름철 가장 더운 때인 삼복에는 더위를 이겨 내기 위해 계곡에서 물놀이를 하고, 영양이 풍부한 음식을 먹었습니다.

(2) 동지는 한 해를 마무리하고 새해를 맞이하는 날로, 옛날 사람들은 팥죽의 붉은색이 나쁜 기운을 쫓는다고 생각했기 때문에 팥죽을 먹었습니다.

(3) 옛날 사람들은 명절 때뿐 아니라 계절과 날씨에 따라 의미 있는 날들을 정해 다양한 세시 풍속을 즐겼습니다.

채점 기준

(1)	㈎ '㉡', ㈏ '㉢'을 정확히 씀.	2점
(2)	'㉣'이라고 정확히 씀.	2점
(3)	**정답 키워드** 계절 | 하는 일 | 다르다 '계절마다 사람들이 하는 일이 다르기 때문이다.' 등의 내용을 정확히 씀.	6점
	계절마다 세시 풍속이 서로 다른 까닭을 썼으나 구체적이지 않음.	3점

3 (1) 강강술래는 옛날부터 전해 내려오는 세시 풍속으로, 농사의 풍년을 기원하는 놀이 중 하나입니다.

(2) 강강술래와 거북놀이는 옛날 사람들이 주로 추석에 즐겼던 놀이입니다. 불을 사용하지 않고 찬 음식을 먹었던 날은 한식입니다.

(3) 거북놀이는 주로 추석에 하는 놀이로, 수숫잎으로 거북 모양을 만들어 사람이 그 속에 들어가 집집마다 찾아다니는 놀이입니다.

채점 기준

(1)	'강강술래'라고 정확히 씀.	2점
(2)	'진주'라고 정확히 씀.	2점
(3)	**정답 키워드** 나쁜 일 | 농사 '마을에 나쁜 일이 생기지 않고 농사가 잘되기를 바랐기 때문이다.' 등의 내용을 정확히 씀.	6점
	옛날 사람들이 거북놀이를 했던 까닭을 썼으나 구체적이지 않음.	3점

4 (1) 옛날 사람들은 주로 농사를 짓고 살았기 때문에 날씨와 계절의 변화를 중요하게 생각했습니다. 그래서 옛날에는 농사와 관련된 세시 풍속이 많았습니다.

(2) 오늘날에는 농사와 관련된 세시 풍속이 사라지고 큰 명절의 세시 풍속만 이어져 내려오고 있습니다. 또한 계절과 날씨에 상관없이 세시 풍속을 체험할 수 있게 되었으며, 세시 풍속에 담긴 의미가 변하기도 했습니다.

(3) 직업이 다양해지면서 농사를 짓는 사람들이 많이 줄어들었고, 세시 풍속도 변화하게 되었습니다.

채점 기준

(1)	'농사'라고 정확히 씀.	2점
(2)	'사라진'에 ○표를 함.	2점
(3)	**정답 키워드** 교통과 통신 | 직업 | 다양 '오늘날에는 교통과 통신, 과학 기술의 발달로 직업이 다양해졌기 때문이다.' 등의 내용을 정확히 씀.	6점
	옛날부터 전해 내려오는 세시 풍속이 변화한 까닭을 썼으나 구체적이지 않음.	3점

온라인 학습 단원평가의 **정답**과 함께 **문항 분석**도 확인하세요.

36~39쪽

단원평가

문항 번호	정답	평가 내용	난이도
1	②	옛날 사람들의 생활 모습을 재현한 장소 알기	쉬움
2	②	자연에서 얻은 재료로 도구를 만들어 쓰던 시대의 생활 모습 알기	보통
3	③	돌을 갈아서 만든 도구를 사용한 시대의 도구 알기	어려움
4	①	청동으로 만든 도구를 사용한 시대의 특징 알기	보통
5	①	철로 만든 도구를 사용한 시대의 특징 알기	보통
6	④	땅을 가는 농사 도구 알기	쉬움
7	③	옷을 만드는 도구 알기	쉬움
8	④	옷을 만드는 도구의 변화로 인해 달라진 생활 모습 알기	보통
9	③	움집의 특징 알기	보통
10	①	초가집에서의 생활 모습 알기	어려움
11	④	정월 대보름의 세시 풍속 알기	보통
12	⑤	삼짇날의 특징 알기	쉬움
13	③	단오의 세시 풍속 알기	보통
14	④	추석의 세시 풍속 알기	보통
15	②	동지의 세시 풍속 알기	보통
16	①	옛날 설날의 모습 알기	쉬움
17	②	옛날과 오늘날 설날의 공통점 알기	보통
18	②	옛날 추석의 모습 알기	어려움
19	②	옛날 세시 풍속의 특징 알기	어려움
20	②	윷놀이의 특징 알기	쉬움

온라인 학습북 34~39쪽

1 옛날 생활 모습을 살펴보기 위해 박물관, 민속촌, 유적지 등을 방문할 수 있습니다.

2 ②는 청동으로 도구를 만들던 시대의 모습입니다.

3 비파형 동검은 청동으로 만든 도구를 사용한 시대에 등장했습니다.

4 청동은 구하기 어렵고, 만드는 과정이 복잡했기 때문에 무기, 장신구, 제사 지내는 도구 등을 만드는 데 주로 사용되었습니다.

5 시간이 지나면서 사람들은 일상생활에서도 청동보다 훨씬 단단한 철을 널리 사용했습니다.

6 쟁기는 동물의 힘을 이용해 땅을 가는 농기구입니다.

7 옛날 사람들은 가락바퀴로 뽑은 실을 가지고 동물 가죽을 꿰매 튼튼한 옷을 만들 수 있었습니다.

8 오늘날에는 입을 수 있는 옷의 종류가 다양해졌고, 필요한 옷을 쉽게 구할 수 있습니다.

9 사람들이 한곳에 모여 살기 시작하면서 움집이 등장했습니다.

10 초가집은 볏짚으로 지붕을 덮고 나무와 흙을 이용해 만든 집입니다.

11 정월 대보름은 음력 1월 15일로, 새해 첫 보름달이 뜨는 날입니다.

12 삼짇날에는 진달래꽃으로 전을 만들어 먹고, 들판에서 꽃놀이를 했습니다.

13 단오에는 부채를 주고받는 것 외에도 창포물에 머리를 감고, 씨름을 하는 등 다양한 세시 풍속을 즐겼습니다.

14 부럼은 정월 대보름에 건강을 빌며 깨 먹는 음식입니다.

15 동지에는 나쁜 기운을 쫓는 의미로 팥죽을 먹었습니다.

16 옛날에는 야광귀에게 빼앗기지 않기 위해 설날에 신발을 방 안에 두는 세시 풍속이 있었습니다.

17 오늘날에는 간단한 세시 풍속만 이어져 옵니다.

18 복조리를 매달아 놓는 풍속은 옛날 설날의 풍속입니다.

19 옛날의 세시 풍속은 주로 한 해의 풍년을 바라고, 조상들께 감사드리는 세시 풍속입니다.

20 윷놀이는 설날과 정월 대보름 사이에 여럿이 즐겼던 놀이로 오늘날 사람들도 명절에 자주 하는 놀이입니다.

3. 가족의 모습과 역할 변화

❶ 가족의 구성과 역할 변화

개념 확인하기   40쪽

| 1 ㉡ | 2 ㉠ | 3 ㉢ | 4 ㉠ | 5 ㉡ |

1 옛날에 신랑은 신부에게 오랫동안 행복하게 살자는 의미로 나무 기러기를 주었습니다.

2 폐백은 신부가 신랑의 집안 어른들께 드리는 첫인사입니다.

3 오늘날에는 결혼식을 할 때 턱시도와 웨딩드레스를 주로 입습니다.

4 사람들의 생각이 다양해지면서 오늘날에는 결혼식의 모습도 다양해졌습니다.

> **더 알아보기**
>
> **오늘날 결혼식의 모습이 다양해진 까닭**
> • 외국 문화의 영향을 받았기 때문입니다.
> • 사회와 사람들의 생활 모습이 변했기 때문입니다.
> • 사람들의 생각이나 중요하게 여기는 것이 바뀌었기 때문입니다.

5 결혼식을 통해 새로운 가족이 생기는 것은 같습니다.

개념 확인하기   41쪽

| 1 ㉠ | 2 ㉡ | 3 ㉠ | 4 ㉡ | 5 ㉠ |

1 확대 가족은 가족 구성원의 수가 비교적 많은 가족 형태입니다.

> **왜 틀렸을까?**
>
> ㉡ 핵가족의 특징입니다.
> ㉢ 확대 가족은 주로 농사를 지으며 살았기 때문에 일손이 많이 필요하여 사람들이 모여 살아 만들어진 가족 형태입니다.

2 오늘날에는 다양한 이유 때문에 도시로 이사를 하는 사람들이 많아져 핵가족이 늘었습니다.

3 옛날에 남자들은 농사 등 바깥일을 주로 했습니다.

4 오늘날에는 가족 구성원 모두가 집안일을 함께 합니다.

5 오늘날에는 남녀가 평등하다는 의식이 높아졌습니다.

실력 평가   42~43쪽

| 1 ④ | 2 ⑤ | 3 ② | 4 ㉢ | 5 ③, ④ |
| 6 ⑤ | 7 소림 | 8 ④ | 9 대본 | 10 (2) ○ |

1 옛날에는 혼인이 가족과 가족의 결합이라고 생각했기 때문에 주로 부모님이 정해 주는 사람과 혼인을 했지만, 오늘날에는 주로 자신이 원하는 사람과 혼인을 결정합니다.

2 결혼식을 올리고 삼촌과 숙모는 부부가 되었습니다. 주례는 오늘날의 결혼식에서 부부에게 도움이 되는 이야기를 하고 결혼 선서 등을 하는 사람입니다.

3 폐백을 드릴 때에는 부부의 행복을 비는 의미로 신부의 치마에 밤과 대추를 던져 주기도 합니다.

> **더 알아보기**
>
> **함 보내기**
> • 함은 혼례를 앞둔 신랑의 집에서 신부의 집에 감사의 표시로 보낼 예물을 넣은 상자입니다.
> • 옛날에는 결혼식을 올리기 전에 신랑의 집에서 여러 가지 선물과 신랑 부모님이 쓰신 편지를 넣은 함을 신부의 집으로 보냈습니다.

4 결혼식의 모습과 과정이 달라져도 새로운 가족의 탄생을 축하하는 마음은 달라지지 않았습니다.

5 ③, ④는 옛날과 오늘날 혼인 풍습의 공통점입니다.

6 다양한 이유로 가족이 이동하면서 오늘날에는 핵가족이 많아졌습니다.

> **왜 틀렸을까?**
>
> ①, ②, ③은 모두 확대 가족에 대한 설명입니다.
> ④ 오늘날에는 개인의 자유를 중요하게 생각하는 사람들이 많아져서 핵가족이 늘었습니다.

7 옛날에는 집안에서 나이가 많은 어른이 집안의 중요한 일을 결정했지만, 오늘날에는 가족 구성원이 함께 집안의 중요한 일을 의논합니다.

8 오늘날에는 가족 구성원 모두가 집안일을 합니다.

9 가족 구성원 사이의 갈등 해결 방법을 살펴보기 위해 역할극으로 갈등 상황을 표현해 볼 수 있습니다.

10 가족 구성원 사이의 갈등을 해결하기 위해서는 가족 구성원 간 각자의 입장이 다를 수 있음을 이해하며, 배려하고 존중하는 마음을 가져야 합니다. 또한 갈등을 피하기보다는 솔직하게 자신의 생각을 표현하고, 상대방의 생각을 듣는 자세가 필요합니다.

1 (1) 결혼식장　　　　(2) 나무 기러기
　(3) ⑩ 결혼은 두 사람이 부부가 되어 새로운 가정을 이루는
　　 의식이다.
2 (1) ㈎ ㉠ ㈏ ㉡　　　(2) ㈎ 확대 가족 ㈏ 핵가족
　(3) ⑩ 결혼을 한 후에 직장이나 자녀 교육 등의 이유로 부
　　 모님과 따로 떨어져 살기 때문이다.
3 (1) ㉠ 남자 ㉡ 가족 구성원　　(2) 오늘날
　(3) ⑩ 여성의 사회 진출이 활발해졌기 때문이다.
4 (1) ⑩ 역할　　　　(2) 조은
　(3) ⑩ 방 청소나 숙제같이 내가 해야 할 일을 미루지 않는다.

1 (1) 옛날에는 신부의 집, 오늘날에는 주로 결혼식장에서
　결혼을 합니다.
　(2) 옛날에는 결혼할 때 결혼반지를 주고받는 대신 신
　랑이 신부에게 나무 기러기를 주면서 혼례가 시작
　되었습니다.
　(3) 많은 사람에게 두 사람의 결혼을 알리고, 신랑과 신
　부의 행복한 미래를 축복해 주는 마음은 같습니다.

채점 기준

(1)	'결혼식장'이라고 정확히 씀.	2점
(2)	'나무 기러기'라고 정확히 씀.	2점
(3)	**정답 키워드** 부부 | 가정 '결혼은 두 사람이 부부가 되어 새로운 가정을 이루는 의식이다.' 등의 내용을 정확히 씀.	6점
	옛날과 오늘날에 변하지 않는 결혼의 의미에 대해 썼으나 구체적이지 않음.	3점

2 (1) ㈎는 확대 가족, ㈏는 핵가족에 관한 설명입니다.
　(2) 옛날에는 농사를 지으며 살아 확대 가족이, 오늘날
　에는 가족이 이동하여 핵가족이 많습니다.
　(3) 오늘날에는 결혼을 한 후에 직장이나 자녀 교육 등
　여러 가지 이유로 부모님과 따로 떨어져 사는 경우가
　많아 핵가족이 늘었습니다.

채점 기준

(1)	㈎ '㉠', ㈏ '㉡'을 모두 정확히 씀.	2점
(2)	㈎ '확대 가족', ㈏ '핵가족'에 모두 ○표를 함.	2점
(3)	**정답 키워드** 직장 | 교육 | 떨어져 '결혼을 한 후에 직장이나 자녀 교육 등의 이유로 부모님과 따로 떨어져 살기 때문이다.' 등의 내용을 정확히 씀.	6점
	오늘날에 핵가족이 많아진 까닭에 대해 썼으나 구체적이지 않음.	3점

3 (1) 옛날에는 남자가 바깥일을, 여자가 집안일을 했지만,
　오늘날에는 가족 구성원 모두가 집안일을 합니다.
　(2) 오늘날 가족 구성원의 역할에 관한 설명입니다.
　(3) 교육 받을 기회가 늘어나면서 여성의 사회 진출이
　활발해졌고, 남녀가 평등하다는 의식이 높아지면서
　가족 구성원의 역할이 변화했습니다.

채점 기준

(1)	㉠ '남자', ㉡ '가족 구성원'을 모두 정확히 씀.	2점
(2)	'오늘날'이라고 정확히 씀.	2점
(3)	**정답 키워드** 여성 | 사회 진출 | 평등 '여성의 사회 진출이 활발해졌기 때문이다.', '남녀가 평등하다는 의식이 높아졌기 때문이다.' 등의 내용을 정확히 씀.	6점
	오늘날 가족 구성원의 역할이 변화한 까닭을 썼으나 구체적이지 않음.	3점

4 (1) 가족 구성원이 자신의 역할을 하지 않아 가족의 갈
　등이 생깁니다.
　(2) 가족의 갈등 상황을 피하지 않고 문제 상황을 적극
　적으로 해결하려는 노력이 필요합니다.
　(3) 가족 구성원끼리 서로 이해하고 존중해야 합니다.

채점 기준

(1)	'역할' 등의 내용을 정확히 씀.	2점
(2)	'조은'이라고 정확히 씀.	2점
(3)	**정답 키워드** 내가 할 일 | 사랑 '방 청소나 숙제같이 내가 해야 할 일을 미루지 않는다.', '가족들에게 사랑과 애정이 담긴 말을 한다.' 등의 내용을 정확히 씀.	6점
	행복한 가족생활을 위해 내가 할 수 있는 일에 대해 썼으나 구체적이지 않음.	3점

❷ 다양한 가족이 살아가는 모습

1 ㉠　　**2** ㉡　　**3** ㉠　　**4** ㉡　　**5** ㉠

1 부모님이 아이를 입양하여 기르는 가족을 입양 가족이
라고 합니다.

2 부모님 중 한 분과 자녀가 사는 가족을 한 부모 가족이라
고 합니다.

3 다문화 가족은 서로 다른 문화와 말을 이해하고 배우며 자랄 수 있습니다.

4 오늘날에는 가족의 형태가 다양합니다.

5 가족의 형태는 다양하지만 가족 구성원들이 서로를 아끼고 사랑하는 마음은 같습니다.

개념 확인하기   47 쪽

1 ⓒ   **2** ㉠   **3** ⓒ   **4** ⓒ   **5** ㉠

1 가족은 쉼터이자 보금자리와 같은 존재입니다.

2 가족 안에서 사회생활에 필요한 규칙과 예절을 배울 수 있습니다.

3 가족의 형태가 변해도 가족의 의미는 변하지 않습니다.

4 서로 다른 생활 모습을 가진 모든 가족을 존중하는 태도를 가져야 합니다.

5 다른 가족이 살아가는 모습에서 좋은 점을 찾아보려고 노력해야 합니다.

실력 평가   48~49 쪽

1 (1) ⓒ (2) ㉠   **2** 생생한   **3** ①   **4** ③
5 지수   **6** 변화했기   **7** 입양 가족
8 (2) ○   **9** ③   **10** ㉠

1 서윤이네 가족은 조손 가족이고 지훈이네 가족은 한 부모 가족입니다.

2 텔레비전, 영화 등 영상 자료를 통해 다양한 가족의 생생한 생활 모습을 살펴볼 수 있습니다.

3 어느 날 엄마랑 언니가 와서 가족이 늘었다는 것을 통해 연수네 가족이 재혼 가족임을 알 수 있습니다.

4 ㉠은 다문화 가족, ⓒ은 입양 가족입니다.

5 오늘날에는 반려동물을 가족처럼 생각하며 살아가는 사람들도 많습니다.

6 사회가 변화하면서 사람들의 생각도 변화하고, 가족의 상황에 따라 가족의 형태가 변합니다.

7 입양원으로 출발한다는 말과 새로운 동생이 생겼다는 말을 통해 진희네 가족이 입양 가족임을 알 수 있습니다.

8 가족의 모습을 역할극으로 표현할 수 있습니다.

9 가족을 충전기에 비유하여 가족의 소중함을 표현했습니다.

10 다양한 가족들의 다름을 존중하는 태도를 가져야 합니다.

서술형·논술형 평가   50 쪽

1 (1) 베트남   (2) 다문화
   (3) ⑩ 우리나라에서 생활하는 외국인의 어려움을 알고, 편견을 갖지 않도록 한다.
2 (1) ⓒ   (2) 입양
   (3) ⑩ 우리와 다른 형태의 가족도 있다. 우리 사회에는 다양한 형태의 가족이 있다.

1 (1) 두리 어머니의 고향이 베트남이라는 말을 통해 두리 어머니가 베트남 사람인 것을 알 수 있습니다.
   (2) 다문화 가족은 부모님 중 한 분이 외국인인 가족 형태입니다.
   (3) 세계화가 되면서 사람들이 외국으로 여행, 교육, 취업을 할 기회가 많아지면서 외국인과 결혼하여 다문화 가족이 늘어나고 있습니다.

채점 기준		
(1)	'베트남'이라고 정확히 씀.	2점
(2)	'다문화'에 ○표를 함.	2점
(3)	**정답 키워드** 어려움 | 편견 '우리나라에서 생활하는 외국인의 어려움을 알고, 편견을 갖지 않도록 한다.' 등의 내용을 정확히 씀.	6점
	다문화 가족을 대하는 올바른 태도에 대해 썼으나 구체적이지 않음.	3점

2 (1) 한 부모 가족에 대한 설명입니다.
   (2) 오늘날에는 입양 가족이 많아지면서 입양에 대한 사람들의 생각도 변화하고 있습니다.
   (3) 우리 사회에는 우리 가족과 같거나 비슷한 형태의 가족도 있고, 다른 형태의 가족도 있습니다.

채점 기준		
(1)	'ⓒ'이라고 정확히 씀.	2점
(2)	'입양'이라고 정확히 씀.	2점
(3)	**정답 키워드** 다른 | 형태 | 다양한 '우리와 다른 형태의 가족도 있다.', '우리 사회에는 다양한 형태의 가족이 있다.' 등의 내용을 정확히 씀.	6점
	오늘날 우리 사회를 구성하는 가족의 특징에 대해 썼으나 구체적이지 않음.	3점

온라인 학습 단원평가의 **정답**과 함께 **문항 분석**도 확인하세요.

단원평가

51~53쪽

문항 번호	정답	평가 내용	난이도
1	②	오늘날의 혼인 풍습 알기	쉬움
2	②	오늘날의 결혼식 모습 알기	보통
3	①	옛날과 오늘날의 혼인 풍습이 달라진 까닭 알기	어려움
4	②	옛날과 오늘날 결혼식의 공통점 알기	보통
5	③	핵가족의 특징 알기	보통
6	④	핵가족이 많아진 까닭 알기	쉬움
7	⑤	옛날 가족 구성원의 역할 알기	보통
8	①	오늘날 가족 구성원의 역할 알기	보통
9	③	가족 구성원의 역할이 변화한 까닭 알기	보통
10	⑤	가족 간에 갈등이 일어나는 까닭 알기	보통
11	④	한 부모 가족의 특징 알기	보통
12	②	입양 가족의 특징 알기	쉬움
13	③	조손 가족의 특징 알기	쉬움
14	②	다양한 가족의 생활 모습 알기	어려움
15	①	시를 통해 가족의 생활 모습 알기	쉬움
16	②	다양한 가족의 생활 모습을 조사하는 방법 알기	어려움
17	④	역할극으로 가족의 생활 모습을 표현하는 방법 알기	보통
18	③	그림으로 가족의 생활 모습을 표현하는 방법 알기	쉬움
19	①	다양한 가족을 대하는 바람직한 태도 알기	보통
20	③	가족의 의미를 비유적으로 표현하기	어려움

1 오늘날에는 결혼을 약속하는 의미로 반지를 주고받습니다.

2 신부가 가마를 타고 신랑의 집으로 가는 것은 옛날의 결혼식 모습입니다.

3 오늘날에는 외국 문화의 영향과 사회의 변화로 인해 혼인 풍습이 달라졌습니다.

4 결혼식의 모습과 과정은 달라졌지만, 가족, 친척, 친구들이 모여 부부를 축복해 주는 모습은 같습니다.

5 오늘날에는 사회가 변화하면서 핵가족이 많아졌습니다.

6 오늘날에는 교육을 위해 도시로 이사를 가는 사람들이 많아 핵가족이 더 많아졌습니다.

7 옛날에는 주로 남자들이 바깥일을 하고 여자들이 집안일을 했으며, 나이 많은 남자 어른이 가족의 중요한 일을 결정했습니다.

8 오늘날에는 남녀의 역할 구분이 없어지고, 집안일을 가족 구성원이 함께 나누어 하는 경우가 많아지면서 부모가 함께 자녀를 돌봅니다.

9 오늘날에는 성별과 나이에 따른 역할 구분이 많이 사라졌고 집안의 중요한 일을 가족 구성원이 함께 의논합니다.

10 가족 구성원들의 생각이 서로 다르기 때문에 어느 가족이라도 갈등을 겪을 수 있습니다.

11 오늘날에는 여러 가지 이유로 부부가 따로 살게 되어 한 부모 가족이 생기기도 합니다.

12 아빠의 말을 통해 수명이네 가족이 동생을 입양한다는 것을 알 수 있습니다.

13 조부모님과 손주가 함께 사는 가족은 조손 가족입니다.

14 ②는 가족과 관련 없는 내용입니다.

15 시를 지은 아이의 엄마는 외국인이므로 다문화 가족의 생활 모습을 알 수 있습니다.

16 도서 자료, 뉴스나 신문 기사, 영상 자료 등을 통해 다양한 가족의 생활 모습을 조사할 수 있습니다.

17 다양한 가족의 형태를 표현하는 역할극은 가족들이 서로 존중하고 배려하는 모습을 담아 만듭니다.

18 다양한 가족의 모습을 그림으로 표현할 수 있습니다.

19 모든 가족의 형태를 이해하고 존중해야 합니다.

20 가족은 각자에게 어떤 의미가 있는지 비유적 표현으로 나타냈습니다.

온라인 학습 단원평가의 **정답**과 함께 **문항 분석**도 확인하세요.

단원평가 기말 범위   54~56쪽

문항 번호	정답	평가 내용	난이도
1	②	한식의 세시 풍속 알기	쉬움
2	②	동지의 세시 풍속 알기	어려움
3	②	설날의 세시 풍속 알기	보통
4	①	옛날과 오늘날 설날의 차이점 알기	보통
5	①	옛날의 계절별 세시 풍속 알기	보통
6	①	세시 풍속이 변화한 모습 알기	쉬움
7	⑤	세시 풍속이 변화한 까닭 알기	보통
8	③	옛날의 혼인 풍습 알기	어려움
9	⑤	오늘날의 결혼식 모습 알기	보통
10	①	오늘날의 가족 형태가 변화한 까닭 알기	보통
11	①	옛날 가족 구성원의 역할 알기	보통
12	③	오늘날 변화한 가족 구성원의 역할 알기	보통
13	②	가족 구성원 간의 갈등 상황을 역할극으로 표현할 때의 장점 알기	쉬움
14	⑤	가족 구성원 간 갈등을 해결하는 바람직한 방법 알기	어려움
15	②	입양 가족의 의미 알기	보통
16	④	다문화 가족의 의미 알기	쉬움
17	②	다양한 가족의 생활 모습 알기	쉬움
18	②	다양한 가족의 생활 모습을 표현하는 방법 알기	어려움
19	③	다양한 가족이 살아가는 모습을 대하는 바람직한 태도 알기	쉬움
20	②	다양한 가족의 생활 모습을 대하는 바람직한 태도 알기	보통

1 한식에는 성묘를 하기도 했습니다.

2 동지에는 팥죽을 만들어 먹고, 한 해가 마무리되고 새해가 시작되기 때문에 달력을 주고받았습니다.

3 옛날에는 설날에 복조리를 문 앞에 걸어 두면 쌀처럼 복이 일어 들어온다고 생각했습니다.

4 오늘날에는 재미로 윷놀이를 하지만, 옛날에는 윷놀이를 하며 한 해의 운세를 점치기도 했습니다.

5 옛날 우리 조상들은 농사를 짓고 살아서, 봄에 농사를 짓기 전 풍년을 기원하며 성묘를 했습니다.

6 오늘날에는 큰 명절을 중심으로만 세시 풍속이 이어져 내려옵니다.

7 오늘날에는 농사와 관련된 세시 풍속이 많이 사라지고, 계절과 날씨에 상관없이 세시 풍속을 언제든지 체험할 수 있습니다.

8 신부가 새 식구가 되었음을 알리는 뜻으로 어른들께 폐백을 드렸습니다.

9 오늘날에는 결혼식을 마친 뒤에 부부가 신혼여행을 떠나는 경우가 많습니다.

10 오늘날에는 취업, 자녀 교육 등의 이유로 다른 지역으로 이사하는 사람들이 많아 핵가족이 많아졌습니다.

11 옛날에는 농사일이나 바깥일을 남자가 주로 하는 등 가족 구성원의 역할이 구분되어 있었습니다.

12 남녀가 평등하다는 의식이 높아지면서 집안일에서의 가족 구성원의 역할도 변화했습니다.

13 역할극을 통해 가족 구성원 간 각자의 입장을 이해하고 존중할 수 있습니다.

14 갈등을 해결하기 위해서는 갈등을 피하지만 말고 대화를 하면서 서로의 생각을 나누어야 합니다.

15 입양 가족은 부모님이 아이를 입양하여 기릅니다.

16 국적과 문화가 서로 다른 남녀가 결혼하여 구성된 가족을 다문화 가족이라고 합니다.

17 오늘날 집에서 기르는 반려동물을 가족처럼 생각하는 사람들도 있습니다.

18 역할극에는 서로 배려하는 모습을 담아야 합니다.

19 가족의 형태가 달라도 가족이 서로를 돌봐 주고 사랑하는 마음은 같습니다.

20 각 가족의 다른 모습을 잘못되었다고 생각하지 않고 다름을 존중해야 합니다.

영어 알파벳 중에서 가장 위대한 세 철자는
N, O, W
곧 지금(NOW)이다.

The three greatest English alphabets are N, O, W,
which means now.

월터 스콧

언젠가는 해야지, 언젠가는 달라질 거야!
'언젠가는'이라는 말에 자신의 미래를 맡기지 마세요.
해야 할 일, 하고 싶은 일은 지금 당장 실행에 옮기세요.
가장 중요한 건 과거도 미래도 아닌 바로 지금이니까요.

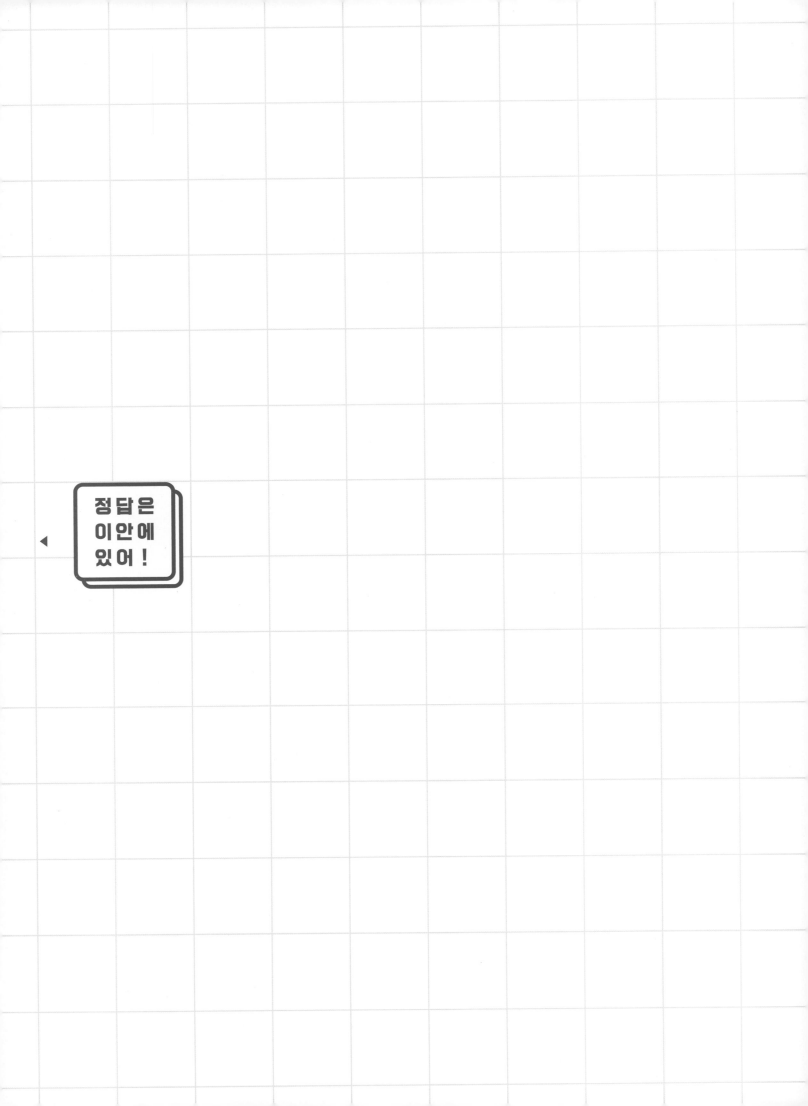

정답은
이안에
있어!

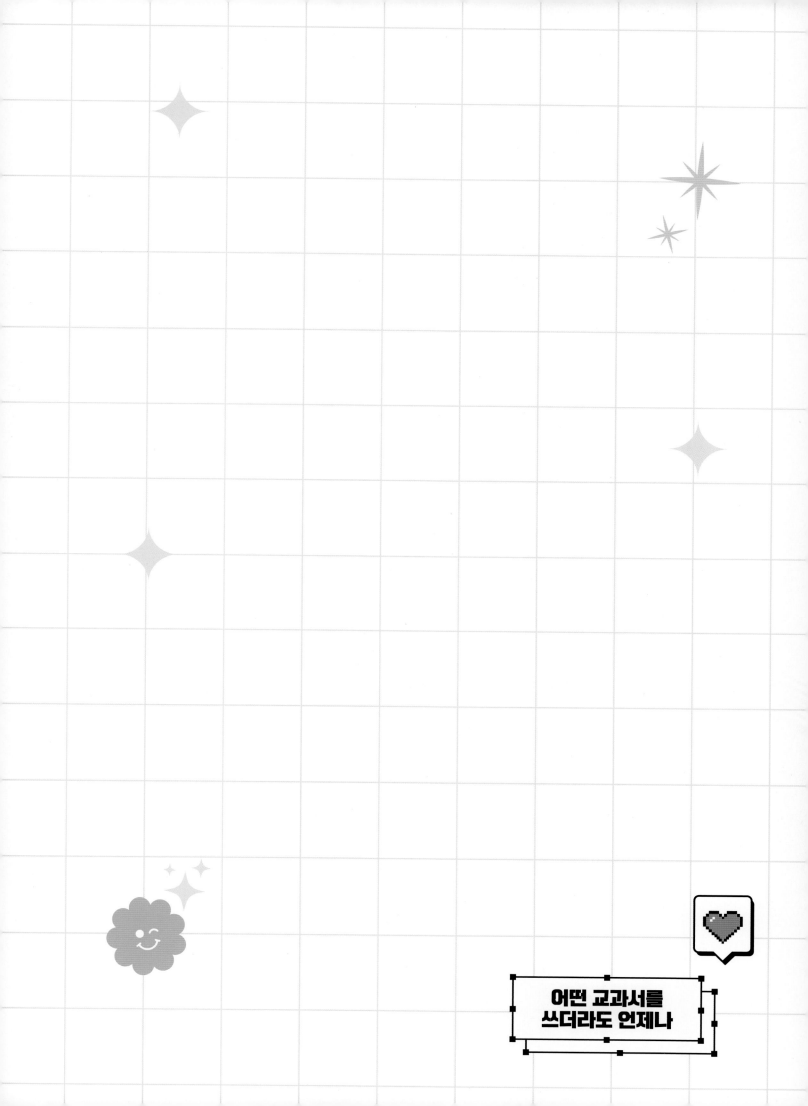

어떤 교과서를
쓰더라도 언제나

이쯤에서 실력체크

수학 단원평가

각종 학교 시험, 한 권으로 끝내자!
수학 단원평가
초등 1~6학년(학기별)

쪽지시험, 단원평가, 서술형 평가 등 다양한 수행평가에 맞는 최신 경향의 문제 수록
A, B, C 세 단계 난이도의 단원평가로 실력을 점검하고 부족한 부분을 빠르게 보충 가능
기본 개념 문제로 구성된 쪽지시험과 단원평가 5회분으로 확실한 단원 마무리